LE TOUT EN POCHE

Les réseaux

Matt Hayden

Retrouvez
tous nos livres sur
www.ssm.fr

CAMPUSPRESS

FRANCE

CampusPress France a apporté le plus grand soin à la réalisation de ce livre afin de vous fournir une information complète et fiable. Cependant, CampusPress France n'assume de responsabilités, ni pour son utilisation, ni pour les contrefaçons de brevets ou atteintes aux droits de tierces personnes qui pourraient résulter de cette utilisation.

Les exemples ou les programmes présents dans cet ouvrage sont fournis pour illustrer les descriptions théoriques. Ils ne sont en aucun cas destinés à une utilisation commerciale ou professionnelle.

CampusPress France ne pourra en aucun cas être tenu pour responsable des préjudices ou dommages de quelque nature que ce soit pouvant résulter de l'utilisation de ces exemples ou programmes.

Tous les noms de produits ou autres marques cités dans ce livre sont des marques déposées par leurs propriétaires respectifs.

Publié par CampusPress France
19, rue Michel Le Comte
75003 PARIS
Tél : 01 44 54 51 10

Mise en pages : TyPAO

ISBN : 2-7440-0611-4

**Copyright © 1999
CampusPress France**

Tous droits réservés

Titre original : *Teach Yourself
Networking in 24 Hours*
Traduit de l'américain par :
Eric Tyberghien

ISBN original : 0-672-31145-3
Copyright © 1998 Sams Publishing

Sams Publishing est une marque de
Macmillan Computer Publishing USA
201 West 103rd Street
Indianapolis, Indiana 46290, USA

Table des matières

Partie II. Les concepts de base

Partie III. Créer un réseau

Partie IV. Systèmes d'exploitation de réseaux

Partie V. Introduction à l'administration réseau

Partie VI. Annexe

Introduction

Comme vous le découvrirez en lisant ce livre, *Le Tout en poche Les réseaux* est davantage consacré à la théorie qu'à la pratique. La raison en est simple : il est facile de se représenter mentalement une connexion réseau avant d'effectuer physiquement cette connexion. Cependant, connaître et comprendre le fonctionnement (ou le non-fonctionnement) d'un réseau et l'origine des divers problèmes est plus difficile.

Avant toute chose, il faut savoir que la gestion de réseaux est un *processus*. Il ne s'agit pas d'un savoir immuable qu'on peut assimiler une fois pour toutes. Au contraire, c'est un domaine dynamique pour lequel les affirmations changent de semaine en semaine. En matière de réseaux, comme pour d'autres domaines, le changement est la seule constante ; s'adapter à ce changement est un défi. Parfois, un changement mineur sur une partie du matériel peut avoir des répercussions dans les ramifications multiples d'un type de réseau. Le meilleur moyen de prendre connaissance de ce changement est de se tenir informé par des lectures sur le sujet — cette activité doit même devenir une part essentielle du travail d'un gestionnaire de réseaux.

La Partie I du livre est une introduction aux réseaux, qui explique ce qu'est un réseau (et donc, implicitement, ce qu'est un ordinateur), et donne les clés pour comprendre les relations étroites entre logiciels et matériel.

La Partie II est consacrée aux concepts fondamentaux liés aux réseaux, et principalement au découpage en paquets de données, notion dont la compréhension est essentielle car elle est à la source de toutes les données du réseaux. Cette partie traite aussi des diverses formes de réseaux comme les LAN et les WAN.

La Partie III présente la construction d'un réseau du début à la fin. L'idée centrale est ici l'*interopérabilité*. Cette notion signifie que les portions du réseau fonctionnent toutes ensemble selon des standards ouverts. La planification des capacités et la sécurité sont aussi importantes, mais dépendent en grande part de l'interopérabilité.

La Partie IV traite des logiciels réseaux. Microsoft y occupe une place de poids, non par choix de l'auteur, mais en raison de son omniprésence sur le marché. Tous les systèmes décrits dans cette partie peuvent répondre à vos besoins, mais vous apprendrez à choisir ceux qui y répondent mieux que d'autres.

La Partie V traite de l'étape suivant la construction du réseau : l'administration. Administrer un réseau est une occupation quotidienne. Il y a toujours quelque chose à régler ou à améliorer, et c'est un entraînement permanent. Tout le monde ne peut pas administrer un réseau. Certains ont une préférence pour la conception, d'autres pour l'administration, d'autres encore sont compétents dans ces deux fonctions. Si l'administration n'est pas votre tasse de thé, réfléchissez bien avant de vous y lancer ! Cela exige une attention aux moindres détails et oblige à garder la tête froide face aux problèmes dus aux utilisateurs néophytes ou aux systèmes défaillants.

Bonne lecture !

Partie I

Un abécédaire des réseaux

Chapitre 1

Initiation aux réseaux

Les réseaux sont omniprésents. Que vous utilisiez une carte de paiement pour téléphoner ou que vous connectiez votre ordinateur à l'Internet, vous dépendez complètement d'un réseau informatique.

Parce qu'ils contrôlent tout et qu'ils utilisent des ordinateurs (que les gens semblent toujours trouver compliqués), on pourrait penser que le fonctionnement des réseaux n'est pas à la portée de tous.

Vous trouverez dans ces pages un grand nombre de termes techniques que beaucoup qualifieront de "jargon réseau". Si vous butez sur certains termes, le glossaire qui achève ce livre vous sera utile.

Dans ce chapitre, vous étudierez les sujets suivants :

- Qu'est-ce-qu'un réseau ?

- Pourquoi mettre en place un réseau ?

- Comment les réseaux sont-ils interconnectés ?

- Les différents types de réseaux.

- Quel rapport entre l'Internet et votre réseau ?

Qu'est-ce qu'un réseau ?

Si vous avez déjà utilisé un téléphone, suivi à la trace un colis confié à un affréteur de nuit ou acheté une nouvelle voiture chez un concessionnaire, vous avez utilisé un réseau. La principale fonction de tout réseau, qu'il soit informatique ou autre, est de relier des objets identiques en utilisant un ensemble de règles garantissant un service fiable.

Dans le cas du réseau téléphonique, les règles consistent à acheminer un appel en fonction du numéro composé. Selon le nombre de chiffres du numéro, l'appel sera effectué sur une distance plus ou moins longue. Pour le réseau de l'affréteur de nuit, la règle est d'assigner un numéro de suivi à votre colis, numéro qui doit être enregistré chaque fois que le colis traverse une petite gare ou une gare de transit. Dans le cas du concessionnaire automobile, la règle est qu'il n'y a qu'un seul distributeur pour une zone géographique donnée. Tous les véhicules sont envoyés à ce concessionnaire et celui-ci dispose d'une liaison directe avec le constructeur.

Comme les autres réseaux, les réseaux informatiques respectent des règles de base qui garantissent la délivrance d'informations au lieu d'appels téléphoniques, de colis voyageant la nuit ou de nouvelles voitures. Voici quelques règles de base permettant à un réseau informatique de fonctionner :

- L'information doit être restituée avec fiabilité, sans aucune altération des données.

- L'information doit être délivrée à coup sûr, le réseau devant être capable d'en déterminer la destination.

- Plusieurs ordinateurs doivent être capables de s'identifier à travers le réseau.

- Il doit y avoir un standard de nommage et d'identification des composantes du réseau.

Ces règles ne sont pas compliquées, mais elles constituent la base de ce que doit faire un réseau informatique. Les réseaux peuvent être aussi simples qu'un programme de transfert de fichiers utilisant un câble reliant les ports imprimantes de deux ordinateurs. Ils peuvent aussi être complexes, tels les systèmes de transfert de données interbancaires, utilisant des impulsions lumineuses véhiculées par des câbles en fibres optiques. En dépit de cette diversité, tous les réseaux ont le même objectif : s'assurer que les données sont partagées rapidement, de façon fiable et précise.

Pourquoi mettre en place un réseau ?

Il existe bien des raisons de bâtir des réseaux, qu'il s'agisse de réseaux informatiques ou de concessionnaires de voitures. Aussi diverses que soient ces raisons, elles se résument à quelques considérations de base :

- Les réseaux peuvent accroître l'efficacité d'une opération, d'une activité.

- Les réseaux peuvent faciliter l'adoption de politiques, de procédures et de pratiques chez leurs utilisateurs.

- Les réseaux peuvent permettre de fédérer des idées et de soumettre des questions dans un forum commun, où elles sont traitées globalement plutôt qu'au cas par cas.

- Les réseaux permettent de s'assurer que l'information est redondante, en d'autres termes, qu'elle existe dans plus d'un cerveau (ou d'un ordinateur) à un moment donné.

Cela étant, il y a autant de raisons différentes que d'utilisateurs potentiels de mettre en place des réseaux informatiques. Une famille qui dispose de plusieurs ordinateurs à domicile peut constituer un réseau d'ordinateurs en reliant ces derniers, de façon à partager, par exemple, le calendrier et le courrier. Une personne peut avoir un petit bureau avec quelques ordinateurs et un seul compte Internet par téléphone, et souhaiter mettre les ordinateurs en réseau. Fondamentalement, si vous avez besoin de communiquer, de partager des données, de partager des applications sans avoir à courir d'une machine à une autre avec des disquettes, les réseaux offrent un grand nombre d'avantages.

Comment les réseaux sont-ils interconnectés ?

Si vous décomposez un réseau en ses plus petits composants élémentaires, vous serezen présence de deux parties. L'une est le réseau physique — le câblage, les cartes réseau, les ordinateurs et les autres équipements permettant au réseau de transmettre des données. L'autre est l'arrangement logique de ces composants physiques — les règles permettant à ceux-ci de fonctionner ensemble. Au cours de ce chapitre, nous reverrons ces deux grandes subdivisions.

Les réseaux physiques : le matériel

Il est facile à comprendre le réseau physique : il est sous nos yeux, c'est le matériel. Il s'agit du câblage, des cartes réseau, des ordinateurs, des hubs et de tout ce qui permet à un réseau de fonctionner.

Les topologies physiques

La *partie physique du réseau* est, dans sa plus simple expression, constituée de câbles (dans le cas présent, des câbles coaxiaux semblables aux câbles de télévision) reliant des ordinateurs à d'autres équipements réseau. Les câbles se connectent sur les cartes réseau ou NIC (*Network Interface Card*). Les cartes réseau gèrent l'interaction de l'ordinateur avec le reste du réseau. Avec ces deux éléments, vous pouvez créer un réseau simple basé sur ce qu'on appelle *un réseau à topologie en bus* ou 10BASE2 (voir Figure 1.1).

 Comme vous le verrez plus tard, certains réseaux n'utilisent pas de câble coaxial. Notez que le plus simple des réseaux Ethernet (pratiquement le réseau le plus simple existant), utilise une topologie 10BASE2. 10BASE2 se sert d'une topologie en bus à cause du caractère série de ses connexions. Il se comporte comme un autobus. Les paragraphes suivants comparent la topologie en bus à la topologie en étoile qui est utilisée pour décrire les réseaux basés sur les câbles à paires torsadées (*UTP*), tels que 10BASE-T ou 100BASE-T.

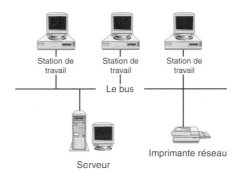

Figure 1.1 : Un diagramme d'un simple réseau Ethernet 10BASE2 en topologie en bus, montrant comment les ordinateurs sont reliés entre eux.

Une *topologie physique* est tout simplement l'organisation matérielle d'un réseau. Il y a trois types de topologies : *en bus*, *en étoile* et *en anneau*. Les topologies en bus et en étoile sont souvent utilisées pour les réseaux Ethernet, qui sont les plus nombreux. Les topologies en anneau sont utilisées pour le Token Ring, moins répandu, mais isofonctionnel. Les réseaux FDDI (*Fiber Distributed Data Interface*) qui fonctionnent sur des câbles en fibres optiques plutôt que sur des fils de cuivre, utilisent une topologie complexe en étoile.

Les différences fondamentales entre les topologies Ethernet, Token Ring et FDDI résident dans la façon dont elles permettent aux ordinateurs de communiquer entre eux. Cependant, dans le cadre de cet exemple, tout ce que vous devez savoir est qu'aucune de ces topologies ne peut communiquer directement l'une avec l'autre, c'est-à-dire qu'elles ne coexistent pas sur le même câblage réseau. De plus, Ethernet, Token Ring et FDDI sont appelées *topologies logiques*. Contrairement aux topologies physiques que vous pouvez toucher du doigt, les topologies logiques ne concernent pas les fils, le câblage et le matériel. Les topologies logiques sont pour les réseaux l'équivalent du code de la route.

Les topologies en bus

L'avantage d'une topologie réseau en bus, telle que 10BASE2, réside dans sa simplicité. Les réseaux ne peuvent pas être plus simples (voir Figure 1.1). Une fois les ordinateurs reliés physiquement au câble, tout ce qu'il vous reste à faire est d'installer le logiciel réseau sur chacun d'eux. En général, tous les ordinateurs seront capables de se reconnaître sans difficulté. En contrepartie, un réseau en bus est vulnérable du fait d'un grand nombre de points de coupure. Que l'une de ces connexions soit défectueuse et il tombe en panne.

Les topologies en étoile

Des réseaux beaucoup plus complexes sont bâtis autour d'une topologie en étoile. Contrairement à la topologie en bus, dans laquelle le câble "court" d'un ordinateur à un autre, les réseaux à topologie en étoile disposent d'une boîte de jonction appelée *hub* ou concentrateur, située au centre du réseau. Tous les ordinateurs se connectent au hub qui gère les communications entre ordinateurs. L'exemple de la Figure 1.2 est basé sur une topologie en étoile appelée 10BASE-T.

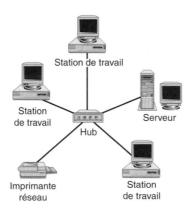

Figure 1.2 : Un réseau simple basé sur une topologie 10BASE-T en étoile.

Ne confondez pas un réseau 10BASE-T (Figure 1.2) avec un réseau 10BASE-2 (Figure 1.1). Les noms sont identiques, mais il s'agit de réseaux bien différents.

Le 10BASE-2 est le standard le plus ancien. Il utilise un câble coaxial ressemblant à du câble d'antenne de télévision. Le 10BASE-T ressemble à un connecteur de téléphone avec beaucoup plus de fils. Ils ne cohabitent pas sans un équipement spécial.

Les réseaux bâtis sur des topologies en étoile ont bien des avantages par rapport à ceux conçus sur des topologies en bus. Dans un réseau de topologie en bus, le fait de déconnecter un ordinateur suffit à paralyser l'ensemble du réseau. Dans un réseau à topologie en étoile, vous pouvez connecter, lors du fonctionnement, des ordinateurs sans provoquer d'interruptions. Les réseaux à topologie en étoile coûtent un peu plus cher (ils utilisent un matériel supplémentaire, le hub), mais leur fiabilité vaut largement la dépense.

Les topologies en anneau

Dans une topologie en anneau, qui est utilisée par Token Ring et FDDI, le câblage et l'organisation matérielle sont semblables à ceux d'un réseau en étoile. Cependant, au lieu de disposer d'un hub en son centre, il y a dans un réseau en anneau un équipement appelé MAU (*Multistation Access Unit* — voir Figure 1.3). Le MAU est fonctionnellement identique à un hub, à cela près qu'elle est utilisée par des réseaux Token Ring et non des réseaux Ethernet et qu'elle gère un peu différemment les communications entre ordinateurs.

Contrairement aux autres topologies présentées ici, les réseaux FDDI fonctionnent sur des câbles en fibres optiques au lieu de câbles en cuivre. La topologie de FDDI est très proche de celle de Token Ring, à une exception près. Un seul ordinateur peut être connecté à deux concentrateurs MAU, de sorte que si l'une des connexions réseau tombe en panne, l'autre prend automatiquement le relais. On dit que les systèmes connectés à plus d'un concentrateur sont *biconnectés* (*dual-homed* — voir Figure 1.4).

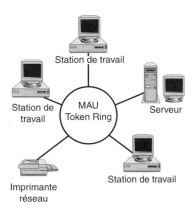

Figure 1.3 : Diagramme d'un réseau Token Ring simple.

Le FDDI est très rapide. Mais son installation et son exploitation coûtent très cher. C'est pourquoi il est normalement réservé aux applications stratégiques telles que les terminaux boursiers et les applications nécessitant beaucoup de bande passante (la *bande passante* d'un réseau est sa capacité à transmettre des données).

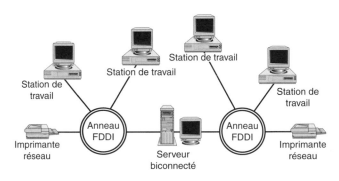

Figure 1.4 : Diagramme d'un réseau FDDI montrant comment des ordinateurs biconnectés peuvent être reliés à plusieurs concentrateurs.

Les équipements réseau

Sans nous occuper des spécificités permettant de les interconnecter, jetons un œil sur les principaux équipements réseau que nous rencontrerons dans ce livre. Les premiers sont les ordinateurs et les imprimantes, qui n'ont, eux, pas besoin d'un réseau pour fonctionner.

- Une *station de travail* est un ordinateur sur lequel travaille un utilisateur.

- Un *serveur* est un ordinateur dont les ressources sont partagées avec les autres ordinateurs.

- Une *imprimante réseau* est une imprimante connectée au réseau de façon que tous les utilisateurs puissent l'utiliser.

Les Figures 1.5, 1.6 et 1.7, que vous trouverez plus loin dans ce chapitre, proposent une représentation visuelle de ces trois différents types d'équipements réseau.

Autres équipements absolument fondamentaux dans le fonctionnement des réseaux :

- Un *hub* ou *MAU* est un point d'entrée unique pour tous les équipements du réseau.

- Les *routeurs* et les *ponts* sont des équipements qui véhiculent les données entre plusieurs réseaux. Vous en apprendrez plus à leur sujet dans ce chapitre et dans les Chapitres 3 à 5.

- Bien que les fils et le câblage ne fassent pas strictement partie de ces équipements, ce sont des éléments importants du processus. Le câblage doit répondre à des normes très strictes pour que le réseau fonctionne correctement, si bien qu'il fait partie de la liste des équipements, au titre d'équipement périphérique.

Le réseau logique

Le réseau logique est ce que voient les utilisateurs lorsqu'ils travaillent sur leurs ordinateurs. Ce sont des ensembles de ressources tels que de l'espace disque, des imprimantes et des applications auxquelles votre ordinateur n'aurait pas accès s'il n'était pas connecté à un réseau. Les réseaux logiques ne sont pas physiques, ils sont le produit de l'organisation du réseau physique. En d'autres termes, le réseau logique est l'organisation matérielle résultant du logiciel réseau.

Les protocoles réseau sont des exemples de réseaux logiques. Ce sont des langages que les ordinateurs utilisent pour dialoguer. Si vous ne parlez qu'anglais et que votre interlocuteur ne parle que français, il y a peu de chances pour que vous arriviez à communiquer. De par leur complexité, les réseaux informatiques ont le même problème. Ils doivent donc parler une même langue : un protocole réseau.

Le réseau logique peut également inclure d'autres éléments. En fait, il comprend tout ce qui n'est pas matériel. Netware de Novell offre un service de réseau logique appelé *Service d'annuaire Netware* ou NDS (*Netware Directory Service*) qui gère le fonctionnement des ordinateurs et des imprimantes du réseau. Chez Microsoft, la méthode équivalente s'appelle un *Domaine*.

Ces services permettent de sous-diviser des réseaux afin de les rendre gérables.

Un très grand nombre de services réseau et de suites logicielles reposent sur l'aspect logique d'un réseau. Les énumérer tous serait à la fois fastidieux et déroutant. Rappelez-vous simplement ceci : ce qui ne fait pas partie du réseau physique fait partie du réseau logique.

Les différents types de réseaux

Le matériel et les topologies utilisés par les réseaux n'en constituent que le début. Une fois que vous avez compris les concepts techniques de base, il est temps de vous familiariser avec les concepts organisationnels de base des réseaux : les *LAN,* les *MAN* et les *WAN*. Il existe deux types de réseaux, *CAN* et *TAN*, qui nous intéressent moins ici.

Outre le fait que tous ces types de réseaux ont des noms assez proches (et génèrent beaucoup de littérature), il s'agit d'entités complètement différentes.

Il est important de se rappeler que tous les réseaux mentionnés au cours des sections précédentes et dans les sections suivantes sont des réseaux privés. C'est-à-dire qu'ils sont utilisés par une organisation, même s'il sont dispersés géographiquement. Cela constitue une distinction importante, comme nous le verrons plus loin dans ce chapitre, dans la section consacrée à l'Internet.

Les LAN

Un LAN (*Local Area Network*) ou réseau local, est la forme la plus simple de réseau informatique. Ce n'est rien de plus qu'un ensemble d'ordinateurs situés sur un même site et connectés à un réseau. Les LAN sont souvent très proches des descriptions des Figures 1.1 à 1.4. Ils présentent les caractéristiques suivantes :

- Ils occupent un emplacement physique et un seul, comme le suggère le mot "local".

- Ils peuvent se présenter sous la forme de réseaux "égal à égal" (*peer-to-peer*), ce qui veut dire qu'il n'y a pas d'ordinateur central ou de réseaux de type "client/serveur", où un ordinateur central, appelé serveur, dispose de la plupart des ressources réseau et est sollicité par des clients ou utilisateurs.

- Leur vitesse de transfert de données est élevée.

- Toutes les données font partie du réseau local.

Les LAN transmettent souvent les données à 10 Mbps. Par comparaison, Token Ring fonctionne à 4 et à 16 Mbps, FDDI et Fast Ethernet à 100 ou plus. Ces vitesses de transmission des données ne sont pas onéreuses si elles ne concernent que le réseau local.

Bien que les LAN soient les réseaux les plus simples, ils ne sont pas pour autant nécessairement petits ou rudimentaires. La presse spécialisée évoque régulièrement des LAN de quelques centaines ou milliers d'utilisateurs.

Les MAN

Cependant, si un LAN a crû jusqu'à atteindre des milliers d'utilisateurs, vous pouvez parier sans risque qu'il s'est étendu au-delà de sa localisation d'origine. Si l'expansion est locale (c'est-à-dire limitée à un petit secteur géographique, deux immeubles par exemple), il est courant de fractionner le réseau en plusieurs petits réseaux et de les relier à un MAN (*Metropolitan Area Network*), en utilisant des liaisons téléphoniques spécialisées à haut débit ou des équipements spéciaux (unités de transmission de données utilisant la radio, les micro-ondes ou le laser) permettant des vitesses de transfert équivalentes à celles des LAN.

Les MAN permettent souvent à des utilisateurs, situés à plusieurs endroits géographiques, de partager des ressources réseau comme s'ils étaient reliés au même réseau local. Les MAN sont tout sauf un réseau local. Cependant, ils ne nécessitent pas obligatoirement des routeurs (équipements capables de déterminer quelles données restent dans le réseau local et quelles données seront transmises aux autres réseaux).

 Un *routeur* est un équipement qui gère les flots de données entre réseaux.

Dans un réseau, un routeur se comporte comme des personnes qui vous renseignent sur votre chemin. Les routeurs connaissent les meilleurs chemins que les données devront emprunter pour aller du point A au point B, et ils apprennent en permanence de nouvelles routes. De plus, ils sont pratiquement omniscients. Si vous ne pouvez pas aller du point A au point B, ils sauront comment le faire et vous enverront des messages pour vous guider.

Les MAN constituent le niveau immédiatement supérieur aux LAN en matière de complexité. En raison des lignes téléphoniques à haut débit et des équipements spécialisés nécessaires au fonctionnement d'un MAN, son prix est substantiellement supérieur à celui d'un LAN. Le diagramme de la Figure 1.5 montre une configuration de

MAN, avec les équipements qui le différencient d'un LAN et qui, par voie de conséquence, en accroissent le coût.

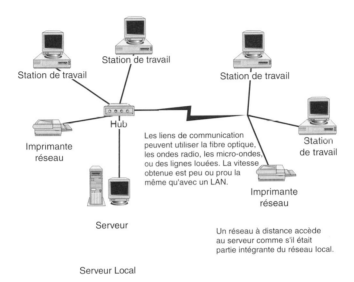

Station de travail

Station de travail

Station de travail

Hub

Imprimante
réseau

Les liens de communication peuvent utiliser la fibre optique, les ondes radio, les micro-ondes, ou des lignes louées. La vitesse obtenue est peu ou prou la même qu'avec un LAN.

Station
de travail

Imprimante
réseau

Serveur

Un réseau à distance accède au serveur comme s'il était partie intégrante du réseau local.

Serveur Local

Figure 1.5 : Une configuration de MAN.

Les WAN

Lorsque des LAN ou des MAN sont trop éparpillés géographiquement pour qu'on puisse les relier à la vitesse maximale d'un LAN, il est temps de bâtir un WAN (*Wide Area Network*). Les WAN sont constitués de LAN ou de MAN distants géographiquement, reliés par des lignes téléphoniques à haut débit.

L'accès aux ressources par un WAN est souvent limité par la vitesse de la ligne téléphonique (le débit des lignes téléphoniques numériques n'excède pas 56 Kbps. Même les artères de communications des opérateurs de télécommunications, appelées T1, ne supportent que 1,5 Mbps et elles sont très chères. Il n'est pas inhabituel de payer quelques milliers de francs par mois à un opérateur de télécommunications pour louer une liaison T1. Lorsque vous comparez les 56 Kbps d'une ligne téléphonique numérique ou les 1,5 Mbps d'une liaison T1 aux 10 Mbps d'un LAN ou d'un MAN, le ralentissement dû aux lignes téléphoniques est facilement mis en évidence. Ces restrictions de vitesse sont également qualifiés de *problèmes de bande passante*.

 Le terme *bande passante* décrit la vitesse maximale à laquelle un équipement donné (tel qu'une carte réseau ou un modem) peut transmettre des données. En d'autres termes, mesurer la bande passante revient à mesurer l'air que peut brasser un ventilateur. La bande passante se mesure en kilobits par seconde ou en mégabits par seconde, selon l'importance du débit du réseau.

Les WAN sont souvent mis en place lorsqu'il est important pour tous les utilisateurs d'avoir la possibilité d'accéder à des informations communes, telles que des bases de données de produits ou des serveurs vocaux bancaires. Dès lors que les objectifs du WAN sont clairement définis et limités, les restrictions de vitesse imposées par les lignes téléphoniques ne constituent plus un obstacle pour les concepteurs du réseau. Si le flux de données transitant par la ligne téléphonique à haut débit est inférieur ou égal à la capacité de la ligne, le WAN fonctionne correctement.

Contrairement aux LAN et aux MAN, les WAN utilisent presque toujours des routeurs. Puisque la majeure partie du trafic d'un WAN se situe dans les LAN et les MAN le constituant, les routeurs sont investis d'une mission importante : ils s'assurent que les LAN et les MAN ne reçoivent que les données qui leur sont destinées.

La Figure 1.6 présente une configuration de WAN. Notez que la différence majeure entre un LAN et un WAN réside dans le fait qu'un WAN est avant tout un ensemble de LAN connectés par des routeurs.

Les distinctions entre les LAN, les MAN et les WAN sont parfois confuses. Les deux derniers types de réseaux que nous évoquerons ici (les CAN et les TAN) sont des exemples de ce qui se passe lorsque les distinctions entre les trois premiers types de réseaux s'estompent.

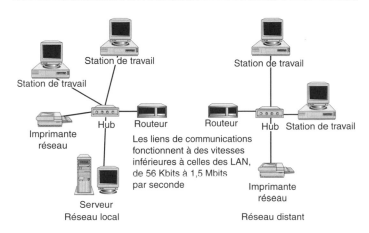

Station de travail

Station de travail

Station de travail

Imprimante
réseau

Hub

Routeur

Routeur

Hub

Station de travail

Les liens de communications
fonctionnent à des vitesses
inférieures à celles des LAN,
de 56 Kbits à 1,5 Mbits
par seconde

Imprimante
réseau

Serveur

Réseau local

Réseau distant

Figure 1.6 : Une configuration typique de WAN.

Les CAN

Les CAN (*Campus Area Network*) sont identiques aux MAN, bien
qu'ils disposent d'une bande passante maximale entre tous les LAN
du réseau. Certains CAN sont constitués d'un seul réseau distribué
dans une zone géographique limitée, un campus, par exemple. Lorsque c'est le cas, des ponts et des répéteurs sont utilisés pour connecter les différentes parties du réseau, au point que l'utilisateur ne sait
pas si le serveur auquel il accède est de l'autre côté de la pièce ou du
campus.

 Un *pont* est un équipement qui relie plusieurs réseaux de
façon qu'ils constituent un seul réseau logique. Pour plus
de renseignements sur les ponts et les routeurs, voir le
Chapitre 4.

 Un *hub* est un équipement qui permet à des réseaux de
communiquer correctement. Un hub amplifie et nettoie les
signaux numériques et les retransmet vers leur destination.

Les CAN ont tendance à être très coûteux. Néanmoins, ils sont très utiles dans des organisations grandes consommatrices d'informations,

telles que les éditeurs de logiciels et les universités, parce qu'ils font apparaître le réseau aussi simplement que possible aux utilisateurs finaux.

Les TAN

Les TAN (*Tiny Area Networks*), terme inventé par Cheryl Currid, chroniqueur du *Information Week,* sont des "réseaux domestiques". Ils sont composés de deux ou trois ordinateurs installés à la maison ou dans d'autres locaux "non professionnels". Souvent, les TAN facilitent la tâche d'un cadre qui souhaite reproduire chez lui l'environnement de travail de son bureau ou permettent l'accès à des ressources partagées en réseau.

Les TAN sont d'excellents "premiers réseaux". Si vous disposez des ressources nécessaires, un TAN au sous-sol ou dans le salon constitue un premier apprentissage avec, en moins, la pression des utilisateurs réclamant l'accès aux ressources.

Quel rapport entre l'Internet et votre réseau ?

Le but de cette section est d'expliquer en termes très simples ce qu'est l'Internet et quelle est son incidence sur votre réseau local. Cette section met en relief les paragraphes précédents parce qu'elle vous aide à comprendre comment votre réseau existe par rapport à l'Internet, cette sorte de "super-réseau" dont tous les autres sont issus.

Qu'est-ce que l'Internet ?

La réponse standard à cette question est souvent :

"L'Internet est le réseau des réseaux."

Le "réseau des réseaux" n'est une bonne définition que si vos interlocuteurs ont déjà une bonne idée de ce qu'est un réseau.

L'Internet est un ensemble de réseaux informatiques privés (LAN, MAN et WAN) reliés les uns aux autres. Chaque réseau privé individuel est composé d'un ensemble d'ordinateurs au sein d'une entité. Chaque entité n'est responsable que des ordinateurs situés dans sa sphère d'influence. Généralement, les réseaux individuels sont connectés par des équipement spéciaux appelés routeurs qui doivent déterminer quelles sont les données devant rester sur le réseau local et celles devant être transmises à d'autres réseaux.

Si vous mettez en place un petit réseau, il s'agira d'un réseau privé. Si vous connectez un routeur à votre réseau (en fait, c'est plus compliqué que ça, mais nous y reviendrons plus tard), il est probable que votre réseau fera un jour partie de l'Internet.

La Figure 1.7 montre comment des réseaux locaux se connectent les uns aux autres pour constituer l'Internet.

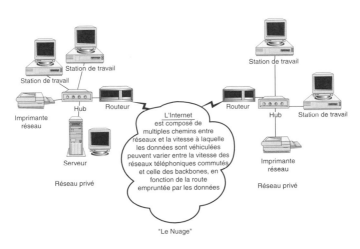

Figure 1.7 : L'internet est constitué de connexions entre réseaux locaux.

Comprendre ce qu'est la bande passante

Vous trouvez certainement que les Figures 1.6 et 1.7 sont pratiquement identiques. La différence importante est qu'en Figure 1.6 le WAN fait intégralement partie d'un seul réseau et est sous le contrôle d'une entité. En revanche, les seules parties de l'Internet qui lui soient strictement dédiées sont les lignes téléphoniques extrêmement rapides (de bande passante élevée) qui constituent ce que l'on appelle le *backbone* (épine dorsale) de l'Internet.

 Le *backbone* est un ensemble de lignes téléphoniques très rapides (de 155 à 622 Mbps) utilisées par les opérateurs de télécommunications pour transmettre de gros volumes de trafic. Comparez cela à la vitesse de votre LAN (sur lequel les données circulent à 10 Mbps) et vous comprendrez pourquoi on l'appelle backbone. De nouvelles technologies permettront une vitesse de plus d'un Gbit par seconde, ce qui s'avérera très utile, car de plus en plus de monde se connecte à l'Internet.

Les différents types de connexions à l'Internet

Si l'Internet est une autoroute, la connexion téléphonique utilisée par la plupart des utilisateurs est une route départementale. Les connexions dédiées utilisant des lignes téléphoniques à 56 Kbits sont un peu plus rapides que les lignes téléphoniques commutées. Les connexions interurbaines T1, E1 et T3 (ces lignes peuvent aussi s'appeler OS1, DS1, DS3 ou porter d'autres noms en fonction de l'opérateur de télécommunications avec qui vous traitez) sont beaucoup plus rapides.

Les opérateurs de télécommunications ont créé des lignes à très haut débit — les backbones mentionnés précédemment — basées sur des fibres optiques pouvant transporter plus de 622 Mbps. Un des avantages offerts par l'Internet est que, généralement, il vous dispense de vous préoccuper de la façon dont les données sont routées ; les systèmes informatiques (les routeurs) faisant partie du backbone automatisent largement ce processus.

Si vous considérez de nouveau la Figure 1.7, vous verrez que l'Internet n'est pas composé d'un seul réseau, mais d'un ensemble de LAN et de MAN privés. Les données les traversent et, en fonction de son degré d'implication dans l'Internet, un réseau privé donné peut prendre la responsabilité d'émettre des données vers leur destination.

En quoi l'Internet concerne-t-il votre réseau ?

A mesure que l'Internet se développe, il devient une référence pour les concepteurs de réseau du monde entier. L'Internet, contrairement à beaucoup de réseaux de moindre importance, est fondé sur des normes consensuelles. Ces normes sont toutes dans le domaine public. Aucune n'est la propriété d'un seul éditeur. Le résultat est que les logiciels fondés sur les normes strictement définies de l'Internet sont faciles à programmer. Leurs spécifications exhaustives sont publiées dans des documents appelés RFC — *Requests for Comment* — disponibles sur beaucoup de sites Internet. Parce que ces normes sont dans le domaine public, les logiciels développés à partir de celles-ci sont également peu onéreux — il n'y a pas de royalties à payer sur des brevets ou des copyrights.

Il est plus facile de faire interagir les ordinateurs et les applications en utilisant des logiciels aux normes Internet sur un réseau. En fait, beaucoup de produits provenant d'éditeurs différents peuvent fonctionner les uns avec les autres s'ils sont conformes à ces normes. Lorsqu'ils le sont, la coopération des applications est appelée *interopérabilité*, ce qui signifie que le composant A travaille avec le composant B sans difficulté. L'interopérabilité implique aussi qu'un réseau local fonctionnera mieux et à moindre coût.

Les intranets, les extranets et l'Internet

En construisant un LAN, un MAN ou un WAN — c'est-à-dire un réseau privé — selon les normes de l'Internet, vous créez un Internet interne ou *intranet*. Les intranets devraient prochainement faciliter la mise en réseau de composants en provenance de plusieurs éditeurs. Utilisés convenablement, ils peuvent réduire les coûts et simplifier la vie des utilisateurs finaux.

Si vous connectez votre intranet à l'Internet et permettez à vos clients et partenaires commerciaux de l'utiliser en partie à des fins commerciales, vous avez dépassé le stade de l'intranet et avez créé un extranet. Les *extranets* sont des intranets qui utilisent l'Internet comme support pour interagir avec leurs clients, leurs fournisseurs et leurs partenaires commerciaux. Avec quelques précautions en matière de sécurité, les extranets ont une valeur ajoutée exceptionnelle. Ils réduisent les coûts nécessaires à la connexion de votre système informatique aux systèmes variés de vos partenaires commerciaux et exposent vos produits à un large public.

Chapitre 2

Les avantages des réseaux

Sans les réseaux, beaucoup de choses que nous tenons pour banales dans notre vie quotidienne, n'existeraient pas, des unités de mesures aux supports des échanges.

Un réseau est d'abord et avant tout un système permettant de faire communiquer plusieurs personnes situées à des endroits différents. Il crée aussi de la synergie, dans laquelle le tout est potentiellement supérieur à la somme des parties. Dans ce chapitre, nous verrons quels sont les avantages des réseaux informatiques pour les utilisateurs.

Nous y étudierons :

- l'informatique avant les réseaux ;
- les premiers réseaux informatiques ;
- comment étaient partagées les ressources avant les réseaux ;
- les inconvénients de ne pas travailler en réseau ;
- les avantages des réseaux.

L'informatique avant les réseaux

Il y a trente ou quarante ans, les ordinateurs utilisés par les entreprises et les administrations étaient volumineux, mais n'avaient pas la puissance des machines actuelles. Il ne pouvaient traiter que de très petits programmes et manquaient de mémoire. Les bandes magnétiques dont ils étaient équipés stockaient les données qui n'étaient pas utilisées.

 La *mémoire* est la partie de l'ordinateur où sont stockés les 1 et les 0 des programmes et des données.

A cette époque, les ordinateurs offraient très peu d'interaction entre l'utilisateur et le système. Très peu d'ordinateurs disposaient d'écrans et de claviers permettant d'accéder à une session. Au lieu de s'asseoir derrière un écran, d'utiliser le clavier et la souris, la plupart des utilisateurs soumettaient leur travail à l'opérateur du système, la seule personne autorisée à interagir directement avec la machine.

Les ordinateurs pouvaient difficilement interagir. La seule norme de cette époque était l'ASCII. Les ordinateurs auraient dû convertir leurs données avant de pouvoir les utiliser ce qui, sans normes, aurait pris autant de temps que de les saisir de nouveau.

 Le terme ASCII (*American Standard Code for Information Interchange*) désigne un code utilisé par l'ordinateur pour transformer les 1 et les 0 (le code binaire que lui seul peut comprendre) en caractères de l'alphabet, en chiffres et en d'autres caractères compréhensibles pour l'être humain.

Même si les ordinateurs avaient été capables de se comprendre, les transferts de données auraient été relativement lents parce que les machines n'étaient pas connectées entre elles. Même entre ordinateurs du même constructeur, la seule façon de transférer les données était de les envoyer au destinataire au moyen d'une bande magnétique ou d'un disque amovible. Cela signifiait le transport physique de disques vers chaque endroit où l'on avait besoin d'une copie des données, ce qui n'était évidemment pas aussi rapide que les réseaux actuels

Heureusement, BBN (*Bolt, Beranek and Newman*), une entreprise informatique et technologique du Massachusetts, chargée de diriger le programme gouvernemental de recherche ARPA (*Advanced Research Products Agency*), a réussi à faire interagir les ordinateurs. Elle y est parvenue en utilisant des lignes téléphoniques et des *modems* qui peuvent convertir les 1 et les 0 des données numériques en signaux sonores transmissibles sur les lignes téléphoniques. Ces données étaient découpées en petits morceaux appelés *datagrammes* ou *paquets*. La technologie de conversions des données empaquetées, qui a marqué l'histoire des réseaux, a été appelée *commutation de paquets* (*packet switching*).

Une avancée des réseaux : le découpage en paquets des données

Dans cette section, nous verrons comment les réseaux échangent des données par découpage en paquets de données, afin de comprendre comment ils fonctionnent.

Le découpage en paquets des données est important parce que :

- Il permet à plus d'un flot de données de parcourir le même support au même moment.

- Il permet la *correction des erreurs*, c'est-à-dire que les données transmises sur un support soient exemptes d'erreurs.

- Il permet aux données d'être envoyées d'un ordinateur à un autre en empruntant des routes multiples, en fonction de l'ouverture de celles-ci à un instant précis.

L'*empaquetage* des données consiste à les scinder en parts égales, afin de les transmettre sur un réseau. Une *somme de contrôle* permet de déterminer si toutes les données sont bien arrivées. Lorsque celles-ci sont empaquetées, l'ordinateur compte le nombre de 1 et de 0 qu'elles contiennent et attribue un numéro qu'il inclut au paquet.

La route qu'empruntent les données ainsi que l'ordre dans lequel elles arrivent n'ont donc aucune importance, pourvu qu'elles parviennent toutes à destination. L'ordinateur peut les assembler à partir de la somme de contrôle et de numéros de séquences qui ont été attribués à chaque paquet de données.

Toute donnée que vous envoyez sur un réseau informatique est empaquetée, du plus petit courrier électronique (*e-mail*) au plus gros fichier. L'avantage, pour les réseaux, du découpage de paquets vient du fait que plusieurs ordinateurs peuvent transmettre en même temps des données sur un seul fil. Vous pouvez traiter sans problème un grand nombre de paquets de données, en provenance de plusieurs machines, parce que chaque paquet (comme chaque enveloppe de l'exemple précédent) dispose des éléments suivants :

- **Une adresse source.** L'adresse de retour, c'est-à-dire l'adresse d'origine des paquets.

- **Une adresse de destination.** La destination du paquet.

- **Un numéro de séquence.** S'assure que les données sont exemptes d'erreurs.

La vie sans les réseaux informatiques

Avant l'apparition des réseaux, la transmission de données entre ordinateurs était difficile. Aujourd'hui, les réseaux sont omniprésents.

Un partage des ressources inefficace

Sans réseau, il vous est impossible de partager les ressources de votre ordinateur et d'utiliser celles d'autres ordinateurs.

Le réseau basket

Lorsque le réseau Ethernet fut inventé, les utilisateurs d'ordinateurs connectés à un réseau donnèrent un nom astucieux au partage de fichiers provenant d'ordinateurs non connectés au réseau. Ils l'appelèrent "réseau basket" (*sneakernet*). Ce qui signifie que si un utilisateur voulait déplacer des fichiers entre ordinateurs non connectés, il devait copier le fichier sur une disquette, se déplacer sur l'autre ordinateur (d'où le nom de réseau *basket*), et copier le fichier sur celui-ci.

Il va sans dire que le réseau basket n'est pas un moyen efficace de gérer des fichiers. Il prend du temps, n'est pas fiable et ne fonctionne correctement que pour des fichiers suffisamment petits pour tenir sur une disquette. Le pire de tout, c'est la non-centralisation des données : chaque utilisateur peut avoir une version différente du même fichier sur son ordinateur.

Pas d'applications partagées

Les ordinateurs déconnectés ne peuvent pas partager d'applications. Lorsque des ordinateurs ne sont pas en réseau, chaque application, si les données peuvent être transmises par le réseau basket, doit être installée sur chaque ordinateur. Un utilisateur qui ne dispose pas sur sa machine de l'application qui a créé tel ou tel fichier ne pourra pas lire celui-ci.

Pas d'imprimantes partagées

Si les ordinateurs ne sont pas en réseau, la seule façon pour eux de partager des périphériques tels que les imprimantes consiste à utiliser des commutateurs manuels qui sélectionneront l'ordinateur qui pourra utiliser l'imprimante à un moment donné. Non seulement c'est un inconvénient, mais vous pouvez en être de votre poche. Certains constructeurs ne garantissent pas que leur imprimante puisse être reliée à un commutateur, car celui-ci peut endommager celle-là.

Pas de partage des ressources Internet

Les ordinateurs non connectés au réseau ne peuvent pas partager une connexion à l'Internet. La popularité croissante de l'Internet, combinée à la nécessité de réduire les coûts des comptes Internet, fournit à beaucoup de monde l'occasion de mettre en place de petits réseaux — simplement pour pouvoir connecter leurs utilisateurs à l'Internet.

Des données lentes

Les disquettes ne contiennent que très peu de données. Essayer de travailler correctement en échangeant des disquettes est très frustrant. L'avènement récent de disques amovibles de grande capacité tels que les périphériques Zip et Jaz de Ioméga améliore partiellement cette situation, mais ne résout pas le problème sous-jacent : l'absence de connectivité en temps réel fournie par un réseau.

Pas de gestion centralisée des données

Tant que les ordinateurs n'étaient pas reliés aux réseaux, il n'y avait aucun moyen de les gérer collectivement, ni de s'assurer qu'ils avaient tous la même configuration et le même accès aux données. Cela nécessitait une administration coûteuse et qui prenait beaucoup de temps. Les configurations ne pouvaient pas être standardisées, à moins que la personne en charge des ordinateurs ne répètât les installations et les configurations sur chaque système, ce qui, dans le meilleur des cas, entraînait une perte de temps et de ressources considérable.

Le coût

L'informatique sans réseau est chère. Si vos ordinateurs, par exemple, ne sont pas en réseau et que tous vos utilisateurs doivent imprimer, vous pourriez avoir à acheter une imprimante par utilisateur. Tandis qu'il existe des réseaux dans lesquels une imprimante peut servir à une vingtaine d'utilisateurs...

Les avantages des réseaux

Voici les avantages offerts par une informatique en réseau.

Partages simplifiés des ressources

Sur un réseau, le partage des ressources est simplifié, qu'il s'agisse d'une configuration "égal à égal" ou client/serveur.

Espace disque partagé

Les ordinateurs en réseau peuvent partager leur espace disque. De prime abord, cela ne paraît pas extraordinaire. Après tout, beaucoup d'ordinateurs disposent de disques durs avec de grandes capacités de stockage, mais ce n'est pas ici la capacité qui importe, mais le partage des applications et des fichiers. Il est agréable de pouvoir trouver le fichier qu'on cherche, de le copier sur son ordinateur et de travailler sans avoir à quitter sa chaise.

Les applications partagées

Bien que le partage de fichiers soit une bonne raison de mettre en place un réseau, le partage des applications en est une autre. Ces applications partagées peuvent être une copie de Microsoft Word, stockée sur le disque dur d'un autre utilisateur, ou une application de groupware élaborée routant les données d'un utilisateur à un autre.

 Une *application de groupware* permet aux utilisateurs de travailler ensemble avec des ordinateurs en réseau. Bien souvent, le groupware accroît l'efficacité en automatisant le flux de travail d'une personne à une autre et en réduisant le nombre de papiers générés par une tâche.

Parmi les applications partagées, l'*agenda de groupe* permet à votre encadrement de planifier des réunions et des tâches en utilisant un agenda centralisé plutôt que vingt agendas personnels, et le courrier électronique également appelé *application dévoreuse de ressources* du réseau. Au Chapitre 12 nous aborderons plus en détail le courrier électronique ainsi que d'autres applications réseau.

 Le terme "application dévoreuse de ressources" n'est pas péjoratif. En dépit de son nom, elle ne fait pas référence à des virus ou à d'autres applications malignes. Bien au contraire, une application "dévoreuse de ressources" est très utile parce qu'elle accroît la demande de ressources informatiques. Le courrier électronique est l'application "dévoreuse de ressources" des réseaux parce que, lorsqu'elle a été introduite, elle a permis aux utilisateurs de traiter plusieurs conversations séries dans un espace de travail commun, sans nécessiter de support papier et sans avoir à courir partout avec des mémos. Le courrier électronique est un excellent moyen d'envoyer de brefs messages qui ne sont pas suffisamment significatifs pour mériter un mémo. Par exemple, le courrier électronique est intéressant pour la gestion des projets : les utilisateurs peuvent envoyer un message de deux lignes à leur supérieur pour lui dire à quel stade du projet il sont, et le supérieur peut envoyer rapidement des messages au groupe de travail sans support papier.

Les imprimantes partagées

Le partage des imprimantes est le troisième aspect du partage de ressources. Comme nous le disions précédemment en évoquant les inconvénients des ordinateurs non connectés au réseau, les imprimantes isolées — c'est-à-dire les imprimantes reliées à des ordinateurs non connectés au réseau — représentent une dépense supplémentaire non négligeable. De plus, les imprimantes coûtent cher — elles consomment de l'encre ou du toner et les cartouches de consommables sont onéreuses.

La Figure 2.1 est un exemple de partage de ressources.

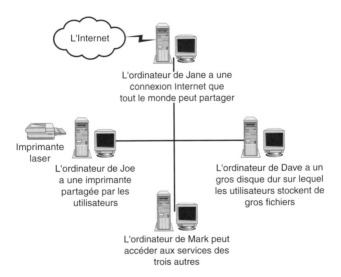

Figure 2.1 : Partage de ressources avec un réseau informatique.

Le travail en réseau est plus rapide

D'après ce que nous avons vu au cours de ce chapitre, il semble évident que le travail est plus rapide avec que sans réseau. Cela se vérifie dans les faits. Pensez simplement à ceci :

- En utilisant le courrier électronique, il n'y a plus besoin d'imprimer de notes de service.

- Plus besoin de courir d'un bureau à l'autre pour connaître la disponibilité de chacun pour une réunion — utilisez l'agenda de groupe.

- Plus besoin de savoir dans quel fichier papier se trouve le nom de la personne que vous devez appeler — vous pouvez l'obtenir dans la base de contacts.

- Plus besoin de courir d'un bureau à l'autre pour récupérer le fichier qu'il vous faut — copiez-le ou ouvrez-le simplement à partir du disque réseau.

La gestion centralisée

Trop souvent, aussi, les administrateurs système en ont assez de courir à droite et à gauche pour installer, corriger et gérer des installations logicielles personnalisées. Cela est particulièrement inefficace et use la patience, tant des utilisateurs du réseau que du technicien dont le travail est de les aider.

Une meilleure administration de réseau passe par une gestion centralisée de celui-ci. Dès lors que les ordinateurs sont en réseau, il existe une foule d'utilitaires (*System Management Server* de Microsoft, *Saber LAN Manager* de Network Associates, *TME10* de Tivoli et *Norton Administrator for Networks* de Symantec, entre autres) permettant à l'administrateur de diagnostiquer et de corriger les problèmes, d'installer et de configurer les logiciels. Ces suites d'utilitaires permettent à l'administrateur du réseau de collecter et d'uniformiser des configurations à travers celui-ci et, très souvent, d'installer des logiciels sur les ordinateurs des utilisateurs sans avoir à quitter son bureau (c'est mauvais pour la ligne, bon pour le réseau).

Pour en savoir plus sur l'administration de réseau, consultez les chapitres de la Partie V.

L'installation initiale et la formation représentent beaucoup de travail pour l'administrateur, mais ces étapes franchies, sa vie s'en trouvera facilitée. L'administration centralisée fait gagner du temps et de l'argent, suscite la bienveillance des utilisateurs et accroît la crédibilité de l'administrateur. Les gains obtenus grâce à la mise en place d'un réseau sont sans commune mesure avec l'investissement effectué.

Partie II

Les concepts de base

Chapitre 3

Comment les ordinateurs partagent-ils des données ?

Dans le chapitre précédent, nous avons vu une brève description de la commutation de paquets et pourquoi elle est si importante pour les réseaux. Dans ce chapitre, nous en apprendrons plus sur la façon dont les réseaux transfèrent des données entre ordinateurs. Ce processus sera présenté à propos des topologies physiques, telles que Ethernet, Token Ring et ATM, et des protocoles réseau dont nous n'avons pas encore parlé.

Pourquoi la commutation de paquets est-elle si importante ? Rappelez-vous qu'elle permet à plusieurs ordinateurs de dialoguer sur le même support. La commutation de paquets est inhérente aux réseaux d'ordinateurs.

Au cours du Chapitre 1, nous avons étudié les topologies physiques telles que le 10BASE2 et les fibres optiques avec lesquelles sont créées les "autoroutes de l'information". Au chapitre suivant, nous avons précisé ces topologies. Cependant, avant de passer aux topologies physiques, vous devez comprendre comment sont aiguillées les données sur le réseau.

Les topologies logiques

Avant d'aborder à nouveau les topologies, nous allons les redéfinir.

 La *topologie* n'est rien de plus que la disposition d'un réseau. Elle peut faire référence à la couche physique (la répartition entre 10BASE2, 10BASE-T et les fibres) ou à la couche logique du réseau.

Les règles de transmission des données dépendent des topologies logiques. Comme vous le savez déjà, en matière de réseau, un seul ordinateur peut transmettre sur un segment à un moment donné. Contrairement aux topologies physiques, que nous étudierons dans le chapitre suivant, les topologies logiques sont plutôt abstraites. Les topologies physiques peuvent être déclinées en termes d'équipements bien concrets, tels que les cartes réseau et les types de câblage. Les topologies logiques sont essentiellement le "code de la route" des réseaux.

Dans ce chapitre, nous parlerons d'abord de quatre topologies logiques courantes, de la plus conviviale à la plus ésotérique :

- Ethernet ;
- Token Ring ;
- FDDI ;
- ATM.

Ethernet

Lorsque la commutation de paquets en était à ses prémices, elle n'était pas très efficace. Les ordinateurs ne savaient pas comment éviter d'envoyer des données sur un support en même temps que d'autres systèmes.

L'Ethernet, inventé en 1973 par Bob Metcalfe (qui venait de fonder 3Com, une des entreprises les plus performantes en matière de réseaux), trouva un moyen de pallier les limitations des premiers réseaux. Basé sur une norme IEEE (*Institute of Electronic and Electrical Engineers*) appelée 802.3 CSMA/CD il permit dès lors de transmettre simultanément sur le même support.

Présentation de CSMA/CD

La norme CSMA/CD (*Carrier Sense Multiple Access Collision Detection*) constitue les fondations de l'Ethernet. Alambiqué, ce terme désigne en fait une réalité relativement simple. Dans un réseau Ethernet, tous les ordinateurs partagent un même segment de réseau, appelé *domaine de collision*. Ce segment est appelé ainsi parce que, s'il comporte plusieurs ordinateurs, il est évident qu'à un moment donné ceux-ci essayeront de transmettre des données simultanément, provoquant des collisions. Plus grand est le domaine de collision, plus la probabilité de collisions augmente ; c'est pour cette raison que les concepteurs de l'Ethernet ont essayé de limiter le nombre d'ordinateurs par segment.

 Le *domaine de collision* est un ensemble d'ordinateurs dialoguant sur un seul support. Chaque ordinateur d'un domaine de collision écoute les autres ordinateurs du même domaine. Il ne transmet ses données que si aucun autre ne le fait.

 En termes de réseau, la *collision* se produit lorsque deux ordinateurs tentent de transmettre des données en même temps sur le même réseau. Cela génère un conflit. Les deux ordinateurs reçoivent la collision, cessent d'émettre et attendent un laps de temps aléatoire avant de transmettre de nouveau.

Dans le CSMA/CD, chaque ordinateur écoute le segment et attend un moment d'inactivité. Dès que le segment est disponible, un ordinateur ayant des paquets de données à transmettre les émet. Si aucun autre ordinateur n'émet, le paquet arrivera à destination.

Observons une topologie Ethernet en Figure 3.1.

Si un deuxième ordinateur transmet au même moment que le premier, chacun ressent la présence de l'autre. Ils cessent tous deux d'émettre des données, attendent un nombre aléatoire de secondes et font un nouvel essai de transmission. Généralement, cela résout le problème de collision. C'est aussi simple que cela.

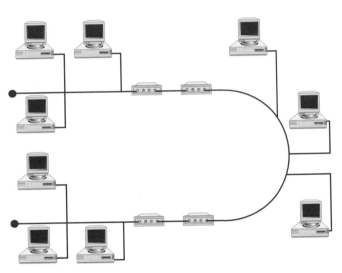

Figure 3.1 : Une topologie Ethernet.

La famille Ethernet

Le terme Ethernet est couramment utilisé, autant pour décrire à la fois la topologie logique utilisant CSMA/CD que les topologies physiques sur lesquelles sont installés les réseaux CSMA/CD. Toutes les topologies Ethernet de base sont décrites dans la norme IEEE 802.3. Voici quelques membres de cette famille :

- Le 100BASE-T, également appelé *Fast Ethernet*, dans lequel les données transitent à 100 Mbps sur deux paires torsadées de câble non blindé. La longueur maximale des câbles entre le hub et la station de travail est de vingt mètres.

- Le 100BASE-FX, qui est un Fast Ethernet sur des fibres optiques. Puisque les fibres optiques peuvent véhiculer les données beaucoup plus vite que la paire de cuivre, le 100BASE-FX n'a pas de longueur maximale.

- Le 100BASE-T4, qui est l'équivalent du 100BASE-T, mais sur quatre paires torsadées de câble non blindé. Comme pour le 100BASE-T, la longueur maximale entre le hub et la station de travail est de vingt mètres.

Token Ring et FDDI

Les réseaux CSMA/CD constituent un moyen relativement simple de véhiculer des données. Cependant, beaucoup d'observateurs du monde des réseaux notent, à juste titre, que CSMA/CD ploie sous la charge exercée par le grand nombre d'ordinateurs d'un segment de réseau. Les conflits d'accès à la bande passante qui compose l'Ethernet sont évidemment un frein à son bon fonctionnement.

En attendant de résoudre ce problème, IBM et l'IEEE ont créé une autre norme de réseau appelée 802.5 ou plus souvent *Token Ring* (anneau à jetons).

Le Token Ring et l'Ethernet fonctionnent de manières très différentes. Dans l'Ethernet, tout ordinateur qui a des données à transmettre peut le faire jusqu'à ce qu'il rentre en collision avec un autre. *A contrario*, dans les réseaux Token Ring et FDDI, un paquet spécial appelé *jeton* circule sur le réseau. Lorsqu'un ordinateur a des données à transmettre, il attend que le jeton soit disponible, s'en empare et transmet un paquet de données tout en passant le jeton à l'ordinateur suivant. Ce dernier s'empare à son tour du jeton s'il a des données à transmettre.

Ces deux topologies logiques ne souffrent pas de collisions dans lesquelles plusieurs stations essayent d'émettre des données. Chaque ordinateur attend son tour. Malheureusement, à mesure que le nombre d'ordinateurs sur le réseau augmente, Token Ring souffre des mêmes problèmes de contention de bande passante qu'Ethernet

— à un moment donné, trop d'ordinateurs attendent le jeton. A terme, cette situation entraînera des ralentissements du réseau.

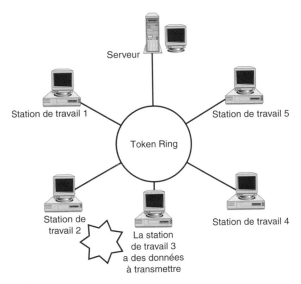

Elle s'est accaparé le jeton (un message électronique qui circule sur le réseau) et elle seule peut émettre. Lorsqu'elle a fini d'émettre, elle redonne le jeton à l'anneau et l'ordinateur suivant qui a besoin de transmettre des données le récupère. Le fonctionnement de FDDI est très senblable.

Figure 3.2 : Une topologie Token Ring (FDDI fonctionne de la même façon). Le seul ordinateur qui peut transmettre est celui qui s'est approprié le jeton.

Le mode de transfert asynchrone (ATM, *Asynchronous Transfer Mode*)

En ce moment, ATM est la technologie de réseau émergente. Contrairement à Ethernet, Token Ring ou FDDI, il s'agit d'une technologie entièrement nouvelle pouvant véhiculer à la fois la voix et les données sur un réseau en cuivre ou en fibres optiques. ATM transmet tous les paquets sous la forme de *cellules* de 53 octets, disposant d'une panoplie d'identificateurs pour déterminer des choses telles que la *qualité de service* (QOS, *Quality Of Service*) — en d'autres termes, quels paquets doivent être routés en priorité.

 La *qualité de service* pour un paquet de données est assez proche de celle d'un service postal. Lorsque vous envoyez un courrier avec garantie de délai, il est traité en priorité et parvient plus tôt à destination.

Dans un paquet de données, seuls quelques bits déterminent la qualité de service qui lui est attribuée. Lorsque la qualité de service est activée, comme c'est le cas dans ATM et dans la future version du protocole Internet (*IPv6*), vous pouvez envoyer des paquets en fonction des besoins en bande passante. Par exemple, le courrier électronique pourra être traité avec une priorité inférieure à celle de données en temps réel, comme des animations vidéo.

ATM est capable de router à très grande vitesse. Dans sa version la plus lente, il fonctionne à 25 Mbps. Dans la plus rapide, il peut aller au-delà de 622 Mbps. C'est pour cette raison que les opérateurs de télécommunications l'utilisent pour leurs dorsales longues distances. En plus de sa vitesse, l'ATM est considérablement plus complexe que l'Ethernet ou le Token Ring.

Aujourd'hui, les équipements ATM sont à la fois chers et ésotériques. Fore Systems et IBM ont investi fortement dans la technologie ATM et parient sur les besoins des réseaux multimédias des prochaines années.

Maintenant que nous avons traité des topologies, nous pouvons aborder les protocoles.

Les protocoles réseau

La topologie physique est située à la base des réseaux. Au sommet, on trouve la topologie logique et au-dessus de la topologie logique, il y a les *protocoles*. En tant que topologie logique, un protocole est un ensemble de règles concernant l'émission et la réception de données sur un réseau. Les topologies logiques indiquent au matériel comment empaqueter et transmettre les données par une topologie physique. Les protocoles prennent en charge la translation des données entre les applications et la topologie logique.

Si tout cela vous paraît confus, ne vous inquiétez pas. Les pages qui suivent évoqueront le fonctionnement et l'organisation des protocoles et recenseront les plus populaires d'entre eux. Voici une liste des protocoles les plus usités :

- TCP/IP ;

- IPX ;

- NetBIOS/NetBEUI.

Pour comprendre ce que sont les protocoles, vous devez comprendre ce qu'ils font et comment ils s'intègrent à l'ensemble du réseau. Pour commencer, examinons le plus répandu des modèles théoriques de réseau : le modèle OSI.

Le modèle OSI (et pourquoi vous devrez l'assimiler)

Au cours des années 80, un groupe appelé *Open Systems Interconnect* ou plus simplement *OSI*, a tenté de créer un assemblage logique des différents composants d'un réseau. A long terme, ces efforts n'ont pas été couronnés de succès (pratiquement aucun composant ne respecte les protocoles OSI), mais ont contribué à expliquer comment un réseau *devrait fonctionner*. Le modèle est appelé modèle OSI à sept couches et c'est un pilier de la théorie des réseaux (voir Figure 3.3). Le modèle OSI est intéressant à connaître, mais il n'est pas nécessaire de le retenir. Il représente simplement un modèle théorique utile pour les problèmes réseau, qu'il s'agisse de la conception ou de la résolution des problèmes de connexions.

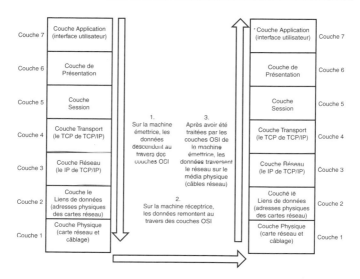

Figure 3.3 : Le modèle OSI montre comment les données circulent dans un réseau.

Le modèle OSI n'est pas particulièrement complexe. Le niveau d'abstraction du modèle s'accroît à mesure qu'on s'élève dans les couches OSI de 1 à 7. L'astuce consiste à se rappeler qu'à mesure qu'on se déplace de 1 à 7 dans les couches OSI, plus basse est la couche, plus elle est concrète. Chaque couche ne communique qu'avec les couches immédiatement supérieure et inférieure, tout en convertissant les données de signaux électriques sur un fil en données sur votre écran. Si vous utilisez la métaphore du service postal du Chapitre 2, le modèle OSI devient plus simple à comprendre :

- La couche 7 (Application) est représentée par les applications que vous utilisez sur votre ordinateur, comme l'accès aux fichiers et le transfert de fichiers. Si vous avez déjà utilisé des applications telles que FTP ou Telnet, vous avez travaillé avec un exemple de couche 7. Dans le modèle postal, la couche application est l'écriture de la lettre.

- La couche 6 (Présentation) concerne la façon dont des systèmes différents représentent les données. Par exemple, la couche 6 définit ce qui se passe lorsqu'on essaye d'afficher des données de style UNIX sur un écran MS-DOS. Elle n'a pas d'équivalent réel dans le monde postal mais, si elle devait en avoir un, ce serait la réécriture de la lettre de façon que tout le monde puisse la lire (ce qui, vous le constatez, n'a aucun sens dans un contexte physique). La meilleure analogie est sans doute celle d'un traducteur : supposez que votre lettre doive être envoyée à Mexico ; un traducteur (l'équivalent d'un logiciel de couche de présentation) peut traduire les données contenues dans votre enveloppe en espagnol. Comme la lettre de cet exemple, les données sont changeantes et peuvent être réorganisées pour se conformer au type d'ordinateur sur lequel elles ont besoin d'être utilisées.

- La couche 5 (Session) gère les connexions courantes entre systèmes. Elle tient compte de l'ordre des paquets de données et des communications bidirectionnelles. Dans une métaphore postale, la couche Session est l'équivalent de scinder un gros document en parties plus petites, de les mettre sous plis et de les timbrer dans l'ordre dans lesquels les enveloppes devront être ouvertes.

- La couche 4 (Transport) est l'équivalent du système de courrier recommandé. Elle s'assure que le courrier est bien remis à son destinataire. Si un paquet n'atteint pas sa destination, la couche 4 gère le processus consistant à prévenir l'expéditeur et à solliciter l'émission d'un autre paquet. En fait, la couche 4 s'assure que les trois couches situées en dessous d'elle (c'est-à-dire les couches 1, 2, et 3) font leur travail correctement. Si ce n'est pas le cas, le logiciel de la couche 4 peut intervenir et gérer la correction des erreurs. En fait, c'est à cet endroit qu'intervient le TCP de TCP/IP.

- La couche 3 (Réseau) fournit un schéma d'adressage. Si vous envoyez une lettre à quelqu'un, vous employez une adresse contenant un code postal, parce que c'est ce que comprend le service postal. Lorsqu'un ordinateur émet un paquet de données, il l'envoie à une adresse logique correspondant au numéro dans la rue.

La couche 3 fonctionne de concert avec la couche 2, afin de traduire les adresses logiques des paquets de données (celles-ci sont semblables aux adresses IP, que nous verrons quelques pages plus loin) en adresses MAC (adresse physique de l'équipement, équivalant des codes postaux) et les émettre vers leur destination. La couche 3 est aussi la couche la plus basse concernée par le matériel. C'est l'endroit où le terme de protocole trouve sa pleine justification.

- La couche 2 (Liens de données) n'est pas physique, contrairement à ce qu'on pourrait croire. Il s'agit d'un ensemble de règles indiquant comment le courrier est acheminé et distribué. Elle s'applique à trouver un chemin pour que la couche 1 (les cartes, les hubs, le câblage, etc.) puisse dialoguer avec la couche 3. La couche 2 est l'endroit où les adresse des cartes réseau (adresses MAC) deviennent importantes.

- La couche 1 (Physique) est l'équivalent des camions, des trains et des avions transportant le courrier. En termes de réseau, cette couche ne traite que des aspects physiques du réseau — les cartes, les câbles et les hubs véhiculant les paquets de données. Elle spécifie ce que sont les aspects physiques, ce qu'ils sont capables de faire correctement et comment ils le font.

Si vous vous référez à la description d'un paquet de données présentée au Chapitre 2, vous vous rendrez compte que si les paquets doivent traverser le réseau, celui-ci (comme le service postal) doit accomplir certaines tâches :

- Il doit router les données vers la bonne destination.

- Il doit être capable de reconnaître les données lorsqu'elles parviennent à destination.

- Il doit être capable de tester l'intégrité des données transmises.

- Il doit être capable d'interagir avec les utilisateurs par une interface affichant les données.

Comme vous le voyez, les différentes couches du modèle OSI accomplissent ces tâches à la perfection.

Cependant, l'OSI ne fut jamais implémenté en tant que protocole réseau. Au lieu de cela, les protocoles existant — principalement TCP/IP — ont été redéfinis en utilisant la puissance du modèle de référence OSI.

TCP/IP

TCP/IP (*Transmission Control Protocol/Internet Protocol*) est une série de protocoles véhiculant des données sur l'Internet. De tous les protocoles du marché, c'est de très loin le plus populaire.

Mais le succès de TCP/IP ne s'explique pas uniquement par la popularité de l'Internet. Il avait acquis avant le "boom" de ce dernier ses lettres de noblesses auprès des professionnels des réseaux, des universitaires et des organismes scientifiques. Cela parce que TCP/IP est une norme ouverte — il n'est pas le fait d'un seul éditeur.

TCP/IP fait partie d'un ensemble de normes créées par un groupe de travail appelé IETF (*Internet Engineering Task Force*). Les normes de l'IETF sont définies par des groupes de travail puis soumises à l'ensemble de la communauté réseau, dans des documents appelés RFC (*Request For Comments*).

Les RFC sont des brouillons édités sur l'Internet. Toutes les RFC sont considérées comme des brouillons parce qu'elles peuvent être remplacées à tout moment par des RFC plus récentes. La raison de cet engouement pour les RFC est qu'elles constituent la majeure partie des normes qui ont fait de l'Internet ce qu'il est aujourd'hui.

Définition de TCP/IP

Le nom *TCP/IP* est inadéquat — il s'agit de l'appellation abrégée d'une *suite de protocoles* ayant des interactions diverses. TCP et IP partagent le nom d'une série de protocoles dont ils constituent le fondement. Ce sont respectivement les couches de transport (couche 4 OSI, qui régule le trafic) et réseau (couche 3 qui gère l'adressage) de la suite de protocoles TCP/IP. Cette suite inclut, mais ce n'est pas limitatif, les façons de transmettre des données sur les réseaux répertoriés par le Tableau 3.1.

Tableau 3.1 : Les membres de la suite de protocoles TCP/IP

Nom	Fonction
TCP	*Transmission Control Protocol.* S'assure que les connexions entre ordinateurs sont établies et maintenues.
IP	*Internet Protocol.* Gère les adresses logiques des ordinateurs.
ARP	*Address Resolution Protocol.* Etablit une correspondance entre les adresses IP et les adresses matérielles (MAC).
RIP	*Routing Information Protocol.* Trouve la route la plus rapide entre deux ordinateurs.
OSPF	*Open Shortest Path First.* Un descendant de RIP qui accroît sa vitesse et sa fiabilité.
ICMP	*Internet Control Message Protocol.* Gère les erreurs et envoie des messages d'erreurs à TCP/IP.
BGP/EGP	*Border Gateway Protocol/Exterior Gateway Protocol.* Gère la transmission des données entre les réseaux.
SNMP	*Simple Network Management Protocol.* Permet aux administrateurs réseau de gérer les équipements réseau.
PPP	*Point-to-Point Protocol.* Permet de se connecter par téléphone. PPP est utilisé par les fournisseurs d'accès Internet.
SMTP	*Simple Mail Transport Protocol.* Protocole permettant d'échanger du courrier électronique sur un réseau TCP/IP.
POP/IMAP4	*Post Office Protocol version 3/Internet Message Advertising Protocol version 4.* Les deux permettent de se connecter à des serveurs pour récupérer du courrier électronique.

Comme vous pouvez le constater, la suite TCP/IP comprend un certain nombre de protocoles. Tous sont nécessaires au transport des données. Les protocoles de la Figure 3.1 sont tous des normes de fait, mais ce processus de normalisation est loin d'être terminé.

Au moment de l'impression de ce livre, l'IETF essaie de statuer sur une norme permettant le transport de données de type agenda ou planning. Aujourd'hui, les deux normes concurrentes sont Cal (*Internet Calendar*) et SSTP (*Simple Scheduling Transfer Protocol*). Si vous lisez la presse consacrée aux réseaux, vous pouvez observer l'évolution des normes au fil du temps. Les efforts de l'IETF pour créer des protocoles fiables ont une forte valeur ajoutée lorsque ces normes sont utilisées par des millions d'utilisateurs.

Tableau 3.2 : Les différences entre TCP/IP et le modèle OSI

Couche OSI	Couche TCP/IP	Les applications TCP/IP et les protocoles mis en œuvre
7 (Application)	Couche 4 de TCP (Application)	FTP (*File Transfer Protocol*)
6 (Présentation)		Telnet (émulation de terminal)
5 (Session)		SMTP (transfert de courrier) POP3 et IMAP4 (clients e-mail)
4 (Transport)	Couche 3 de TCP	TCP (*Transmission Control Protocol*) UDP (*User Datagram Protocol*)
3 (Réseau)	Couche 2 de TCP (Internet)	IP (*Internet Protocol*)
2 (Liens de données) 1 (Physique)	Couche 1 de TCP (interface réseau)	Matériel (cartes réseau, câbles, hubs, etc.)

Dans ce tableau, vous pouvez constater que TCP/IP répond aux exigences du modèle de référence OSI.

Les adresses IP

TCP/IP doit sa notoriété au fait qu'il fait partie du système d'exploitation UNIX depuis le milieu des années 70. Les spécialistes réseau, qui utilisaient auparavant UUCP (*UNIX to UNIX Copy Program*) pour copier des fichiers et du courrier électronique entre ordinateurs, s'avisèrent alors qu'une meilleure interaction avec le réseau était souhaitable, d'où la naissance de TCP.

La spécification initiale de TCP/IP était sans limite de durée — c'était du moins ce qu'en pensaient les concepteurs. Ils créèrent un *espace d'adressage*, c'est-à-dire une normalisation des adresses, qui utilise 2^{32} adresses (4 294 967 296 adresses spécifiques). A cette époque, TCP/IP en était encore à ses balbutiements et l'idée d'un parc informatique de quatre milliards d'ordinateurs était encore une chimère, d'autant que les moins chers des ordinateurs coûtaient entre 25 et 50 000 F. Cependant, avec la popularité croissante de l'Internet, ces adresses IP se sont avérées insuffisantes.

Pourquoi les adresses IP sont-elles aussi importantes ? Dans notre métaphore du courrier postal, chaque personne a un nom et une adresse unique. De même, l'Internet a besoin de noms et d'adresses uniques et, dès lors que l'espace d'adressage de plus de quatre milliards d'adresses est dépassé, nous ne pouvons pas aller au-delà. C'est pourquoi la nouvelle génération du protocole Internet — appelée *Ipv6* — est aussi importante — elle accroît tellement le nombre d'adresses qu'il faudra longtemps pour dépasser à nouveau l'espace d'adressage.

Les adresses IP ont disparu aussi rapidement à cause de la façon dont a été conçu le schéma d'adressage. Toutes les adresses IP sont écrites en *notation décimale séparée par des points*, avec un octet (8 bits) entre chaque point, ce qui donne des adresses de ce style :

```
192.168.100.25
```

Chaque nombre étant décrit par un octet, il peut prendre une valeur comprise entre 1 et 255. Puisqu'il y a 4 nombres de 8 bits chacun, *l'espace total d'adressage* est codé sur 32 bits (4×8).

Un espace d'adressage sur 32 bits peut gérer quatre milliards d'adresses, chiffre apparemment improbable et pourtant atteint. Les adresses IP sont attribuées, aux organisations qui les sollicitent, sous la forme de *blocs d'adresses*. A la lecture des pages suivantes traitant de l'allocation des adresses, vous comprendrez que la croissance de l'Internet rend cette allocation inefficace.

Les adresses de classe A

Les adresses de classe A, dont très peu restent inutilisées, disposent de plus de 16 777 216 adresses. Elles utilisent 24 des 32 bits de l'espace d'adressage, lus de la gauche vers la droite. Une adresse de classe A est du style :

```
x.0.0.0
```

Le nombre représenté par le x est compris entre 0 et 126 et commence toujours par un 0 binaire. Il est utilisé en tant que premier nombre avant le point le plus à gauche par toutes les adresses situées dans un espace d'adressage de classe A. Tous les nombres représentés par des 0 peuvent être compris entre 0 et 255. Puisque trois des quatre numéros disponibles sont utilisés pour créer des adresses IP uniques, et que les trois quart de 32 valent 24, une adresse de classe A a un espace d'adressage de 24 bits. Les adresses de classe A utilisent plus de 50 % de l'espace d'adressage de IPv4, soit 2 147 483 648 des 4 294 967 296 adresses totales disponibles.

Les adresses de classe B

La classe A permet de disposer de seize millions d'adresses IP par réseau. L'incrément suivant, la classe B, dispose d'un total de 65 536 adresses IP par réseau. Une adresse de classe B est du style :

```
x.x.0.0
```

Toutes les adresses de classe B commencent par un 10 binaire. Elles représentent 25 % de l'espace d'adressage IP. Cela signifie que les adresse de classe B utilisent 1 073 741 824 des 4 294 967 296 adresses IP disponibles.

Les nombres représentés par des *x* sont des nombres fixes compris entre 0 et 255. Les nombres représentés par des 0 sont compris entre 0 et 255. Parce que les deux nombres les plus à droite sont utilisés pour créer des adresses IP uniques, et que la moitié de 32 vaut 16, un réseau de classe B dispose d'un espace d'adressage de 16 bits.

Les adresses de classe C

Le plus petit incrément des adresses IP disponibles pour une organisation est la classe C. Dans un réseau de classe C, seul le nombre situé le plus à droite peut être utilisé pour définir un total de 256 adresses IP.

Toutes les adresses IP de classe C commencent par un 110 binaire. Elles représentent 12,5 % de l'espace d'adressage IP. Cela signifie que les adresses de classe C utilisent 536 870 912 des 4 294 967 296 adresses IP disponibles.

Voici un exemple d'adresse de classe C :

```
x.x.x.0
```

Comme pour les exemples des classes A et B, les nombres représentés par des *x* sont des nombres fixes compris entre 0 et 255. Les nombres représentés par des 0 sont compris entre 0 et 255.

Les autres classes de réseau

En dehors des classes A, B et C, il existe deux autres classes de réseau :

- **Les adresses de classe D**. L'adresse la plus à gauche commence toujours par un 1110 binaire. Les adresse de classe D sont utilisées pour la multidiffusion (*multicasting*), c'est-à-dire l'envoi simultané de messages à plusieurs systèmes.

- **Les adresses de classe E**. L'adresse la plus à gauche commence toujours par un 1111 binaire. Les adresses de classe E sont réservées à des fins expérimentales.

*Pourquoi l'allocation d'adresses IP est-elle
aussi peu économique ?*

En utilisant l'espace d'adressage actuel de l'Internet sur 32 bits, les organisations doivent choisir la classe de réseau qui correspondra le mieux à leurs besoins d'adresses IP.

Les quelques adresses de classe A restantes pourront être assignées à des organisations qui ont besoin de plus de 65 536 adresses IP (de classe B), même si elles n'ont pas besoin des seize millions d'adresses.

Les adresses de classe B sont plutôt réservées aux organisations qui ont besoin de plus de 256 adresses IP, même si elles n'ont pas besoin des 65 536 adresses.

Heureusement, les adresses de classe C sont disponibles pour les petits réseaux. Cependant, gardez à l'esprit que si vous prenez une classe C entière, vous avez 256 adresses, même si vous n'en avez besoin que de 20.

Heureusement, plusieurs solutions se profilent à l'horizon. La première est CIDR (*Classless Inter Domain Routing*) qui permet la combinaison de plusieurs adresses de classe C. Avec CIDR, si vous avez besoin de 1 000 adresses réseau, vous pouvez utiliser quatre réseaux de classe C de 256 adresses chacun et les combiner pour obtenir un total de 1024 adresses, plutôt que de gâcher les 65 536 adresses d'une classe B.

La seconde est IPv6, également appelée *IP nouvelle génération*, qui dispose d'un espace d'adressage de 128 bits au lieu des 32 bits de IPv4. Voici une comparaison entre les adresses IPv4 et IPv6 :

Adresse IPv4 : x.x.x.x	Chaque x représente 8 bits en notation décimale pointée (de 1 à 255).
Adresse IPv6 : x:x:x:x:x:x:x:x	Chaque x représente 16 bits en notation hexadécimale.

Les adresses IPv6 sont écrites en hexadécimal, c'est-à-dire en base 16. L'hexadécimal est utilisé parce que chaque nombre entre deux ":" est un nombre de 16 bits qui, s'il était écrit en décimal serait compris entre 0 et 65 536, ce qui serait quasiment illisible.

Si vous n'êtes pas familiarisé avec la notation hexadécimale, ne vous inquiétez pas. En base 16, les nombres sont codés de cette façon : 0, 1, 2, 3, 4, 5, 6, 7, 8, 9, A, B, C, D, E, F.

En utilisant cette notation, il est possible de représenter une adresse IPv6 de la façon suivante : FEDC:BA98:7654 :3210:FEDC:BA98:7654:3210. Heureusement, IPv6 dispose aussi de grandes capacités d'autoconfiguration.

IP est le protocole le plus populaire du monde. Si vous le choisissez comme base de votre réseau, il sera capable de dialoguer avec n'importe quel ordinateur de n'importe quel type — du PC au mainframe — comprenant TCP/IP.

IPX

IPX (*Internetworking Packet Exchange*) est la réponse de Novell à la complexité de IP. Novell a conçu IPX au début des années 80, avant l'engouement actuel pour IP et l'Internet. IPX est un protocole relativement efficace dont les fonctions contentent les administrateurs réseaux :

- Contrairement à IP, IPX peut configurer sa propre adresse. Cela est très utile, particulièrement lorsqu'il faut installer beaucoup de machines.

- IPX est un protocole "bavard". C'est-à-dire qu'il signale sa présence sur le réseau. Cette caractéristique est intéressante sur des réseaux aux frontières bien délimitées dont la bande passante n'est pas trop mauvaise. Sur un réseau étendu (un WAN, par exemple), la nature bavarde de IPX devient gênante, car elle peut surcharger les connexions de faible bande passante.

En fait, IPX est facile à installer et à utiliser. Malheureusement, ce n'est pas une norme ouverte ; elle est sous le contrôle de Novell.

En dépit de sa simplicité d'utilisation, même Novell a reconnu que IPX cédera sans doute la place à IP.

Bien que IPX ne soutienne pas la comparaison avec IP, il est capable d'être routé sur des WAN. Si vous mettez en place un réseau qui n'a pas besoin d'être relié à l'Internet, IPX peut être un très bon choix.

NetBIOS et NetBEUI

NetBIOS (*Network Basic Input/Output System*) et NetBEUI (*NetBIOS Extended User Interface*) sont des protocoles destinés aux réseaux locaux. NetBEUI est basé sur un protocole de transfert de données appelé SMB (*Server Message Block*) qui repose sur les noms de machines pour résoudre les adresses de destination.

Des trois protocoles dont nous avons parlé dans ce chapitre, NetBIOS et NetBEUI sont de loin les plus faciles à mettre en œuvre. Plus souvent utilisé sur de petits LAN "égal à égal" (*peer-to-peer*), les protocoles NetBIOS et NetBEUI sont inclus dans chaque version de Windows (de *Windows for Workgroups* à nos jours), de OS/2 Warp et de plusieurs logiciels réseau de tierces parties, tel que *Lantastic* de *Artisoft*.

Chapitre 4

Les concepts informatiques

Lorsqu'ils sont en réseau, les ordinateurs doivent respecter certaines règles. Bien que chacun d'eux soit unique, il fonctionne néanmoins de la même façon que les autres ordinateurs du réseau.

Dans ce chapitre, nous étudierons les points suivants :

- comment fonctionne un ordinateur ;
- les divers matériels ;
- ce qu'est un logiciel et ce qu'il fait.

Le matériel

Les ordinateurs sont constitués de deux composants, le matériel (*hardware*) et le logiciel (*software*).

Le matériel, comme vous l'avez deviné, ce sont les composants physiques constituant l'ordinateur :

- le processeur ou CPU (*Central Process Unit*) ;

- la mémoire ;

- les disques ;

- les cartes d'extension ;

- l'imprimante et les ports de communication.

Les sections qui suivent sont consacrées aux PC — les ordinateurs personnels les plus courants —, mais les concepts qui y sont présentés peuvent aussi bien s'appliquer à des Macintosh ou à d'autres ordinateurs.

La CPU

Lorsque vous ôtez le capot de votre ordinateur, vous apercevez, dans la jungle de câbles et de connecteurs, un grand carré de métal et de céramique. Il s'agit de l'unité centrale ou CPU (*Central Processing Unit*). Elle est constituée d'une puce de silicium composée de plusieurs couches de transistors microscopiques découpés selon des technologies très complexes.

La CPU est le cerveau de votre ordinateur — sans elle, il ne fonctionnerait pas. La CPU est le composant qui interprète tous les 1 et les 0 issus du clavier, de la souris, des disques et de tous les périphériques du système, puis les traite afin d'afficher un écran, une lettre ou une feuille de calcul.

Les CPU sont montées sur une *carte mère*, un grand circuit imprimé sur lequel d'autres composants électroniques permettent à la CPU d'échanger des données avec son environnement. Les cartes mères, de provenances diverses, sont disponibles chez de nombreux constructeurs.

Les CPU sont souvent appelées *microprocesseurs*, c'est-à-dire qu'elles sont constituées d'une multitude de transistors microscopiques disposés en zones logiques. Les premiers microprocesseurs ne disposaient que de quelques centaines de transistors. Les plus récents, tels le Pentium II d'Intel, le SPARC de Sun Microsystems, le PowerPC de Motorola et l'Alpha de Digital Equipement Corporation, peuvent contenir plus de cinq millions de transistors sur un carré de la taille d'une tête d'épingle. La prochaine génération de microprocesseurs devrait compter plus de quinze millions de transistors...

La mémoire

Une CPU est un microprocesseur, mais toutes les puces ne sont pas des microprocesseurs. Certaines puces sont conçues comme des tableaux accumulant les 1 et les 0 traités par la CPU ; ce sont les puces mémoire. Regroupées, elles constituent des composants appelés SIMM (*Single Inline Memory Module*) ou DIMM (*Dual Inline Memory Modules*). Les SIMM et les DIMM sont les mémoires les plus courantes. Lorsque vous achetez de la mémoire, vous achetez des modules de mémoire plutôt que des puces mémoire indépendantes.

Le rôle des puces mémoire n'est pas seulement de fournir un espace de travail à la CPU ; elles sont aussi utilisées pour donner accès aux données à la vitesse de la CPU. Si l'ordinateur devait lire des données sur des bandes ou des disques chaque fois qu'il en a besoin, il serait terriblement lent — beaucoup trop lent pour être utilisable. L'utilisation de la mémoire, spécialement de la RAM (*Random Access Memory*), a permis aux ordinateurs d'être suffisamment rapides pour la plupart des utilisateurs.

Les analystes du Gartner Group et du Meta Group disent que la mémoire est souvent plus importante que la puissance CPU. Les accès à la mémoire sont très rapides. Ils se mesurent en nanosecondes (milliardièmes de seconde). Par comparaison, les disques durs les plus rapides ont des temps d'accès de quelques millisecondes — un million de fois plus lents. Vous voudriez équiper votre ordinateur avec le plus de mémoire possible, n'est-ce pas ? Même avec un processeur très puissant, si un ordinateur n'a pas assez de mémoire, il sera lent. Par contre, une CPU moins puissante équipée de beaucoup de mémoire pourra dépasser une CPU plus puissante dotée de moins de mémoire.

Les disques

La rapidité d'un ordinateur dépend en partie de la RAM, laquelle est cependant *volatile*, ce qui signifie qu'elle ne fonctionne que si l'ordinateur est sous tension. Parce que la RAM est faite de composants qui, pour stocker des données, dépendent d'une source d'alimentation électrique, elle ne peut conserver ces dernières lorsque le courant est coupé.

Les disques durs satisfont deux des besoins les plus importants d'un ordinateur. Ils stockent les données dans un état *non volatile* (c'est-à-dire qu'elles ne disparaissent pas en cas de coupure de courant) et se comportent comme une mémoire supplémentaire (bien que très lente) lorsque l'ordinateur a besoin de plus de mémoire que celle qui est physiquement installée.

La technologie utilisée par les disques durs n'est pas nouvelle. Un magnétophone utilise la même technologie de base pour lire (ou écrire) sur une cassette. Pratiquement toutes les bandes et tous les disques sont des membres de la famille des *supports magnétiques*, ce qui signifie simplement que ces équipements stockent des données de toute sorte en manipulant la position des pôles nord et sud de petites particules magnétiques.

 Comment les disques fonctionnent-ils, exactement ? Les aimants ont deux pôles, nord et sud. Rappelez-vous que les ordinateurs n'utilisent que des 1 et des 0 binaires. Heureusement pour ceux d'entre nous qui ont besoin de stocker des données, le nord et le sud des particules magnétiques sont également binaires. Une particule magnétique avec le pôle nord pourrait correspondre à un 0, et une particule avec le pôle sud à un 1. C'est exactement ce dont nous avons besoin pour stocker des données.

Pendant longtemps, les disques n'avaient pas de grandes capacités. Il y a trente ans, un disque qui pouvait stocker un mégaoctet (un million de caractères) était considéré comme un gros disque et coûtait deux millions de francs. Aujourd'hui, nous pouvons stocker le même volume sur une disquette vendue un franc, et la plupart des disques durs peuvent stocker plusieurs gigaoctets (un milliard de caractères) pour quelques milliers de francs. La tendance est à une augmentation des capacités de stockage et une diminution des prix.

Les disques des ordinateurs personnels actuels sont de deux types : IDE et SCSI. Il s'agit simplement de deux méthodes différentes de connexion du disque à l'ordinateur. Les disques IDE et SCSI n'étant pas compatibles entre eux, il est nécessaire d'en savoir un peu plus sur eux.

IDE (*Integrated Drive Electronics*) est une norme des disques durs qui place l'électronique de commande sur le disque lui-même. IDE supporte plus de deux disques connectés au même câble et des tailles inférieures à 528 megaoctets. Une version plus récente de la norme IDE, appelée EIDE (*Extended IDE*), peut supporter de plus gros disques ; il est maintenant courant de voir des disques EIDE avec des capacités de 5 ou 6 gigaoctets.

SCSI (*Small Computer Serial Interface*) est une norme permettant de connecter toutes sortes d'unités à un ordinateur. Une chaîne SCSI permet d'en connecter jusqu'à sept (voir Figure 4.1).

Les nouvelles unités SCSI vont même jusqu'à quinze unités sur une chaîne. Chaque unité d'une *chaîne SCSI* (c'est ainsi que l'on nomme un ensemble d'unités SCSI connectées) a un numéro d'identificateur SCSI (*SCSI ID*) qui permet à l'ordinateur de localiser l'unité dont il a besoin. Chaque extrémité d'une chaîne SCSI doit être *terminée*, ce qui signifie que des *résistances de terminaison* doivent être connectées à l'extrémité du câble. Les résistances de terminaison permettent à l'impédance du câble d'être constante sur toute sa longueur.

Des deux normes, IDE est souvent plus facile à mettre en œuvre parce qu'elle ne supporte que les disques durs, et seulement deux par câble. La norme SCSI, par contre, est plus rapide et plus souple. Si vous mettez en place un serveur, les unités SCSI sont presque toujours préférables aux unités IDE. Pour certains ordinateurs (en particulier les Macintosh), vous n'avez pas le choix, le SCSI est intégré en standard et fonctionne très bien.

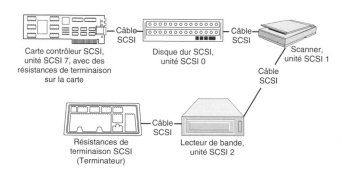

Figure 4.1 : Une chaîne SCSI typique avec un disque dur, un scanner, et une unité de bandes.

Les cartes d'extension

Au début de ce chapitre, vous avez appris que la CPU était reliée à un connecteur de la carte mère. En plus du connecteur de la CPU, la carte mère dispose de connecteurs destinés à des cartes d'extension qui gèrent plusieurs fonctions de l'ordinateur. Ces cartes, qui sont emboîtées dans des connecteurs de la carte mère, les *slots d'extension,* sont appelées *cartes d'extension.*

La *carte d'extension* — cette définition s'applique principalement aux ordinateurs compatibles Intel — est une carte électronique connectant un ordinateur par une interface standard (voir la section suivante) appelée *interface d'extension*. Les cartes d'extension peuvent fournir des services variés (vidéo, réseau, modem, etc.).

On peut affirmer, sans risque de se tromper, que, sans cartes d'extension et sans interfaces adéquates, l'ordinateur compatible Intel serait mort prématurément. La possibilité d'ajout de cartes d'extension a compté pour beaucoup dans l'explosion de popularité qu'a connue le PC au début des années 80. En fait, on peut dire que la croissance rapide de l'industrie informatique doit beaucoup aux normes d'extension établies par IBM.

Les cartes d'extension prennent en charge une grande variété de fonctions, parmi lesquelles :

- les adaptateurs réseau connectant les ordinateurs au réseau ;

- les adaptateurs vidéo qui permettent à l'ordinateur d'afficher des images sur un écran ;

- les contrôleurs de disques connectant les lecteurs de disquettes et les disques durs au système.

Cette liste n'est pas exhaustive ; elle n'inclut pas tous les types de cartes d'adaptateurs. Néanmoins, elle traite de toutes les unités que vous trouverez dans un ordinateur type.

Interfaces d'extension

La plupart des cartes mères disposent de connecteurs d'extension de différents types. De nombreux constructeurs ont élaboré des interfaces différentes pour les cartes utilisées dans leur système ; en général, les interfaces ne sont pas compatibles entre elles.

Pour les ordinateurs compatibles Intel, les interfaces d'extension sont, de la plus ancienne à la plus récente, ISA, EISA et PCI. L'interface ISA (*Industry Standard Architecture*), c'est le nom donné à cette interface par IBM, a été créée au début des années 80. ISA est un bus de 16 bits (ce qui signifie qu'il peut véhiculer des données sur 16 bits) qui fonctionne à 8 MHz, même si le reste de l'ordinateur est à 300 MHz. L'interface EISA (*Extended ISA*) a été une tentative permettant d'étendre le bus à 32 bits et de porter la vitesse à 32 MHz. Les interfaces sont dotées d'une *compatibilité rétrograde*, sa capacité à recevoir des équipements plus anciens. Les cartes ISA peuvent être utilisées dans des slots EISA (mais pas l'inverse) — mais elles n'auront pas la même vitesse et les mêmes performances que les cartes EISA.

L'interface PCI (*Peripheral Component Interconnect*), est le résultat d'une initiative de Intel, le constructeur de microprocesseurs, qui voulait que les cartes d'extension fonctionnent au moins à la même vitesse que le système sur lequel elles sont installées. L'interface

PCI est considérablement plus rapide. Elle permet des transferts à plus de 128 Mbps.

La plupart des serveurs Pentium compatibles Intel disposent, pour être efficaces, à la fois de slots d'extension EISA et PCI. Les systèmes plus anciens, basés sur des processeurs 386 et 486, disposent, en général, de bus ISA. Quelquefois, il est possible de trouver une carte mère 486 équipée de slots VLB (*VESA-Local-Bus*). La norme VLB est obsolète, car elle fut introduite avant PCI, dans le but d'accélérer les cartes d'extension au niveau de la vitesse de la CPU. Malheureusement, trop étroitement liée au 486, elle n'a jamais connu de large consensus. Les cartes VLB défectueuses sont de plus en plus difficiles à remplacer ; aussi, si vous utilisez des systèmes stratégiques qui fonctionnent encore selon cette norme, serez-vous bien inspirés de les mettre à niveau en changeant la carte mère, afin pouvoir remplacer facilement les composants. Heureusement, les slots VLB sont, comme l'EISA, rétrocompatibles avec ISA.

Les ordinateurs Macintosh disposent de deux types de slots : Nubus et PCI. L'interface Nubus se rencontre sur d'anciens ordinateurs, comme les machines de la série Mac II qui utilisent différents niveaux du microprocesseur 68000 de Motorola. L'interface PCI se rencontre sur les nouveaux ordinateurs Macintosh équipés du processeur PowerPC de Motorola. Chose intéressante, les slots PCI utilisés dans les Mac PowerPC sont les mêmes que ceux des compatibles IBM — il est ainsi possible d'échanger les cartes d'adaptateur.

Les systèmes UNIX basés sur les processeurs SPARC de Sun ou Digital Alpha (Windows NT de Microsoft fonctionne aussi sur des processeurs Alpha de Digital) utilisent des cartes PCI ou des cartes propriétaires.

Les ordinateurs compatibles Intel disposent du marché le plus important et de la plus grande variété de cartes d'extension. C'est pour cela que les sections suivantes leur sont particulièrement consacrées.

Les cartes réseau

Si vous voulez connecter une imprimante à votre ordinateur, vous utilisez un port d'imprimante. Si vous voulez connecter votre ordinateur à un réseau, vous utilisez une carte réseau ou NIC (*Network Interface Card*). Les cartes réseau sont disponibles chez bon nombre de constructeurs et avec de multiples interfaces Ethernet, Token Ring et FDDI (voir Chapitres 1 et 3).

Les cartes réseau sont assez difficiles à installer. Vous devez éteindre l'ordinateur, ouvrir le boîtier, trouver un slot qui corresponde à la carte (le plus souvent en ISA, EISA ou PCI), centrer la carte sur le slot, la fixer dedans en la pressant fermement. Ceci fait, vous pouvez remettre l'ordinateur sous tension. Lorsque le système d'exploitation est lancé, il vous reste à installer le *driver* correspondant à la carte — le driver est un logiciel qui permet à la carte de dialoguer avec l'ordinateur. Dès lors qu'il est installé, vous devez redémarrer l'ordinateur afin de charger le driver et vous connecter au réseau.

Un point important concernant les cartes réseau : à chacune d'elle est assigné un numéro unique codé sur 48 bits (8 octets) appelé adresse MAC (*Media Access Control*). Les câbles, les cartes, les hubs sont également appelés des *médias* d'où le nom de contrôle d'accès au médias (*Media Access Control*).

Les cartes vidéo

Le clavier et la souris permettent à l'utilisateur de converser avec l'ordinateur, mais ce qu'il voit et ce à quoi il répond, c'est l'écran. D'où l'importance de la carte vidéo qui transforme des informations numériques en images affichées.

La norme minimale d'affichage des ordinateurs compatibles Intel est appelée VGA (*Video Graphics Array*). Pour respecter la norme VGA, une carte vidéo doit pouvoir afficher une image de 640 pixels de large sur 480 de haut, dans au moins 16 couleurs. Un *pixel* est le plus petit carré que peuvent afficher la carte vidéo et l'écran. VGA est une norme utile pour l'utilisateur parce que tous les constructeurs la respectent et que presque toutes les cartes vidéos compatibles Intel ont un mode VGA.

Cependant, la VGA est limitée — 640 par 480 en 16 couleurs n'est pas une excellente résolution d'affichage, elle ne peut pas afficher les images et les couleurs avec beaucoup de précision. Pour essayer de contourner les limitations de VGA, les constructeurs de cartes vidéo ont créé plusieurs normes qui étendent VGA et la rendent plus confortable : *Super VGA* (800 pixels de large sur 600 de haut par 16 couleurs) et *Extended VGA* (1024 pixels de large sur 768 de haut). Certaines cartes vidéo proposent des paramètres supplémentaires qui améliorent la *profondeur des couleurs,* c'est-à-dire le nombre de couleurs affichées sur l'écran, jusqu'à 16,7 millions, ce qui correspond à une qualité photographique.

La profondeur des couleurs peut être une notion quelque peu confuse, en particulier si vous n'avez pas besoin de telles qualités graphiques. Cependant, il existe un moyen très simple de comprendre tous les termes la concernant. Tout devient évident dès lors que vous savez les interpréter.

Les écrans de 256 couleurs sont en *couleur 8 bits.* Cela parce qu'il faut 8 bits pour dire à l'ordinateur quelle couleur utiliser pour chaque pixel. Puisque les 8 bits sont organisés en 256 combinaisons différentes, cela nous donne 256 couleurs.

L'étape suivante, ce sont les couleurs 16 bits, — qui utilisent 16 bits pour décrire chaque pixel —, mais quel changement ! Avec 16 bits, vous pouvez afficher plus de 65 536 couleurs simultanées sur l'écran.

Au-delà de couleurs 16 bits, nous avons les couleurs 32 bits, également appelées *vraies couleurs*. En utilisant 32 bits pour décrire la couleur d'un pixel, vous obtenez plus de 16,7 millions de couleurs. Très souvent, l'affichage en 32 bits est utilisé conjointement avec un écran et une carte vidéo de très grande qualité. Dans ce cas, la différence entre écran et photographie est difficilement perceptible.

Les contrôleurs de disques

Les disquettes, les disques durs et les lecteurs de bandes doivent être connectés à l'ordinateur. Les contrôleurs de disques assurent cette connexion. Comme nous l'avons dit précédemment dans ce chapitre, la plupart des contrôleurs de disques fonctionnent aux normes IDE, EIDE ou SCSI. La règle d'or consiste à utiliser des contrôleurs SCSI pour les serveurs, et IDE pour les stations de travail, parce que SCSI est rapide et extensible et que IDE est simple. Les contrôleurs de disques sont disponibles pour les interfaces ISA, EISA et PCI. Si votre carte mère dispose de slots PCI, utilisez un contrôleur PCI quel que soit le disque que vous utilisez, parce que l'interface IDE augmentera les performances.

Les cartes SCSI

Bien que nous ayons déjà mentionné les cartes SCSI dans la section précédente, elles méritent qu'on leur consacre une section parce qu'elles permettent de connecter un grand nombre d'unités à un ordinateur. En plus des disques durs, les adaptateurs SCSI peuvent connecter des scanners, des unités de disques amovibles des sociétés Iomega et Pinnacle Micro, des sondes d'équipements de test et d'autres unités. Si vous projetez d'étendre votre système informatique avec un budget limité, installez une carte SCSI dans votre système. Elle vous permettra de connecter sans difficulté une grande diversité de périphériques, à moindre frais.

Le système d'exploitation des clients

Le matériel a besoin de logiciel, en particulier d'un système d'exploitation, pour être opérationnel. Un *système d'exploitation* (OS, *Operating System*) est un logiciel qui permet aux utilisateurs, aux applications et au matériel d'interagir. Le système d'exploitation offre généralement une interface cohérente et des fonctionnalités standard effectuant des tâches de routine, comme copier des données entre applications.

Les systèmes d'exploitation offrent de multiples fonctionnalités :

- les systèmes monotâches, tels que MS-DOS, qui ne peuvent effectuer qu'une seule tâche à la fois ;

- les systèmes multitâches, qui peuvent exécuter plusieurs tâches simultanément ;

- les systèmes mono-utilisateur, conçus pour supporter une seule session utilisateur sur une machine ;

- les systèmes multiutilisateurs, conçus pour supporter plusieurs sessions utilisateur sur une machine.

Ces distinctions sont importantes lorsque vous choisissez les divers composants de votre réseau.

Les systèmes multitâches et monotâches

Il existe deux types de multitâches : le *coopératif* et le *préemptif.*

Le multitâche coopératif, tel qu'il est implémenté dans les versions 3.x de Microsoft Windows et les Parties 16 bits de Windows 95, est le partage des ressources du système d'exploitation entre plusieurs applications. Le commutateur de tâches n'intervient pas ; le programme en cours peut donc accaparer la totalité des ressources. Manifestement, ce n'est pas la meilleure méthode pour obtenir un multitâche performant ; il est préférable d'envisager un modèle plus adapté.

Le multitâche préemptif est un multitâche qui accorde des degrés de priorité différents aux programmes en cours d'exécution, sans accorder la totalité des ressources du système à celui qui jouit du premier degré de priorité. Le multitâche préemptif est le modèle utilisé par UNIX, Windows NT de Microsoft et les Parties 32 bits de Windows 95, OS/2 d'IBM et NetWare 4 de Novell.

Si vous utilisez un serveur, vous souhaiterez sans doute vous assurer que son système d'exploitation utilise un multitâche préemptif, parce que c'est une garantie de temps de réponse correct pour les utilisateurs et de stabilité. Le multitâche préemptif est également souhaitable pour beaucoup d'applications clientes parce qu'il permet à l'utilisateur de quitter une application en erreur.

En dépit de la supériorité du multitâche préemptif, il reste encore de la place pour le vénérable système monotâche MS-DOS. Bien que MS-DOS ait une capacité de mémoire limitée, c'est encore une plate-forme utile pour de l'émulation de terminal ou pour faire fonctionner de vieux ordinateurs. Même si votre entreprise s'est équipée de Windows 95/98, Windows NT ou OS/2, il est intéressant de connaître les commande DOS, assez puissantes (voir Figure 4.2).

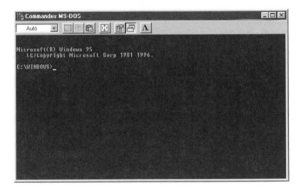

Figure 4.2 : Un écran de ligne de commande DOS.

De MS-DOS à Windows

A la fin des années 80, Microsoft maintenait le marché sous pression et développait une interface graphique GUI (*Graphical User Interface*) pour ses ordinateurs : Windows. Windows fonctionnait comme une extension du MS-DOS monotâche et ne permettait qu'un multitâche coopératif. L'arrivée de Windows for Workgroups au début des années 90 ajoutait des capacités réseau à Windows, ce qui simplifia la vie d'un grand nombre d'utilisateurs (voir Figure 4.3).

En tant que client réseau, la combinaison de DOS et de Windows 3.1 était très attendue.

Figure 4.3 : Un écran de Windows for Workgroups 3.11.

Bien que Windows 3.1 ait été un succès commercial qui permit à Microsoft de dominer le marché des ordinateurs personnels dans le monde, ce n'était pas le système le plus avancé du moment. Il s'agissait seulement d'une interface graphique greffée sur le DOS monotâche, ce qui nécessitait bien des compromis. Le multitâche coopératif et les limitations de DOS collaient à Windows, tandis que les utilisateurs continuaient à se plaindre.

MacOS

En fait, beaucoup d'utilisateurs de Macintosh se sont plaints que Microsoft ait plagié l'interface du Macintosh. Le système d'exploitation du Macintosh, également appelé *le Système*, fut inventé par Apple en 1984. C'est une interface claire et dépouillée, conçue pour des utilisateurs sans culture technique. Tout cela, combiné à l'absence de toute contrainte liée au matériel (les systèmes d'exploitation de Macintosh ne fonctionnent que sur les ordinateurs Macintosh), a suscité une dévotion quasi fanatique envers Apple.

En tant que client réseau, le MacOS ne répondait pas complètement aux attentes des utilisateurs. Jusqu'à Mac OS8, il y avait très peu de connectivité réseau en dehors des protocoles natifs AppleTalk et LocalTalk. Il était très difficile de connecter un Macintosh à un autre système, à moins que celui-ci ne dispose d'un logiciel spécifique gérant le réseau et le format des fichiers Macintosh. Cela, plus que tout autre chose, a exclu les ordinateurs Macintosh des entreprises.

Néanmoins, les Macintosh ont leurs adeptes parmi les créatifs, ils sont par exemple utilisés dans le monde de la publicité et de l'édition graphique. Cependant, au cours de ces dernières années, les ordinateurs compatibles Intel ont rattrapé leur retard en ce domaine et sont devenus plus rapides et moins chers que les Mac.

Windows 95

Pour satisfaire ses clients, Microsoft commença à développer deux systèmes d'exploitation qui offriraient un vrai multitâche et une plus grande stabilité que Windows 3.x : Windows 95 (et 98) et Windows NT.

Windows 95/98 a été conçu comme système d'exploitation réseau destiné à n'être utilisé que sur des ordinateurs compatibles Intel. Il utilise le multitâche préemptif lorsqu'il exécute des applications 32 bits telles que Office 97 de Microsoft ou Smartsuite 97 de Lotus, et le multitâche coopératif lorsqu'il exécute des applications 16 bits (Windows 3.x) telles que Word 6 ou Lotus 1-2-3 version 5. Cependant, la différence fondamentale entre Windows 3.x et Windows 95/98 concerne le "look" de l'affichage. Windows 3.x organise l'écran autour du Gestionnaire de Programmes, alors que dans Windows 95/98 il n'y a pas de Gestionnaire de Programmes, simplement une barre de tâches en bas de l'écran (voir Figure 4.4). Pour lancer votre application, vous avez le choix entre cliquer sur le bouton Démarrer et placer un *raccourci* de l'application sur le bureau.

En tant que client réseau, Windows 95/98 est une amélioration considérable par rapport à Windows 3.x. Ses composants réseau sont beaucoup mieux intégrés au système d'exploitation, ce qui le rend beaucoup plus stable et beaucoup plus paramétrable que son prédécesseur. L'interface est également améliorée, et permet donc une meilleure interaction de l'utilisateur avec le système.

OS/2

Juste avant que Microsoft ne range au placard Windows 3.x et ne se lance dans Windows 95, IBM, conjointement avec Microsoft, vendait son propre système d'exploitation compatible Intel. OS/2 (*Operating System/2*) est un système d'exploitation 32 bits réellement préemptif conçu pour être exécuté sur des machines compatibles Intel. OS/2 est un système personnalisable qui supporte des connexions multiples et simultanées à des ressources situées sur des ordinateurs distants. OS/2 est un système d'exploitation fiable et performant, disponible en station de travail et en serveur.

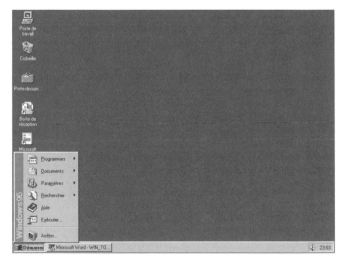

Figure 4.4 : Un écran Windows 95 avec le menu de démarrage.

Mais le partenariat sur OS/2 entre Microsoft et IBM avorta après la version 1.3 du produit, Microsoft se concentrant sur le développement de Windows NT et de Windows 95. Malheureusement, la prédominance de Microsoft sur le marché des systèmes personnels a placé OS/2 dans une situation inconfortable. Microsoft continuant à disposer d'une grande majorité des systèmes d'exploitation personnels, les développeurs d'applications ont concentré leurs efforts sur la plate-forme Windows, au détriment des autres systèmes d'exploitation. La part de marché d'OS/2 était faible et très peu d'applications de production personnelle (traitement de texte, tableurs, programmes de présentation graphiques, etc.) ont vu le jour. Du point de vue des développeurs d'applications, il n'était pas rentable d'écrire des applications OS/2. De plus, puisque OS/2 pouvait exécuter des applications Windows 16 bits dans un sous-système appelé *Win-OS/2*, les développeurs en déduisirent que les utilisateurs n'avaient qu'à lancer leurs applications Windows dans Win-OS/2.

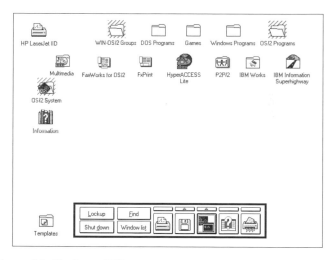

Figure 4.5 : Un écran OS/2.

En dépit de son échec commercial, OS/2 demeure un système d'exploitation stable, rapide et facile à utiliser. Dans sa version actuelle, OS/2 4.0 ou *Merlin*, il bénéficie d'une excellente interface graphique et d'une grande stabilité. En tant que client réseau, OS/2 supporte des connexions simultanées à des systèmes différents. En d'autres termes, vous pouvez être connecté au serveur JOE dans une fenêtre, au serveur AMY dans une autre fenêtre et à une serveur de l'Internet dans une troisième. OS/2 est le seul système d'exploitation commercial qui supporte ce type de connexions, ce qui lui confère un grand intérêt pour l'administrateur.

Windows NT

Comme nous l'avons mentionné dans la section précédente, Microsoft prévoyait de développer OS/2 en partenariat avec IBM ce qui fut fait jusqu'à la version 1.3. Mais au début des années 90, les plans de Microsoft ont changé et les priorités se sont déplacées de OS/2 à un nouveau système d'exploitation client et serveur pour l'entreprise. Ce système, qui ne devait pas s'exécuter uniquement sur des machines compatibles Intel, s'appelait *Windows NT*.

Windows NT a été créé de toutes pièces en tant que *système d'exploitation destiné aux stations de travail*. Dans ce contexte, le terme de station de travail prend une signification légèrement différente de sa signification habituelle. Jusqu'à maintenant, une *station de travail* désignait un système client dc réseau. Dans le langage UNIX, que Microsoft s'est approprié, une *station de travail* est une machine qui dispose d'une grande puissance CPU, d'un système d'exploitation puissant, flexible, et rapide, pouvant supporter des applications gourmandes telles que les applications scientifiques, l'édition audio et vidéo ou les calculs financiers.

Windows NT répondait à toutes ces conditions et fut un succès pour Microsoft. En tant que système d'exploitation serveur, il est relativement rapide et facile à administrer. Le système d'exploitation client, *Windows NT Workstation*, est un système 32 bits totalement préemptif qui peut s'exécuter sur des processeurs compatibles Intel et sur des processeurs Alpha de Digital.

En tant que client réseau, NT Workstation n'a pas d'équivalent en termes d'options. Il peut se connecter nativement à presque tous les réseaux de la planète sans logiciel supplémentaire, et il le fait de façon fiable. Son interface est la même que celle de Windows 95/98, ce qui signifie que les utilisateurs ont une phase d'apprentissage plus courte (voir Figure 4.6). Windows NT bénéficie aussi de connexions sécurisées et d'une sécurité différente pour chaque utilisateur. Nous verrons Windows NT de plus près au Chapitre 15.

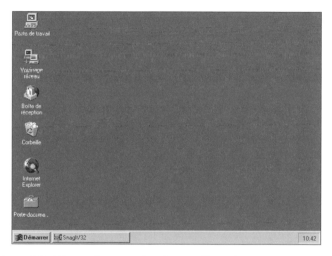

Figure 4.6 : L'écran d'une station de travail Windows NT.
Notez qu'elle est très semblable à celle de Windows 95/98.

UNIX

UNIX a commencé, en tant qu'expérimentation, dans un laboratoire d'informatique de Bell Labs, il y a environ trente ans. C'est aujourd'hui le système d'exploitation le plus répandu pour les stations de travail. Il fonctionne sur la plupart des types d'ordinateurs, des comptables Intel aux serveurs transactionnels multiprocesseur utilisés par les banques et autres institutions.

UNIX, comme son frère cadet Windows NT, est un système d'exploitation totalement préemptif. Contrairement à tous les autres systèmes d'exploitation dont nous avons parlé, il est généralement vendu avec son *code source* (un ensemble d'instructions écrites dans un langage informatique tel le C), ce qui signifie que si vous avez des talents de programmeur vous pouvez personnaliser le système d'exploitation.

UNIX est bâti autour d'une interface en ligne de commande beaucoup plus flexible et complexe que celle de DOS. L'interface graphique standard de UNIX est *XWindows*, qui est décliné sous plusieurs variantes — appelées gestionnaires de fenêtres (*Windows Manager*) — entre autres *Motif, Fvwm* et *Open Look*. La diversité des gestionnaires de fenêtres XWindows propose des affichages légèrement différents, mais qui restent très proches des interfaces Windows de Microsoft et Macintosh.

En tant que client réseau, UNIX se comporte assez bien. Son protocole réseau par défaut est TCP/IP, le protocole de l'Internet. Si vous devez connecter une machine UNIX (que ce soit un serveur ou une station de travail) à un réseau non-TCP/IP tel que NetWare (qui, comme nous l'avons vu au Chapitre 3, utilise IPX), vous aurez besoin de logiciels supplémentaires dont la configuration peut se révéler très complexe. Néanmoins, UNIX est un client réseau robuste et performant.

Voilà pour ce qui concerne les systèmes d'exploitation réseau. Nous verrons maintenant comment fonctionnent les applications réseau qui sont la *raison d'être* d'un réseau.

Chapitre 5

Les concepts du réseau

Ce chapitre introduit ou reprend et approfondit des concepts essentiels des réseaux.

Ce chapitre aborde les sujets suivants :

- le matériel spécifique des réseaux ;

- les logiciels spécifiques des réseaux.

De quoi les réseaux sont-ils faits ?

Au Chapitre 4, vous avez vu quels sont les matériels et les logiciels d'un système informatique. Dans ce chapitre, nous aborderons le matériel et les logiciels propres aux réseaux. Jusqu'à présent, nous avons vu ce qu'était un ordinateur autonome, non connecté. Nous allons maintenant voir comment assembler ce matériel et ces logiciels (ainsi que les hubs et les MAU) en un ensemble cohérent.

Le matériel spécifique d'un réseau

Le matériel réseau est classé en deux catégories. La première concerne les ordinateurs qui ont été spécifiquement mais non exclusivement conçus pour fonctionner en réseau. La seconde recense le matériel spécifique tels que les hubs, les commutateurs, les câbles et les MAU, qui n'ont aucune autre fonction que de relier des ordinateurs en réseau.

Les serveurs

Dans les deux premiers chapitres, vous avez vu que le terme de *serveur* désigne un ordinateur qui partage des ressources avec d'autres ordinateurs d'un réseau. Dans les sections suivantes, vous en apprendrez plus sur les serveurs : ce qu'ils sont, à quoi ils servent et ce qui les distingue de simples ordinateurs.

Qu'est-ce qu'un serveur ?

Un *serveur* est un ordinateur puissant partageant ses ressources avec d'autres ordinateurs du réseau. C'est sa raison d'être. Mais un serveur est à la fois beaucoup plus et, paradoxalement, beaucoup moins que votre station de travail. Le matériel d'un serveur répond à deux besoins principaux : déplacer rapidement des données et s'assurer de la sécurité et de l'intégrité de ces données.

Pour les débutants, un serveur est beaucoup plus puissant que la station de travail. Même si celle-ci est équipée d'un superprocesseur dernier cri, il y a de grandes chances pour que ses temps d'accès aux disques — appelés parfois débits d'entrées-sorties (*throughput*) — soient insuffisants pour répondre correctement aux besoins d'autres ordinateurs. Quelle que soit la puissance CPU de votre ordinateur de bureau, s'il ne peut pas déplacer assez rapidement des données entre ses disques et le réseau, il ne mérite pas le terme de serveur.

Pour simplifier, un serveur doit disposer d'un processeur puissant — parfois plusieurs — et autant de mémoire que possible. Bien qu'elles soient importantes, la vitesse du processeur et la mémoire ne sont pas, comme nous allons le voir, les seuls critères à prendre en compte.

Généralement, le *débit d'entrée-sortie* est une mesure permettant d'apprécier la vitesse à laquelle un composant matériel peut déplacer des données. Un processeur rapide, par exemple, sera doté d'entrées-sorties plus rapides qu'un processeur plus lent. Les entrées-sorties sont plus souvent appliquées à des équipements devant déplacer des données : des disques durs qui doivent lire et écrire des données sur leurs plateaux, et les cartes réseau qui doivent recevoir et émettre des données sur le réseau.

Habituellement, un serveur fournit une certaine sécurité en cas de désastre ; la plupart des stations de travail n'en disposent pas. Les camions à dix-huit roues sont équipés de doubles pneus. Si l'un de ces pneus explose, l'autre peut continuer à supporter la charge et le camion à rouler. Le "pneu de secours" d'un serveur s'appelle *redondance* ou *tolérance de panne* et c'est la pierre angulaire de son architecture. En fait, la tolérance de panne signifie simplement que votre système risque moins de subir une panne totale en cas de problème matériel. Dans les pages qui suivent, vous verrez les entrées-sorties et la tolérance de panne appliquées aux serveurs.

 La *tolérance de panne* ou *redondance* est la capacité d'un ordinateur à faire face à une panne matérielle et à continuer à fonctionner normalement. Généralement, les unités à tolérance de panne envoient un message à l'administrateur de façon qu'il puisse remplacer le composant défectueux. La tolérance de panne est souvent implémentée en ajoutant simplement une autre unité (un deuxième disque dur, une deuxième carte réseau, etc.). Depuis peu, les compatibles IBM commencent à implémenter la tolérance de panne au moyen de *clusters*, c'est-à-dire qu'une machine identique reste en *standby*, en attendant que la machine principale tombe en panne.

Le besoin de vitesse

La vitesse d'un serveur peut être mesurée de bien des façons. La plupart des mesures de vitesse se font à partir de la fréquence des CPU, ce qui n'a pas grande signification. Les seuls tests de vitesse dignes d'attention sont ceux qui sont effectués en charge réelle.

Puisque les tests de vitesse pure n'offrent pas beaucoup d'intérêt, la chose la plus importante dans le choix d'un serveur compatible Intel est son *type de bus* (ISA, EISA ou PCI), *l'espace maximal de disque disponible* et le *nombre maximal d'emplacements de disques*. Le type de bus détermine les performances des entrées-sorties. Le nombre maximal d'emplacements de disques vous permet de connaître vos possibilités en matière de redondance.

Quelle que soit la vitesse d'un serveur, les autres ordinateurs du réseau ne voient que celle avec laquelle il envoie les données. Un serveur qui se révèle incapable de transmettre efficacement des données à plusieurs clients sera perçu comme lent, même si son processeur est très rapide. En fait, c'est surtout le débit des entrées-sorties qui détermine la rapidité d'un serveur. Les serveurs sont victimes de deux goulets d'étranglement potentiels : la vitesse de la carte réseau et celle des accès en lecture et en écriture sur le disque dur.

La vitesse de la carte réseau

La vitesse de la carte réseau est déterminée par deux facteurs : le type et la *vitesse* du *bus* de la carte. Pour les serveurs, les cartes réseau à bus PCI constituent le meilleur choix, parce que le bus PCI permet de transmettre les données entre l'ordinateur et la carte réseau beaucoup plus vite que tout autre bus. La vitesse de la carte est déterminée par le type de réseau. Si la topologie de votre réseau est de l'Ethernet 10BASE-T, vous ne pouvez pas dépasser 10 Mbps. Si votre topologie est du 100BASE-T ou de l'ATM, vous pouvez transmettre des données à 100 ou 155 Mbps. Dans ce cas, il est rare qu'un serveur puisse assurer un tel débit sur une seule carte réseau. Bien souvent, il dispose de plusieurs cartes réseau.

Si vous avez du mal à vous rendre compte de ce que représentent ces vitesses de réseau, représentez-vous un fichier de 10 Mo. A 10 Mbps (la vitesse standard de l'Ethernet), il est copié en environ 30 secondes. A 100 Mbps, vous copiez le même fichier en quelques secondes. A des vitesses très élevées (ATM ou Gigabit Ethernet à 1 Gbits par seconde), la même transaction sera tellement rapide qu'elle passera inaperçue.

Les performances des disques durs

La rapidité des disques durs d'un serveur dépend de deux facteurs. Comme avec une carte réseau, le facteur clé est le type de bus du contrôleur de disque dur. A configuration équivalente, un bus de contrôleur plus rapide permet à l'ordinateur de lire et d'écrire plus rapidement sur le disque. Le second facteur réside dans l'interface du disque dur. Même si, au cours des dernières années, la vitesse des disques de type IDE s'est accrue, cette interface reste en retrait par rapport à celle des disques SCSI, et c'est la raison de la popularité du standard SCSI.

La redondance

La norme SCSI dispose également d'atouts supplémentaires qui justifient son utilisation sur les serveurs. Elle gère la redondance et l'extensibilité (la redondance accroît la fiabilité, c'est pourquoi elle est si souvent utilisée sur les serveurs, lorsqu'on ne peut se permettre de perdre des données).

Il existe une configuration dans laquelle les cartes SCSI (voir Chapitre 4) peuvent supporter plus de sept périphériques connectés sur une chaîne bien protégée contre la perte de données : le RAID (*Redundant Arrays of Inexpensive Disks,* ou Système redondant de disques durs standard). Ce système utilise des contrôleurs SCSI spéciaux, les contrôleurs RAID. La technologie RAID se décline en six niveaux (de 0 à 5), mais dans la plupart des cas, il suffit de connaître les niveaux 0, 1 et 5.

RAID 0

Le système RAID 0 comprend plusieurs disques durs connectés à un même ordinateur, sans aucune redondance. L'objectif de RAID 0 est l'accroissement du débit. Les données sont réparties sur plusieurs disques, et peuvent être lues et écrites plus rapidement. Si les serveurs nécessitent un certain niveau de redondance, les niveaux de RAID de 1 à 5 sont plus indiqués.

RAID 1

Le RAID 1 fonctionne en disque "miroir" (*mirroring*) ou "dupliqué" (*duplexing*). En *mirroring*, deux disques SCSI de tailles identiques sont connectés à la même carte contrôleur RAID, et l'ordinateur ne voit qu'un disque unique. Par exemple, en connectant deux disques de 4 Go, l'ordinateur ne voit qu'un espace disque de 4 Go et non de 8 Go. Le contrôleur RAID gère les disques afin que les données soient dupliquées à l'identique sur les deux disques. Dans une configuration RAID 1, l'un des disques peut tomber en panne. L'autre continue de fonctionner sans que les utilisateurs sachent que le réseau est défaillant.

RAID 5

Le RAID 5 corrige admirablement les lacunes du RAID 1. Il nécessite trois disques interchangeables de capacité identique (quand RAID 1 nécessite deux disques), mais le jeu en vaut la chandelle. En configuration RAID 5, toutes les données sont réparties sur plusieurs disques au cours d'un processus de répartition (*striping*). L'information concernant le fichier appelé *données de parité* est également sauvegardée sur les trois disques. L'un des disques d'une grappe RAID 5 peut tomber en panne, les deux autres seront utilisés pour reconstruire les données du disque défectueux.

 Le *striping* est le processus par lequel un contrôleur de grappe RAID répartit les données sur plusieurs disques.

Le RAID 5 présente un autre avantage : une vitesse de lecture supérieure. Chaque fichier est divisé en petits blocs qui sont stockés sur plusieurs disques. A chaque requête d'un utilisateur, les éléments du fichier sont lus à partir des trois disques simultanément. Le fichier lu en mémoire est donc plus rapidement disponible sur le réseau.

RAID 7 et Echange à chaud (Hot Swapping)

Au-delà de RAID 5, il existe un pseudo-standard appelé RAID 7 ou JBOB (*Just a Bunch Of Disks*, littéralement : *une simple grappe de disques*), dans lequel les données et les informations de parité sont réparties sur plus de trois disques. JBOB n'est pas tout à fait un standard, mais il renforce la sécurité des données en cas de défaillance de l'un des disques.

Le système RAID est très satisfaisant, mais il ne prend pas encore totalement en compte le problème de la redondance. Un disque qui tombe en panne lorsqu'il est en service doit être réparé. Mais les administrateurs réseau sont parfois débordés. Bien souvent, le fonctionnement du réseau ne peut être interrompu, sinon pour de très rares opérations de maintenance planifiées. Comment l'administrateur réseau peut il remplacer un disque défectueux sur un serveur en production ? (*NdT : Serveur en production — ou en exploitation — signifie que celui-ci continue de fonctionner normalement, de façon transparente pour les utilisateurs.*)

Heureusement, de nombreux contrôleurs RAID fonctionnent également en mode "temps réel" permettant l'extraction et le remplacement des disques en exploitation : c'est "l'échange à chaud" (*hot swapping*). L'échange à chaud est souvent utilisé sur des systèmes RAID. Lors de l'extraction puis du remplacement du disque, de nombreux contrôleurs RAID savent recopier automatiquement les données vers le nouveau disque. Pour les utilisateurs il n'y a aucun effet, hormis un léger ralentissement.

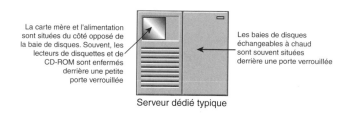

La carte mère et l'alimentation sont situées du côté opposé de la baie de disques. Souvent, les lecteurs de disquettes et de CD-ROM sont enfermés derrière une petite porte verrouillée

Les baies de disques échangeables à chaud sont souvent situées derrière une porte verrouillée

Serveur dédié typique

Figure 5.1 : Un serveur doté de disques échangeables à chaud dans des baies de disques extractibles.

L'échange à chaud n'est pas possible sur votre ordinateur personnel. Primo, la plupart des ordinateurs personnels ne possèdent pas de contrôleurs RAID. Secundo, ils n'ont pas plus de baies de disques échangeables à chaud, des baies de disques spéciales dans lesquelles les disques peuvent être installés et retirés en exploitation. Les constructeurs de serveurs tels que Digital, Hewlett-Packard et Compaq offrent des baies échangeables à chaud sur leurs serveurs. La plupart des constructeurs demandent que vous montiez votre disque dur dans un boîtier spécial le protégeant et le connectant à la baie de disques échangeables à chaud.

Les disques durs ne sont pas les seuls composants à tolérance aux pannes. Les serveurs offrent des options de disques durs, d'alimentation et parfois même de cartes mères redondantes.

La règle à garder en mémoire est qu'en améliorant la redondance et la tolérance aux pannes, vous augmentez le prix de votre installation.

Si vous faites l'acquisition d'un serveur destiné à l'entreprise, il est sage de faire confiance à des constructeurs majeurs tels que Digital, Hewlett-Packard, AST, Compaq, ou à tout autre grand constructeur. Ce raisonnement n'est pas fondé sur une confiance aveugle, mais il semble que les constructeurs majeurs soient les mieux placés pour concevoir, construire et dépanner leurs propres systèmes. Les serveurs sont trop stratégiques pour être composés d'éléments hétéroclites. Si un serveur "fait maison" tombe en panne, il est de la responsabilité de son assembleur, qui n'est pas nécessairement compétent en la matière, de le réparer. Au contraire, les services de support technique des grands constructeurs et leurs intervenants connaissent parfaitement leurs produits et peuvent collaborer avec les concepteurs du système. De plus, ils découvrent les bogues et les corrigent plus rapidement que ne le feraient des constructeurs plus petits ou anonymes.

Les concentrateurs : les hubs, les switchs (commutateurs) et les MAU

Au Chapitre 1 vous vous êtes familiarisé avec les hubs, les switchs et les MAU. Dans les pages suivantes, vous apprendrez comment, des plus simples aux plus complexes, fonctionnent les réseaux.

Ethernet 10BASE2

Comme vous vous en souvenez sans doute, il existe une topologie de réseau n'utilisant aucun hub, switch ou MAU : le 10BASE2, également appelée *thinnet* (coaxial fin), qui utilise un câble coaxial pour relier les ordinateurs. En dépit du fait que 10BASE2 n'utilise pas de hub, une étude de son fonctionnement nous aidera à comprendre quel est le rôle joué par les hubs dans des technologies telles que le 10BASE-T, Token Ring et FDDI.

L'Ethernet 10BASE2 utilise un câble coaxial reliant les ordinateurs (voir Figure 5.2). Toutes les données transitent par ce seul lien, que l'ordinateur de destination soit situé à côté ou à l'autre extrémité du câble. Ce lien s'appelle un segment. Chaque segment se comporte comme le ferait un seul fil. Voici une énumération des conditions nécessaires au fonctionnement d'un réseau 10BASE2 :

- Toutes les données doivent passer ce lien, quelle qu'en soit la destination.

- Tous les ordinateurs doivent être raccordés à ce lien de façon à pouvoir "écouter le réseau" et savoir si d'autres ordinateurs leur transmettent des données.

- Seul un ordinateur sur un segment peut transmettre à un moment donné. Les ordinateurs ne peuvent transmettre des données que si aucune autre station n'émet à cet instant.

En Figure 5.2, le câble reliant tous les ordinateurs s'appelle un segment. Un segment n'est pas constitué d'un seul câble, il est composé d'un ensemble de petits câbles dont chaque extrémité est reliée à un ordinateur. A chaque extrémité du segment se trouve un composant appelé *terminateur* qui permet aux ordinateurs de savoir où s'arrête le réseau.

Si l'un ou l'autre de ces câbles est défectueux ou si (dans certaines conditions) un ordinateur est en panne, le réseau tout entier ne fonctionne plus. Pourquoi ?

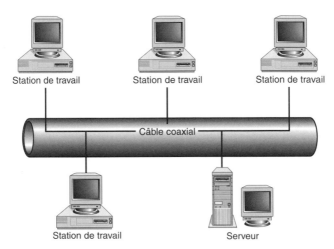

Configuration typique de réseau en bus. Habituellement utilisée avec de l'Ethernet 10BASE2 ou 10BASE5

Figure 5.2 : Un réseau Ethernet 10BASE2.

Parce que la terminaison du segment est absente ; les ordinateurs ne peuvent plus déterminer si d'autres transmettent des données sur le réseau. Puisque les machines ne peuvent plus dialoguer, elles perdent toutes les connexions qu'elles avaient avec d'autres systèmes du réseau.

Manifestement, si elle est à la merci de la défaillance d'un seul câble, l'Ethernet 10BASE2 est une technologie fragile. C'est vrai, mais les trois conditions édictées plus haut sont remplies. De fait, le défi consiste à concevoir un *segment logique* — c'est-à-dire un segment de réseau qui simule le comportement d'un seul câble, sans en avoir la fragilité.

 Un *segment logique* est une configuration de réseau dans laquelle un seul segment de réseau est simulé par l'utilisation d'équipements appelés hubs ou concentrateurs.

A la recherche d'un segment logique : concentrateurs et commutateurs

Les concentrateurs ou les commutateurs peuvent s'appeler hubs, switchs ou MAU en fonction de la topologie du réseau. Tous ces équipements ont un point commun : *ils servent à créer des segments logiques de réseau.* Dans les réseaux utilisant les concentrateurs, les câbles individuels reliant les machines entre elles n'existent plus. Ils vont du concentrateur à l'ordinateur en constituant ce que l'on appelle des *brins de réseau.* Cette configuration est aussi appelée configuration *en étoile* (voir Figure 5.3).

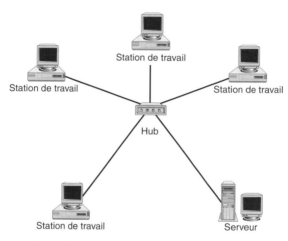

Une configuration type de réseau en étoile, généralement en Ethernet 10BASE-T

Figure 5.3 : Une configuration en étoile avec un concentrateur (hub) en son centre.

Un concentrateur garantit qu'aucune rupture d'un brin individuel ne puisse mettre à mal l'ensemble du réseau. Un concentrateur est essentiellement un segment entier dans une boîte. Si un câble provenant d'un terminal DTE (*Data Terminal Equipment* — tout ce qui est susceptible de se connecter à un réseau : ordinateurs, imprimantes, routeurs, etc.) est connecté à un port du concentrateur, celui-ci peut communiquer avec le port. Si un port n'est relié à rien, le concentrateur le court-circuitera (contrairement à ce qui se passe avec un Ethernet 10BASE2) et n'assimilera pas l'absence de connexion de ce port à une rupture du réseau.

Comme vous le constatez, les concentrateurs accroissent la fiabilité d'un réseau en vérifiant que le segment ne soit pas interrompu ou cassé. En général, les concentrateurs sont suffisamment "intelligents" pour savoir si un équipement est connecté ou non. Ils ont ainsi amélioré la fiabilité d'un réseau au point d'en faire une technologie grand public.

Mais la technologie associée aux concentrateurs n'est que le commencement de l'histoire. La troisième condition à respecter — un seul ordinateur d'un segment peut émettre à un instant donné et les ordinateurs ne peuvent transmettre que lorsque aucun autre n'émet à cet instant — ouvre de nouvelles perspectives.

Contention des équipements

Si, à un instant donné, un seul ordinateur peut émettre des paquets de données, la possibilité qu'un seul ordinateur puisse accaparer le segment réseau suffisamment longtemps pour transmettre des paquets de données décroît à mesure que le nombre d'ordinateurs du segment augmente. Lorsque plusieurs ordinateurs ou équipements réseau doivent transmettre simultanément des données, il y a conflits et le réseau ralentit. Ce processus s'appelle *contention des équipements*, et il signifie qu'une seule ressource partagée — dans ce cas, le segment de réseau — ne peut répondre à toutes les requêtes qu'il reçoit de manière satisfaisante.

La plupart des petits et moyens réseaux fonctionnent sur une seule ressource partagée, sur un seul câble, de telle sorte qu'un seul ordinateur peut émettre à un instant donné. En même temps, les ordinateurs

sont devenu de plus en plus rapides et donc de plus en plus gour-
mands en *bande passante*. Ainsi, beaucoup de réseaux souffrent de
contention trop importantes et sont moins rapides que le souhaite-
raient les utilisateurs.

La solution au problème de la contention passe par deux conditions
supplémentaires :

- Tout équipement pouvant réduire la contention doit être rétro-
  compatible avec les équipements existants.

- Toute norme permettant de réduire la contention doit respecter
  les normes existantes.

La *rétrocompatibilité* est la capacité d'un logiciel ou d'un
matériel à fonctionner ("cohabiter") avec des versions
plus anciennes de ces produits.

Les équipementiers réseau, confrontés à une demande incessante
d'augmentation de la bande passante et aux besoins d'assurer la
compatibilité avec le parc installé de cartes réseau et de concentrateurs, étaient dans une impasse. Ils devaient réduire le nombre de
stations accaparant la bande passante d'un segment donné tout en
augmentant la vitesse de la connexion.

Pour ce faire, ils ont inventé la *technologie de la commutation*.
Un commutateur de réseau (qui est disponible dans toutes les
topologies : Ethernet, Token Ring, FDDI ou ATM) crée avant tout
un segment séparé pour chaque ordinateur qui lui est connecté (voir
Figure 5.4). Parce qu'un seul ordinateur par segment peut transmettre à un moment donné, cela permet aux ordinateurs de transmettre
des données quand bon leur semble. Les commutateurs peuvent
aussi être utilisés conjointement avec de vieux concentrateurs à
média partagé (monosegment) afin de créer plusieurs petits segments de réseau, accroissant ainsi la bande passante par ordinateur
et améliorant les temps de réponse du réseau.

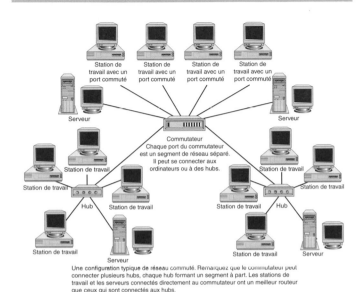

Station de travail avec un port commuté | Station de travail avec un port commuté | Station de travail avec un port commuté | Station de travail avec un port commuté

Serveur

Serveur

Commutateur
Chaque port du commutateur
est un segment de réseau séparé.
Il peut se connecter aux
ordinateurs ou à des hubs.

Station de travail

Station de travail

Station de travail

Station de travail

Hub | Station de travail

Station de travail | Hub

Station de travail

Serveur

Station de travail

Serveur

Une configuration typique de réseau commuté. Remarquez que le commutateur peut
connecter plusieurs hubs, chaque hub formant un segment à part. Les stations de
travail et les serveurs connectés directement au commutateur ont un meilleur routeur
que ceux qui sont connectés aux hubs.

Figure 5.4 : Un réseau segmenté par un commutateur.

Principes de câblage

Quelle que soit la façon dont le réseau est conçu, quelle que soit la qualité de ses composants individuels, si le câble qui relie les ordinateurs entre eux n'est pas installé correctement, le réseau ne fonctionnera pas bien. Le câblage est le support du réseau.

En général, il existe trois types de câblage réseau : le coaxial, la paire torsadée et la fibre. Chaque type de câblage doit se conformer à des normes pour pouvoir fonctionner correctement. La section suivante liste ces règles et explique ce qu'elles signifient.

Le coaxial

Le coaxial, utilisé pour les réseaux Ethernet 10BASE2, a la simplicité pour lui. Pour ce qui est d'interconnecter deux ou trois machines dans un coin, l'Ethernet 10BASE2 est difficile à battre.

Puisqu'il ne nécessite aucun concentrateur, il est moins cher que l'Ethernet 10BASE-T, le Token Ring, le FDDI ou l'ATM. Cependant, pour les raisons que nous venons de décrire dans ce chapitre, l'Ethernet 10BASE2 n'est pas souhaitable pour les réseaux dans lesquels la fiabilité est une contrainte forte.

Avec l'Ethernet 10BASE2, plus de 255 équipements peuvent être attachés à un seul segment bien que, une fois encore, ce maximum n'est pas à recommander. La longueur totale d'un segment est de 185 mètres.

Le câble généralement utilisé pour les réseaux coaxiaux est du RG-58, qui ressemble beaucoup à celui de votre antenne de télévision. Le câble RG-58 est composé d'une âme centrale en cuivre et d'une gaine extérieure tressée (voir Figure 5.5). Il s'agit d'un câble coaxial de 50 ohms d'impédance, caractéristique qui nécessite une résistance de terminaison de 50 ohms à chaque extrémité (appelée *terminateur*). Chaque ordinateur est relié au segment à l'aide d'un *connecteur en T*, sur la face arrière de la carte réseau (voir Figure 5.6).

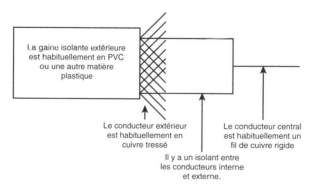

Figure 5.5 : Une représentation simplifiée d'une section de câble coaxial.

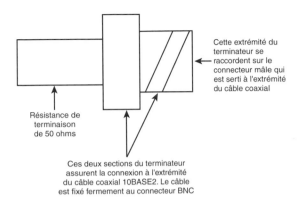

Cette extrémité du terminateur se raccordent sur le connecteur mâle qui est serti à l'extrémité du câble coaxial

Résistance de terminaison de 50 ohms

Ces deux sections du terminateur assurent la connexion à l'extrémité du câble coaxial 10BASE2. Le câble est fixé fermement au connecteur BNC

Figure 5.6 : Une représentation simplifiée d'un connecteur en T et d'un terminateur.

La paire torsadée non blindée

Les câbles UTP (*Unshielded Twisted Pair*) utilisés dans les réseaux sont constitués de huit fils de cuivre, torsadés deux par deux, formant ainsi quatre paires torsadées. Le câble doit être muni à ses deux extrémités de connecteurs *RJ-45*. Des normes de câblage très strictes (*EIA 568B*) spécifient l'ordre dans lequel les fils sont raccordés aux connecteurs.

Broche	Couleur du fil
1	Blanc et orange
2	Orange
3	Blanc et vert
4	Bleu
5	Blanc et bleu
6	Vert
7	Blanc et marron
8	Marron

Si les câbles ne sont pas raccordés dans cet ordre, ils ne véhiculeront pas les données correctement. Les broches impaires sont toujours reliées à des fils blancs combinés à une autre couleur.

De plus, les câbles à paires torsadées se déclinent en cinq catégories, de la catégorie 1 utilisée pour le téléphone à la catégorie 5, certifiée pour du 15 Mbps.

- La catégorie 1 n'est pas conçue pour être performante.

- La catégorie 2 est utilisée pour le câblage téléphonique et peut fonctionner à 1 Mbps.

- La catégorie 3 commence à pouvoir être utilisable pour le câblage réseau. Elle est utilisée pour l'Ethernet 10BASE-T et son débit maximal est de 16 Mbps.

- La catégorie 4 est utilisée pour le Token Ring et l'Ethernet 10BASE-T. son débit maximal est de 20 Mbps.

- La catégorie 5 est utilisée pour l'Ethernet 100BASE-T et son débit maximal est de 155 Mbps.

- Pour maintenir le taux de transfert maximal, les câbles doivent être en conformité avec les normes EIA 568B. Si ce n'est pas le cas, le débit maximal s'en ressentira.

 Si vous avez l'intention de mettre en place un réseau en cuivre, faites-le en catégorie 5, ce qui permettra d'augmenter la durée de vie de votre réseau. Les normes de la catégorie 5 stipulent que les torsades des fils doivent être maintenues sur toute leur longueur, et qu'a l'extrémité de celles-ci la longueur non torsadée destinée au raccordement des connecteurs ne doit pas dépasser 1 cm. De plus, le rayon de courbure doit être contrôlé.

Une autre bonne raison d'installer le meilleur câble possible est le coût négligeable de celui-ci : environ 10 % du coût total de l'installation.

La distance maximale pour l'Ethernet 10BASE-T sur des paires torsadées est de 200 m entre le concentrateur et l'ordinateur. Pour l'Ethernet 100BASE-T, elle n'est plus que de 20 m entre stations !

La paire torsadée non blindée équipe aujourd'hui la grande majorité des réseaux. Elle est relativement bon marché, facile à installer, très fiable et facile à maintenir et à étendre. Si vous choisissez d'utiliser de la paire torsadée pour votre réseau, confiez-en la réalisation à un professionnel compétent, surtout si vous devez traverser les murs et les plafonds. Les règles de protection contre le feu nécessitent de votre installateur le respect des normes de construction. Le câble traversant les faux plafonds doit être ignifugé, ou capable de brûler sans émanations toxiques. Le câble traversant les murs sera différent de celui qui traverse les faux plafonds, et seul votre installateur pourra déterminer quel type de câble correspond le mieux à un emplacement donné.

La fibre optique

Le dernier type de câblage de réseau est la *fibre optique*. Initialement, le coût de la fibre optique était tel qu'elle était réservée pour les dorsales à haut débit entre concentrateurs, ou pour des applications très consommatrices de bande passante. Cependant, l'avènement de l'Ethernet 100BASE-FX, conçu pour fonctionner sur des topologies en fibre, en FDDI ou en ATM, a rendu l'utilisation de celle-ci plus envisageable.

Plutôt que des impulsions électriques transmises par un fil de cuivre, la fibre optique véhicule des impulsions lumineuses. En dépit de son acceptation croissante, elle reste très chère à installer et à maintenir. L'administrateur réseau moyen n'a pas la formation lui permettant de maîtriser cette technologie.

La terminaison de la fibre optique est à la fois difficile et problématique. Contrairement à un fil de cuivre, l'extrémité d'une fibre optique doit être polie et elle s'insère dans un réceptacle spécial sur les cartes réseau et les concentrateurs. Si l'extrémité polie et aiguisée du câble n'est pas bien alignée, celui-ci ne fonctionnera pas.

En dépit des précautions entourant le déploiement des infrastructures en fibre optique, elle bénéficie de certains avantages grâce à sa façon unique de véhiculer les données. Elle est sécurisée. Le conducteur en cuivre émet des signaux électromagnétiques qui peuvent être interceptés — la fibre optique non. Elle peut véhiculer des donnés à très grande vitesse, dans certains cas plus de 622 Mbps.

En fait, il faut choisir le type de câblage adapté à vos besoins. Si vous commencez tout juste à vous familiariser avec les réseaux, essayez de relier deux ou trois machines au moyen d'un câble coaxial. Si vous devez installer un réseau qui doit être fiable plutôt que bon marché, essayez la paire torsadée. Si vous devez fournir à vos utilisateurs des flots importants de données en temps réel, la fibre est tout indiquée.

Le logiciel : les systèmes d'exploitation réseau

Exactement comme les stations clientes ont des systèmes d'exploitation, un serveur de réseau doit aussi en avoir un (voir le Chapitre 4, dans lequel sont décrits la plupart des systèmes d'exploitation clients). La principale différence entre les systèmes d'exploitation clients et serveurs réside dans la taille et les ressources.

En fait, les systèmes d'exploitation de réseau sont optimisés différemment des systèmes clients. Un système client est conçu pour fournir à l'utilisateur les meilleures performances possibles pour les applications *en premier plan* (l'application en cours). Par contre, la tâche d'un système d'exploitation réseau consiste à équilibrer les besoins de tous les utilisateurs accédant au serveur plutôt que de privilégier l'un ou l'autre.

Dans les sections suivantes, vous verrez trois systèmes d'exploitation de réseau et une configuration "égal à égal". Puisque ce livre est destiné aux débutants, les systèmes d'exploitation que nous étudierons ne concerneront que les machines compatibles Intel.

NetWare de Novell

NetWare de Novell (appelé aujourd'hui IntranetWare) est le système d'exploitation réseau — NOS (*Network Operating System*) le plus ancien. Au début des années 80, ce fut Novell qui banalisa le réseau au sein des entreprises.

NetWare est un produit complexe. Par rapport aux autres systèmes d'exploitation de réseau tels que Windows NT de Microsoft, il est difficile et aride. De plus, il n'est pas bien adapté pour devenir un *serveur d'applications*, c'est-à-dire un serveur qui exécute des applications réseau telles que des bases de données ou des applications de partage de fax, et sa console système est en mode texte comme DOS ou UNIX.

Cependant, s'il s'agit de partager des fichiers, des imprimantes et des *services de répertoire*, NetWare se comporte très bien. Pour le partage de fichiers et d'imprimantes, il reste le système d'exploitation réseau le plus rapide sur des compatibles Intel. Avec l'avènement, en version 4, du service d'annuaire — NDS (*NetWare Directory Services*) — il a démocratisé le marché des services d'annuaires.

 Les *services d'annuaires* sont un ensemble d'outils permettant aux administrateurs réseau d'accorder des ressources spécifiques aux utilisateurs en fonction de l'endroit où celui-ci se connecte. En d'autres termes, si Tom, du service marketing, a accès au serveur 1 et au serveur 2, mais pas au serveur 3, il ne pourra avoir accès qu'aux serveurs 1 et 2, quel que soit l'ordinateur à partir duquel il se connecte.

A mesure que les réseaux se complexifient et nécessitent l'administration d'un plus grand nombre d'utilisateurs, les services d'annuaires deviennent indispensables pour les administrateurs réseau qui ont à gérer plus de mille utilisateurs répartis sur plusieurs sites.

La Figure 5.7 représente l'écran du moniteur, l'application la plus fréquemment en fond d'écran sur un serveur NetWare. Le moniteur permet à l'administrateur d'obtenir de nombreuses informations sur l'état du serveur NetWare, de la mémoire disponible à l'espace disque.

Contrairement aux nouveaux systèmes d'exploitation réseau, NetWare n'a pas été conçu autour d'Internet. Il semble que les choix de conceptions de Novell portent surtout sur la simplicité d'utilisation.

Figure 5.7 : La console Moniteur d'un serveur NetWare.

Tout d'abord, Novell n'a pas intégré le support de TCP/IP, le protocole utilisé sur l'Internet. Novell avait de bonnes raisons pour cela. Lorsque NetWare a été développé, TCP/IP était un protocole relativement récent, et immature. Il nécessitait un bon nombre de paramétrages manuels et l'administration en était complexe.

Etant donné la complexité de TCP/IP et la compétence technique de sa cible en terme de marché, Novell a décidé de développer un protocole plus simple, appelé IPX/SPX (*Internetworking Packet Exchange/Sequenced Packet Exchange*). IPX était largement autoconfigurable, facile à installer et à administrer.

 Rappelez-vous la discussion concernant les protocoles, à la fin du Chapitre 3. Les protocoles sont des langages utilisés par les ordinateurs afin d'échanger des données.

Malheureusement, avec la révolution de l'Internet et la mise au premier plan de TCP/IP, la position de Novell s'est affaiblie, du fait que NetWare a été principalement conçu pour IPX. Les nouvelles versions de NetWare peuvent dialoguer en IP, mais elles ne le font pas nativement. Au lieu de cela, elles traduisent IP en IPX au niveau du serveur, pour que celui-ci puisse fonctionner correctement.

Pour avoir plus de détails sur NetWare, allez au Chapitre 16.

Windows NT Server de Microsoft

Au début des années 80, Microsoft a décidé de se doter d'un système d'exploitation réseau de haut vol, afin de concurrencer NetWare et UNIX. Après un combat acharné de trois à quatre ans, Microsoft y parvint : ce fut Windows NT. La première version Windows NT 3.1 était déclinée sous la forme d'un seul produit — il n'y a pratiquement pas de différence entre les versions serveur et station de travail.

En 1995, la version Windows NT 3.5 était composée de deux versions : Windows NT Workstation (voir Chapitre 4) et Windows NT Server. Les deux systèmes d'exploitation avaient une base commune, mais Windows NT Server disposait d'utilitaires qui faisaient défaut à Windows NT Workstation.

La capacité d'interconnexion de toutes sortes de réseau, de TCP/IP à NetWare, en passant par les réseaux Windows, a été intégrée dès le début. De plus, NT sait gérer la partie serveur d'une application réseau, ce qui en fait une plate-forme idéale pour les serveurs d'applications. Il utilise l'interface familière de Windows, ce qui en simplifie l'administration. NT est particulièrement bien adapté aux petites organisations grâce à son administration graphique (voir Figure 5.8).

Bien que son interface graphique le rende facile à utiliser, Windows NT n'est pas parfait. Du point de vue performances, il est moins rapide que NetWare, OS/2 ou UNIX, ses concurrents les plus proches. Il est aussi relativement récent et, par conséquent, a un plus grand nombre de bogues que les systèmes d'exploitation réseau qui sont depuis plus longtemps sur le marché.

Pour la grande majorité des débutants en matière de réseaux, Windows NT est probablement le système d'exploitation réseau d'entreprise le plus facile à installer et à administrer. N'en concluez pas pour autant qu'il est simple. Mais en comparaison d'autres systèmes, Windows NT a un certain degré de convivialité grâce à l'omniprésente interface de Windows.

Figure 5.8 : L'écran de Windows NT Server 4.

UNIX

Comme nous l'avons mentionné au Chapitre 4, UNIX est né, il y a 30 ans, dans les laboratoires de Bell. Il s'agit d'un système d'exploitation réseau totalement préemptif qui dispose d'une interface inégalée. Malheureusement, la richesse fonctionnelle d'UNIX est associée à un niveau de complexité élevé. UNIX peut accomplir pratiquement toutes les tâches demandées à un ordinateur, mais la complexité de son interface rebute l'utilisateur moyen. En dépit de sa réputation, UNIX peut être rapide en tant que serveur de fichiers et d'imprimantes, et offre parfois les meilleurs services applicatifs de tous les systèmes d'exploitation réseau présentés ici.

Comme Windows NT Server, UNIX peut fonctionner en client ou en serveur de réseau. La différence entre un UNIX client et un UNIX serveur est minime, si ce n'est la puissance de la machine et la rigueur de la sécurité. UNIX est pourvu d'une telle variété de fonctionnalités qu'il n'a presque pas besoin des logiciels de tierces parties pour administrer les utilisateurs.

Eu égard à son âge, UNIX est une plate-forme très stable. Cependant, UNIX n'est pas le fait d'un seul éditeur. A cause de cela, les applications *sur étagères* sont très peu nombreuses. Au cours des dernières années, les vendeurs d'UNIX ont essayé à plusieurs reprises de créer un standard permettant d'assurer la *compatibilité binaire*, c'est-à-dire qu'une application, une fois compilée, pourrait s'exécuter sur des systèmes d'exploitation différents. Malheureusement, cette initiative a rencontré peu de succès. Heureusement, la menace représentée par Windows NT permettra peut être aux vendeurs d'UNIX de se rallier à un standard.

UNIX est mieux adapté aux réseaux dont la charge est confiée à un administrateur expérimenté. Sa complexité fait qu'il n'est pas conseillé aux administrateurs débutants, mais s'il est pris en main par un administrateur système réellement compétent, il peut se révéler très fiable et très rapide.

Client/serveur et égal à égal

A plusieurs reprises, nous avons mentionné les termes de *client/serveur* et de *égal à égal*. Dans les sections suivantes, nous verrons ce que ces termes représentent réellement.

Les termes *client/serveur* et *égal à égal* désignent la relation logique entre les ordinateurs du réseau. Rappelez-vous qu'une relation logique n'est pas la même chose qu'une relation physique — les ordinateurs peuvent fonctionner en client/serveur ou en égal à égal sur n'importe quelle topologie de réseau, du 10BASE2 au FDDI.

Les réseaux client/serveur

Dans un réseau client/serveur, les ordinateurs sont divisés en clients et en serveurs. Le *serveur* est habituellement une machine dédiée et puissante. Les *clients* sont souvent moins puissants que le serveur et ne se connectent qu'à celui-ci par le réseau. La Figure 5.9 représente une architecture client/serveur.

Les bénéfices de l'architecture client/serveur sont surtout appréciés des gens qui ont besoin d'un réseau fiable :

- la gestion centralisée des ressources ;

- la possibilité de mettre en place une sécurité rigoureuse, concernant l'accès aux fichiers et à d'autres informations sensibles ;

- une réduction significative de l'administration du client ;

- la possibilité de sécuriser et de sauvegarder les données à partir du serveur ;

- la possibilité d'étendre la taille du réseau.

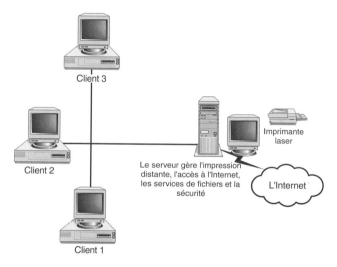

Figure 5.9 : Un réseau client/serveur.

Dans une architecture client/serveur, les clients ne peuvent voir que le serveur. Ils ne se voient pas les uns les autres. Cette disposition entraîne une meilleure sécurité et accroît la "l'interchangeabilité" : si une station de travail cliente est défectueuse, il est possible de la remplacer par une machine équivalente. Si les applications sont lancées depuis le disque dur du serveur, sitôt qu'un nouvel utilisateur est connecté au réseau il a accès à la plupart des chose auxquelles il avait accès avant la panne.

Les inconvénients du client/serveur sont plus difficiles à identifier :

- Les réseaux client/serveur coûtent plus cher que les configuration de égal à égal, à cause du prix du serveur — une machine dédiée que personne ne peut utiliser en tant que station de travail.

- Le serveur devient le seul point faible du réseau. S'il vient à défaillir, le réseau est arrêté. Beaucoup de serveurs disposent d'une tolérance de pannes (disques RAID) — tolérance vraiment indispensable pour les réseaux client/serveur.

Les réseaux de égal à égal

Dans une architecture de égal à égal, toutes les stations de travail clientes peuvent également être des serveurs. Par exemple, une machine qui dispose d'un gros disque dur peut le partager avec les autres utilisateurs. Une autre machine, déjà connectée à une imprimante, peut la partager avec les autres stations de travail. Dans un réseau de égal à égal, il n'y a pas de serveur dédié et tous les ordinateurs peuvent être utilisés en tant que stations de travail (voir Figure 5.10).

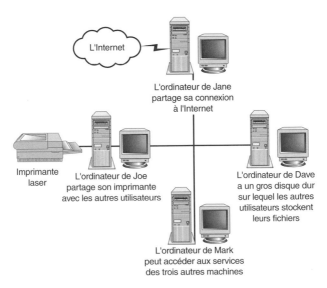

Figure 5.10 : Un réseau égal à égal.

Un réseau égal à égal présente certains avantages :

- Il est facile à installer et à configurer.

- Il est moins cher qu'un réseau client/serveur.

Cependant, le fonctionnement en égal à égal d'un réseau a plus d'inconvénients que d'avantages :

- Il manque complètement de contrôle centralisé, ce qui le rend ingérable.

- Il est particulièrement non sécurisé : la sécurité d'un réseau égal à égal est quasi inexistante.

- Il n'est pas fiable. Le réseau égal à égal repose sur les vicissitudes des stations de travail clients, ce qui signifie qu'il peut être sérieusement perturbé si (par exemple) la station sur laquelle l'imprimante est partagée redémarre ou se bloque.

Les réseaux égal à égal ne sont adaptés qu'aux toutes petites structures — quelques personnes dans un petit bureau.

Au cours du chapitre suivant, nous reverrons par quels moyens les réseaux échangent des données.

Chapitre 6

Etendez votre LAN :
les réseaux WAN

Les premiers réseaux étaient lents. Cependant, au fil du temps, les opérateurs de réseaux ont inventé des manières de les interconnecter, permettant ainsi aux utilisateurs d'avoir accès à des données réparties dans le monde entier.

Au cours de ce chapitre, nous verrons les aspects suivants :

- Qu'est-ce qu'un WAN ?

- Comment les WAN sont-ils interconnectés ?

- Qu'est-ce que le téléphone numérique et pourquoi les WAN l'utilisent-ils ?

- L'Internet peut-il vous aider à construire un WAN ?

Qu'est ce qu'un WAN ?

Les WAN (*Wide Area Network*, réseaux étendus) relient des ordinateurs dispersés géographiquement. Un WAN est souvent composé de deux LAN ou plus, reliés par des lignes téléphoniques à haut débit telles que des lignes T1, ou à Frame Relay (relais de trames) à 56 Kbps.

 Une ligne *T1* est une ligne téléphonique numérique qui peut véhiculer des données à plus de 1 544 Mbps.

Une ligne téléphonique numérique *56 K* est une ligne téléphonique numérique qui peut véhiculer des données à plus de 56 Kbps. Ne confondez pas une ligne numérique à 56K avec les modems X2 de US Robotics ou 56kFLEX de Lucent. Une ligne 56K transmet des données sur des lignes téléphoniques numériques. Alors que les deux modems indiqués ci-dessus sont conçus pour être utilisés sur des lignes téléphoniques analogiques.

Le *Frame Relay* (relais de trames) est l'une des méthodes utilisées pour véhiculer des données sur des lignes téléphoniques numériques telles que les T1 et les 56K. Le Frame Relay est souvent utilisé pour se connecter à l'Internet.

Un *réseau privé virtuel* (VPN) est une méthode permettant de connecter des réseaux en utilisant l'Internet comme support des données. Il est *virtuel* parce qu'il n'est pas constitué de liaisons spécialisées : tout est véhiculé sur l'Internet. Il est *privé* parce que les données empruntant l'Internet sont cryptées en utilisant un *protocole de tunneling.* C'est un *réseau* parce qu'il relie des ordinateurs en réseau.

Le *protocole de tunneling* est un protocole qui permet aux données d'un VPN d'entreprise d'être sécurisées. Le tunneling utilise des algorithmes de cryptage et, de ce fait, les données transitant sur l'Internet conservent confidentialité et intégrité.

Dès qu'un utilisateur a besoin d'une ressource située sur un autre LAN (un fichier, une base de données, etc.), le réseau local traite la requête et se connecte au réseau distant en utilisant une ligne téléphonique analogique ou numérique (RNIS).

Un WAN est un moyen d'étendre les ressources réseau au-delà de leur localisation physique. A l'époque de l'Internet, il existe de nombreuses façons de le faire, des coûteuses lignes téléphoniques numériques des VPN à l'accès par modem.

Cependant, ce chapitre est consacré à la configuration de base d'un WAN, dans laquelle les utilisateurs de plusieurs réseaux locaux partagent des ressources (voir Figure 6.1). Les WAN dédiés à des utilisations spécifiques sortent du cadre de ce chapitre.

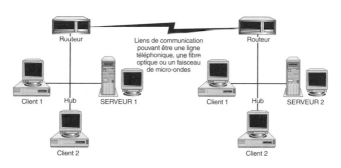

Figure 6.1 : Un WAN de base.

Pour pouvoir fonctionner correctement, les WAN ont besoin d'une étude préalable. Cela signifie, pour le Système d'information d'une entreprise, créer un pôle de compétences variées, depuis la mise en place relativement simple d'un réseau local jusqu'aux arcanes des systèmes de télécommunications publics. Un WAN a besoin d'une stratégie claire. Avant de mettre en place un WAN, posez-vous les questions suivantes :

- Est-ce que les utilisateurs distants ont besoin d'accéder en temps réel à une base de données commune, telle qu'un système transactionnel ?

- Est-ce que vos sites distants ont déjà des LAN ou sont-ils, pour la plupart, situés au domicile de la personne ?

- Quels sont les services que vous souhaitez partager sur un WAN ? Des bases de données, des fichiers, du courrier électronique ou quelque chose d'autre ?

- Vos sites distants sont-ils capables d'administrer leur extrémité du WAN ou devrez-vous vous déplacer pour le faire vous-même ?

- Etes-vous disposé à payer le prix de lignes téléphoniques numériques à haut débit ?

Si vos utilisateurs ont besoin d'accéder en temps réel à une base de données commune, un WAN peut apporter une réelle plus-value. Mais si vous avez affaire à des installations à domicile ou dans de petits bureaux, il est probable que vous aurez beaucoup de choses à administrer vous-même pour que vos utilisateurs finaux (qui ne sont probablement pas des gourous de l'informatique) puissent accomplir leur travail. Les coûts d'assistance sont souvent relativement cachés, mais ils constituent en fait une part non négligeable du *coût total de fonctionnement* (TCO : *Total Cost of Ownership*) d'un WAN ou même du grand LAN. Il est très facile de dépenser quelques milliers de francs par mois pour un WAN, mais s'il ne se traduit pas par un accroissement des services et de la productivité, il deviendra une contrainte plus qu'un avantage.

Les équipements matériels d'un WAN

Plusieurs matériels peuvent être utilisés pour relier des LAN. Parmi ceux-ci, les plus courants sont les ponts, les passerelles et les routeurs.

Les ponts

Un *pont* est un équipement réseau dont la fonction principale est décrite par son nom : relier deux LAN. La différence entre un pont et un routeur réside dans la façon dont ils relient les réseaux. Dans un réseau de télécommunications, un pont est un équipement matériel ou logiciel qui recopie les paquets de la couche 2 d'un réseau à l'autre. Par exemple, deux LAN peuvent être reliés par un pont, une ligne téléphonique numérique et un autre pont à l'autre extrémité. Un pont relie des réseaux utilisant des protocoles identiques (tels que IP) aux deux extrémités de la connexion. Par contre, une passe-relle connecte des réseaux utilisant des protocoles différents (tels que IPX et IP).

Si vous voulez revoir de plus près la théorie des réseaux et des sept couches du modèle OSI, le Chapitre 3 présente une description du modèle OSI et des protocoles associés. Une bonne compréhension de ce modèle est très utile pour assimiler le fonctionnement d'un réseau

Les ponts ressemblent à leurs cadets, les *routeurs*, qui sont largement plus répandus. Les ponts se présentent généralement sous la forme d'un équipement monté dans un rack dont une extrémité est reliée à un LAN et l'autre à une connexion à un réseau Frame Relay. La connexion réseau au réseau local est en fait une connexion à un hub ou à un switch et celle du Frame Relay repose sur une ligne téléphonique numérique.

Lorsqu'un pont relie des réseaux, les utilisateurs voient au-delà de leur réseau local. Ils peuvent accéder à des ressources distantes en utilisant les mêmes méthodes que s'ils se trouvaient sur leur réseau local. Cependant, les ponts sont lents et consommateurs de ressources, et c'est pour cette raison que les réseaux d'aujourd'hui utilisent des routeurs. La section "Les routeurs", un peu plus loin dans ce chapitre, vous aidera à comprendre les différences entre les ponts et les routeurs.

Les ponts sont souvent utilisés dans des réseaux utilisant des protocoles qui ne peuvent pas être routés (par exemple, NetBIOS ou Net-BEUI). Cependant, ces protocoles peuvent être véhiculés sur un pont parce que celui-ci travaille au niveau de la couche Liens de données (qui est encore dépendante du matériel) plutôt qu'au niveau de la couche Réseau (pour laquelle le routage des paquets dépend du logiciel).

Les passerelles : des traducteurs de protocoles

Le terme *passerelle* peut désigner des équipements différents. Sous sa forme commune, une passerelle est un équipement qui se comporte comme un passage à double sens entre des réseaux. Par exemple, dans un réseau relié à l'Internet, un serveur proxy peut servir de passerelle entre le réseau interne et l'Internet (voir Figure 6.2).

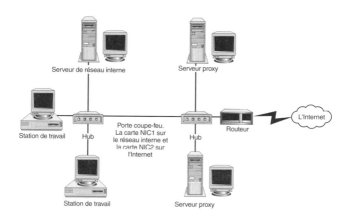

Figure 6.2 : Ces serveurs proxy se comportent comme des passerelles.

Les équipements transmettant des paquets sur l'Internet sont un autre exemple classique de passerelle. Les routeurs et les ponts appartiennent à un groupe global appelé passerelles, bien que les passerelles que nous évoquons dans ce chapitre aient des fonctionnalités spécifiques autres que le routage des paquets.

Les passerelles relient des réseaux entre eux. Comme nous l'avons vu précédemment, elles sont différentes des ponts, car elles peuvent relier des réseaux hétérogènes. Cela s'avère très utile pour les réseaux qui ne disposent pas de TCP/IP. Les passerelles pouvant traduire un protocole en un autre sont appelées *traducteurs de protocoles*.

Les *traducteurs de protocoles* sont des équipements qui traduisent entre deux protocoles. Ils traduisent IPX de NetWare en TCP/IP, de telle sorte que les utilisateurs d'un réseau IPX peuvent accéder aux ressources de l'Internet ou aux ressources IP internes.

Aujourd'hui, les traducteurs de protocoles ne sont pas souvent utilisés pour relier des LAN à des WAN. Ils le sont plutôt pour traduire entre le protocole IPX de NetWare et le protocole TCP/IP, de telle sorte qu'un réseau basé sur IPX puisse se connecter à l'Internet. Si vous avez choisi de construire un LAN NetWare (ou si vous en avez récupéré la charge), la traduction de protocole peut être la solution la plus simple pour fournir à vos utilisateurs un accès à l'Internet. Cependant, le protocole principal de NetWare, IPX, est routable, aussi un routeur est-il probablement un meilleur choix si vous voulez relier deux LAN pour en faire un WAN.

Les routeurs

Un *routeur* est un équipement qui passe des données entre plusieurs réseaux. Il fonctionne au niveau de la couche Réseau (couche 3 de OSI), ce qui signifie qu'il doit être capable de comprendre les paquets de données de façon à pouvoir les router vers leurs destinations. Les routeurs sont avant tout des ordinateurs optimisés pour gérer des paquets qu'ils doivent transférer entre réseaux séparés. Sans surprise, les routeurs essayent d'envoyer les paquets de leur source à leur destination de la façon la plus rapide possible, ce qui, comme nous le verrons, n'est pas toujours le chemin le plus court.

 Un *routeur* est un équipement qui gère le flot de trafic des paquets de données qui ne sont pas adressés à l'intérieur du réseau local. En d'autres termes, un routeur est la machine de tri du courrier longues distances.

Si vous envoyez du courrier localement, il passe par la poste locale. Mais si le courrier doit partir à Tombouctou, quelqu'un se rendra compte que l'adresse de destination n'est pas locale et le retransmettra à une poste qui traite le courrier longue distance. La personne qui le trie et sépare les courriers longues distances des courriers locaux agit comme le fait un routeur.

Le routage entre LAN, comme nous l'avons vu au Chapitre 2 "Les avantages des réseaux" est semblable à celui de la poste. Un colis allant de New York à San Francisco pourra traverser un hub à Memphis ou à Chicago et ressortir à Reno avant d'atteindre sa destination. Si le colis doit être livré rapidement le coût de la retransmission en sera fortement affecté. Heureusement, le colis n'empruntera pas toujours la route la plus longue, qui a tendance à être inefficace et difficile à tracer.

De la même façon, les routeurs émettent des paquets en fonction des routes disponibles et essayent de déterminer la route la plus courte à un moment donné. Comment procède-t-il ? À l'intérieur d'un routeur (qui est en fait un ordinateur très puissant, comme nous le verrons dans un instant), il existe un ensemble de données appelées tables de routage. Les tables de routage contiennent toutes les routes dont un routeur est informé ; celui-ci les consulte constamment afin de s'assurer que les paquets de données sont acheminés par la meilleure route possible. Un routeur est une sorte de combinaison entre un agent de voyage et un assistant personnel, toujours en train de rechercher la meilleure route possible et au meilleur prix. Le processus consistant à envoyer un paquet au plus près de sa destination est appelé routage.

Le routage

Lorsqu'un routeur prend un paquet et l'envoie au plus près de sa destination finale, nous disons qu'il retransmet un paquet. Dans les termes le plus simples, c'est ce que fait un routeur. Il retransmet les paquets vers leurs destinations. Et essaye de le faire au moindre *coût* possible, concept que nous allons expliquer par la suite.

Pour un routeur, le coût ne s'exprime pas en espèces sonnantes et trébuchantes, mais en nombre de sauts. Chaque fois qu'un paquet est routé entre un routeur et un autre, un nombre inclus dans le paquet de données, appelé *compteur de saut*, s'accroît de 1. Si le compteur de sauts atteint certaines limites préétablies (par exemple, le protocole RIP (*Routing Information Protocol*) autorise un maximum de 16 sauts entre la source et la destination), le paquet pourra être rejeté et considéré comme non délivrable.

Cependant, pour les routeurs, le coût n'est pas la variable qu'elle représente dans le monde réel, parce qu'il n'est guère plus cher d'emprunter un chemin plus long dès lors qu'on se situe sur l'Internet. Tenez compte de ces deux éléments :

- Les données (qui sont simplement des impulsions électriques) se déplacent à la vitesse de la lumière (ou très proche de celle-ci sur des fils en cuivre), aussi faudrait-il faire un sacré détour pour qu'il y ait une différence significative de vitesse.

- L'Internet a été conçu pour être redondant. Les concepteurs de l'Internet devaient tenir compte des exigences des militaires qui voulaient un réseau pouvant continuer à trouver un chemin d'un point A à un point C lorsque le point B (situé sur la route entre A et C) n'existe plus (parce qu'un missile balistique nucléaire a rayé une ville de la carte ou quelque chose de ce style). Les concepteurs devaient trouver un moyen pour que la route soit redondante. Si la première route échoue, essayer la deuxième et ainsi de suite. Heureusement, nous n'avons jamais complètement testé la redondance de l'Internet — au moins pas à l'aide d'un missile nucléaire (croisons les doigts !). Néanmoins, la conception est solide parce que le réseau reroute sans arrêt les paquets de données en cas de catastrophe naturelle et de coupure de courant.

Les protocoles de passerelles

Les routeurs utilisent jusqu'à quatre protocoles TCP/IP pour déterminer quelle route un paquet de données devra emprunter, à tout instant, pour atteindre une destination. Ces quatre protocoles s'appellent des *protocoles de passerelles*, un terme qui sème la confusion. Un terme plus précis serait *protocoles de routage*, parce que les routeurs les utilisent pour déterminer le chemin correct pour retransmettre les paquets de données.

Les *protocoles de passerelles* sont des membres de la famille des protocoles TCP/IP, utilisés par les routeurs pour déterminer la meilleure route pour les paquets de données.

Ces quatre protocoles s'appellent RIP (*Routing Information Protocol*), OSPF (*Open Shortest Path First*), BGP (*Border Gateway Protocol*) et EGP (*External Gateway Protocol*). Ne soyez pas effrayés par ces noms ; ils sont réellement très faciles à comprendre.

Les deux premiers protocoles (RIP et OSPF) sont appelés *protocoles de passerelles internes.* Ils s'occupent du routage des données *internes* à un LAN ou à un WAN. Les deux autres protocoles (BGP et EGP) sont appelés *protocoles de passerelles externes* et sont utilisés pour router les données en dehors d'un LAN ou d'un WAN.

Les protocoles de passerelles internes : RIP et OSPF

Au Chapitre 3, vous avez appris les noms de deux des protocoles utilisés par TCP/IP pour savoir quel est le meilleur chemin pour envoyer des paquets : RIP et OSPF. Des deux, RIP est le plus ancien et il souffre de limitations : il ne route bien les paquets que si le réseau ne change pas constamment. RIP est statique, c'est-à-dire qu'il dispose de paramètres figés qui ne lui permettent qu'un nombre de sauts maximal de 16, ce qui signifie qu'il ne fonctionnera pas très bien pour un grand réseau (comme l'Internet). OSPF, par contre, est dynamique. Il peut modifier sa stratégie de routage en fonction de l'état du réseau. Ainsi, si votre routeur principal tombe en panne pour une raison quelconque, OSPF peut faire face et envoyer les paquets par un autre routeur (si vous en avez un).

***RIP* (*Routing Information Protocol*) est un protocole qui fonctionne en comptant le nombre de fois qu'un paquet a été déplacé vers sa destination. Chaque nouveau routage s'appelle un *saut,* et le nombre de sauts maximal est habituellement de 16. Avec RIP, un paquet routé plus de seize fois est rejeté.**

OSPF (Open Shortest Path First) **est un protocole de rou-**
tage qui utilise ce que l'on appelle un *algorithme d'état*
de liens. **Les algorithmes d'état de liens regardent quel-**
les sont les routes disponibles pour acheminer un paquet
de données jusqu'à sa destination, et décident de la
meilleure route à prendre. OSPF n'a pas à se préoccuper
du nombre de sauts maximal, comme le fait RIP.

Ces protocoles sont utilisés dans des réseaux privés ou dans ce que les techniciens appellent un *Système Autonome* (AS). Un AS est un ensemble de routeurs qui sont tous interdépendants et qui routent les données en utilisant le même protocole de passerelle (RIP ou OSPF).

Pour un grand nombre de WAN, RIP et OSPF suffisent à gérer le routage des données entre bureaux. La montée en puissance de l'Internet a obligé les constructeurs à simplifier la configuration de base de leur routeurs, de sorte que les utilisateurs n'auront pas souvent à se préoccuper directement de RIP ou de OSPF. L'autre avantage est que les fournisseurs d'accès à l'Internet ont réalisé qu'ils étaient responsables de la configuration des routeurs qui se connectent à leurs réseaux, aussi ont-ils développé des compétences significatives en matière d'installation, de configuration et de dépannage des routeurs. Mais même s'il en est ainsi, essayez d'avoir sous la main une personne techniquement dans le management de l'entreprise. Car si cette personne ne va pas directement administrer le système, elle sera cependant capable de traduire les arguments techniques en arguments économiques, ce que votre direction pourra comprendre.

Les protocoles de passerelles externes : EGP et BGP

Cependant, vous devez parfois envoyer des paquets en dehors de l'entreprise. Cela signifie qu'ils doivent l'être sur l'Internet. Pour le faire avec efficacité, vous devez utiliser BGP ou EGP, des protocoles de passerelles externes.

Rappelez-vous l'acronyme AS (pour Système Autonome ou réseau privé). Les routeurs utilisent BGP et EGP pour échanger des paquets entre AS. En d'autres termes, si vous ne routez que sur votre réseau privé, vous pouvez vous contenter de RIP et de OSPF.

Cependant, lorsque vous commencez à envoyer des données vers d'autres réseaux (par exemple, un extranet), vous avez besoin de BGP ou de EGP.

BGP (*Border Gateway Protocol*) est une nouvelle version de EGP, largement dépassé aujourd'hui. Alors que RIP et OSPF essayent de router des paquets à l'intérieur d'un réseau, BGP et EGP les routent vers le monde extérieur. BGP est plus récent et plus performant que EGP grâce à sa flexibilité et à sa capacité de configuration.

BGP repose sur TCP pour s'assurer que les paquets ont été délivrés — autre exemple de l'extraordinaire capacité d'intégration et d'efficacité de la série de protocoles TCP/IP. BGP dispose d'une table de routage optimisée, ce qui veut dire qu'il ne gaspillera pas de la bande passante. Il détecte également la défaillance d'une route, ce qui, compte tenu de la taille des tables de routage de l'Internet, tient plutôt de l'exploit.

Autre chose à garder à l'esprit : plusieurs routeurs peuvent utiliser BGP à l'intérieur d'un seul réseau privé (ou AS), mais cela nécessite que ce réseau dispose également d'un routeur utilisant RIP ou OSPF. Si RIP ou OSPF ne sont pas présents dans le réseau alors que plusieurs routeurs fonctionnent avec BGP, ces routeurs BGP commenceront à s'échanger des paquets, chacun espérant que l'autre les retransmettra vers un réseau externe. Cela crée une boucle infinie qui perturbe le système au point de l'arrêter. Une fois encore, une planification rigoureuse pourra permettre d'éviter ce genre d'erreur.

En guise de résumé, le Tableau 6.1 présente les protocoles de routage de TCP/IP et les différentes fonctions de passerelles internes et externes.

Tableau 6.1 : Les protocoles de routage

Type de protocole	Protocoles inclus dans cet en-tête	Explication	Notes
Les protocoles de routage utilisés pour router des paquets à l'intérieur de réseaux locaux.	RIP (*Routing Information Protocol*)	RIP permet aux paquets d'être routés un maximum de 16 fois	RIP est encore utilisé, mais il est surclassé par OSPF
	OSPF (*Open Shortest Path First*)	OSPF utilise un algorithme à états de liens afin de déterminer la meilleure route du moment. Il ne comporte pas de nombre maximal de sauts en cours de routage	
Les protocoles de passerelles utilisés pour router des paquets vers des réseaux externes.	EGP (*Exterior Gateway Protocol*)	Envoie les paquets vers des destinations en dehors du réseau local.	Est surclassé par BGP.
	BGP (*Border Gateway Protocol*)	Envoie les paquets vers des destinations en dehors du réseau local.	

Classless Inter-Domain Routing (CIDR)

Bien que la version actuelle de IP (IPv4) puisse supporter plusieurs milliards de machines, ce n'est pas encore suffisant. De plus en plus, les entreprises réservent une classe B entière (65 536 adresses IP) ou une classe C entière (256 adresses IP) alors qu'elles ont besoin de beaucoup moins d'adresses réelles. Ce processus entraîne un épuisement rapide des adresses de classe B et C, même si beaucoup de ces adresses ne sont pas utilisées. De plus, la taille des tables de routage explose, ce qui signifie que l'Internet est de plus en plus lent.

Les *tables de routage* sont des bases de données indiquant quelles sont les routes entre réseaux. Ces bases de données sont contenues dans la mémoire des routeurs. En général, le routeur est d'autant plus rapide que sa table de routage est petite.

 Le Chapitre 3 a abordé les adresses de réseau et de broadcast des réseaux TCP/IP. Rappelez-vous que *l'adresse de réseau* est la partie de l'adresse qui identifie le réseau sur lequel se situe l'ordinateur, plutôt que l'adresse spécifique de la machine. Par exemple, 192.68.1.x est une adresse de réseau dans laquelle x varie de 0 à 255. *L'adresse de broadcast* (diffusion) est l'adresse qui doit être utilisée pour envoyer des messages à toutes les machines du réseau. Traditionnellement, l'adresse de broadcast est l'adresse dont le nombre x est le plus élevé du réseau local ; dans l'exemple précédent, 192.68.1.255 est l'adresse de broadcast.

Le routage interdomaines sans classe (*CIDR* : *Classless Inter-Domain Routing*) est une méthode permettant de contourner la limitation d'allocation des adresses IP. Il permet essentiellement de combiner plusieurs réseaux de classe C, circonvenant ainsi les méthodes d'allocations traditionnelles des classes A, B et C (16 millions, 65 536, ou 256 adresses de machines, et rien entre les deux). C'est pour cette raison qu'on l'appelle *sans classe*.

Les auteurs de la RFC 1519, qui décrit CIDR, expliquent la raison pour laquelle il ont inventé ce protocole : avec CIDR, une entreprise qui aurait réservé la totalité d'une classe B et dont la plupart des adresses seraient inutilisées devrait maintenant être capable de combiner autant de multiples des 256 adresses de classe C qu'elle en a besoin. En d'autres termes, CIDR permet de gérer les adresse IP plus efficacement qu'avec les allocations d'adresses fournies en standard par les classes A, B ou C, qui allouent respectivement 16 millions, 65 536, et 256 adresses par classe.

Pourquoi cela est-il aussi important pour votre réseau ? Il y a trois raisons majeures :

- CIDR gère plus efficacement un pool d'adresse IP que l'allocation traditionnelle des classe A, B ou C. Les réseaux récents sont souvent connectés à l'Internet, donc ils ont besoin d'adresses IP réelles. Si nous gérons le plus efficacement possible les adresses IP, nous serons plus longtemps capables d'ajouter de nouveaux réseaux à l'Internet.

- CIDR représente potentiellement une couche de complexité supplémentaire aux tables de routage. A mesure que CIDR se répand, votre réseau a besoin de routeurs de plus en plus rapides, car la taille des tables de routage explose rapidement.

- Si l'un de vos fournisseurs ou de vos clients utilise CIDR, votre système devra être capable de le supporter. Il est conseillé de s'y préparer à l'avance en vous assurant que vos routeurs supportent bien CIDR (demandez au constructeur), de même que les autres protocoles de passerelles. En vous assurant que vos routeurs supportent bien CIDR, vous éviterez bien des soucis. En attendant que IPv6 (dont l'espace d'adressage est sur 128 bits) soit largement répandu, CIDR est en train de devenir une pièce maîtresse du routage IP.

Authentification et cryptage

Maintenant, vous connaissez les grandes lignes des fonctions des routeurs. Que peuvent-ils faire d'autre ? Entre autres foncions, celle d'accroître la sécurité de votre WAN. S'il est accessible à de nombreux utilisateurs ou s'il passe par des liaisons téléphoniques à haut débit ou par l'Internet, votre WAN est la cible potentielle de *crackers* (une personne qui s'introduit illégalement sur des réseaux de données pour voler, endommager ou compromettre les données). Comment éviter cela ?

Vous pouvez commencer par utiliser les fonctionnalités intégrées dans vos routeurs. Un grand nombre de routeurs récents peuvent accroître la sécurité du réseau en filtrant des paquets. Bien que ces routeurs ne soient pas des firewalls (portes coupe-feu), c'est-à-dire des ordinateurs dédiés à la sécurité, ils peuvent effectuer une vérification minimale de l'origine des données (le processus d'*authentification*). Ils peuvent également crypter les données, de façon qu'elles ne soient pas lisibles sans la clé appropriée (processus de *cryptage*).

 En fait, l'authentification et la sécurité ne sont pas les fonctions premières d'un routeur. Ces fonctionnalités sont plutôt dévolues aux firewalls. Mais de plus en plus de constructeurs de réseaux y incluent des fonctions de sécurité.

Authentification

L'authentification est simplement le processus consistant à s'assurer que les données proviennent de l'endroit d'où elles sont censées provenir. Revenons à notre image postale. Généralement, vous pensez que l'adresse de retour d'une enveloppe est correcte. Cependant, si l'adresse de retour de vos reçus de carte de paiement change sou dainement et que ces reçus vous demandent d'envoyer vos paiements à une adresse différente, vous pouvez supposer que quelqu'un essaye d'utiliser votre carte.

De la même façon, les firewalls qui fonctionnent en tandem avec les routeurs peuvent déterminer si l'adresse source d'un paquet est bien celle qu'elle prétend être. Cette technologie n'est pas parfaite, mais se répand d'autant plus vite que des spammers (des personnes vous abreuvant de messages non souhaités) capturent quotidiennement des adresses Internet sur lesquelles ils envoient leurs e-mail. Si le paquet ne provient pas de l'adresse indiquée, les routeurs auront pour instruction de le rejeter et d'envoyer une alarme à l'administrateur.

Cryptage

Le *cryptage* consiste à modifier les données de telle façon qu'elles ne soient pas lisibles directement. Par exemple, on peut remplacer chaque lettre d'une phrase par la suivante dans l'alphabet ("a" devient "b", "o" devient "p", etc.). Lorsque les routeurs mettent en œuvre le cryptage, ils emploient des algorithmes autrement plus complexes. Une clé de décryptage est nécessaire pour déchiffrer le message.

Si vous vous apprêtez à crypter des données avant de les envoyer sur l'Internet, essayez un échange de données de type Diffie-Hellman. Dans ce système, deux *clés de cryptage* sont échangées ; le logiciel utilise ces clés pour en créer une troisième, appelée *clé de session*. La clé de session sert à crypter les données avant de les transmettre. Avec Diffie-Hellman, les vrais clés de cryptage ne sont jamais échangées sur le réseau, ce qui les rend plus difficiles à deviner.

La *clé de cryptage* est une série de lettres et de chiffres, utilisés pour crypter des messages. Le niveau de sécurité d'une clé de cryptage dépend de sa longueur. Par exemple, une clé de 40 bits peut être cassée avec la puissance des ordinateurs d'aujourd'hui. Ce niveau de cryptage (souvent appelé "cryptage faible") peut être exporté des Etats-Unis en toute légalité. Par contre, une clé de 128 bits est beaucoup plus difficile à casser (aujourd'hui, la cryptographie à 128 bits n'a pas encore été cassée), et ne peut pas être exportée depuis les Etats-Unis.

La *cryptographie à clé publique* est basée sur les grands nombres, en particulier sur la génération de grands nombres premiers. La seule chose à retenir, c'est que la cryptographie à clé publique offre une grande sécurité.

Dans la cryptographie à clé publique, chaque personne qui envoie et reçoit des messages dispose de deux clés : une clé publique et une clé privée. Les clés publiques sont largement diffusées et tout le monde peut en avoir connaissance. Les clés privées sont, comme leurs noms l'indiquent, confidentielles. Les messages cryptés avec la clé publique d'un utilisateur ne peuvent être décryptés qu'avec la clé privée de cet utilisateur, et *vice versa*.

Aujourd'hui, le cryptage et le décryptage ne font partie d'aucune norme. IPv6, la nouvelle génération du protocole Internet, disposera de fonctionnalités natives de cryptage et d'authentification, ce qui permettra de sécuriser plus facilement les données traversant l'Internet.

L'accès aux données à des vitesses élevées

Les WAN sont reliés les uns aux autres par des lignes téléphoniques à haut débit. Bien que la plupart des services téléphoniques numériques ne soient pas aussi rapides qu'un LAN, ils procurent une bande passante suffisante pour permettre aux utilisateurs d'accéder à leurs ressources avec des performances raisonnables. Les services de téléphonie numérique sont disponibles avec des vitesses, des services, et des prix très différents. Les sections suivantes vont donneront l'occasion d'étudier certains d'entre eux.

Une *ligne téléphonique numérique* est une ligne qui convertit les sons en données numériques. Les lignes téléphoniques numériques fonctionnent mieux avec les ordinateurs, parce que ceux-ci transmettent également des données numériques. Elles sont souvent utilisées pour les WAN, où les données doivent être transmises rapidement sur de grandes distances.

Une *ligne téléphonique analogique* est une ligne qui retransmet le son de votre voix sous la forme d'une onde (comme une onde radio). Ce sont les plus courantes (il y a de grandes chances pour que votre ligne téléphonique de domicile soit analogique). Pour transmettre des données sur une ligne téléphonique analogique, vous devez les convertir en sons — c'est pourquoi les modems (équipements transformant des données en sons) émettent des bruits bizarres.

Il existe des alternatives aux lignes téléphoniques terrestres. Certaines entreprises relient leurs réseaux au moyen de liaisons par satellite, encore très coûteuses. Néanmoins, ce type de réseau s'étend rapidement, particulièrement dans les parties du monde où l'infrastructure de télécommunications est restreinte.

Les lignes interurbaines : Tl et T3

Les *lignes interurbaines* constituent l'épine dorsale des réseaux étendus à commutation de paquets. Avec des vitesses allant de 128 Kbits à 45 Mbps, elles couvrent une vaste gamme de besoins réseau. Aux limites inférieures, elles permettent d'ajouter des services Internet aux LAN ou de relier des LAN tant bien que mal. Aux limites supérieures, elles ont suffisamment de bande passante pour qu'un utilisateur puisse penser que l'ordinateur dont il s'est servi est situé à des milliers de kilomètres.

Les types de liaisons interurbaines

Datant des années 60, les liaisons interurbaines étaient les premiers systèmes téléphoniques numériques. La liaison T1, fonctionnant à 1 544 Mbps, est souvent utilisée pour interconnecter des WAN. La liaison T3, fonctionnant à 44 736 Mbps est destinée aux WAN des grandes entreprises et des fournisseurs de services Internet. Elles sont extrêmement chères et hors de portée de la plupart des réseaux.

Les liaisons interurbaines sont entièrement numériques. La T1 utilise quatre conducteurs et dispose de capacité *full-duplex* (deux conversations simultanées). Le flux numérique d'une liaison T1 est composé de 24 canaux de 64 Kbps. A l'origine, les liaisons T1 étaient réalisées en paires torsadées de fils de cuivre. Aujourd'hui, les liaisons T1 peuvent être constituées de câble coaxial, de fibre optique, de faisceaux hertziens ou autres supports. Il y a pléthore d'options concernant le service T1, à tel point qu'il devient difficile de choisir. Les paragraphes suivants vous expliquent quelques options possibles.

Utilisations possibles des liaisons interurbaines

Bien que toutes les liaisons interurbaines soient des services téléphoniques numériques, toutes ne véhiculent pas des données. Une liaison T1, par exemple, peut supporter plus de 24 communications téléphoniques simultanées ou 1 544 Mbps, s'il s'agit de données. Une troisième possibilité consiste à utiliser 12 canaux pour la voix et la bande passante restante (768 Kbps) pour les données. Une quatrième possibilité consiste à n'utiliser qu'un petit pourcentage de bande passante pour une liaison *T1 partielle*. Une dernière possibilité consiste à l'utiliser pour véhiculer du RNIS, un autre type de service téléphonique numérique.

Toutes ces possibilités sont proposées par votre opérateur téléphonique local. La différence entre ces types de liaisons interurbaines réside plus dans l'usage qui en est fait que dans l'interface utilisée. Tous les services mentionnés précédemment peuvent être véhiculés sur exactement le même type de liaison interurbaine. C'est pourquoi il est préférable de les connaître un peu mieux avant de commander des services téléphoniques numériques pour votre WAN.

Réservation des liaisons interurbaines

Lorsque vous achetez une liaison interurbaine chez votre opérateur téléphonique local, celui-ci vous demande à quelles fins vous comptez l'utiliser — en fonction de votre application, vous utiliserez cette liaison interurbaine pour de la voix, des données ou un mélange des deux. Avec des WAN de petite ou moyenne taille, vous utiliserez une T1 partielle ou totale. Les WAN importants utiliseront parfois des liaisons T3 partielles ou totales, qui peuvent véhiculer plus de 45 Mbps. Il y a de grandes chances pour que vous ne rencontriez jamais de liaison T3, à moins de disposer d'une connexion sur le centre de calcul d'une grande entreprise ou d'être fournisseur d'accès Internet ou opérateur de télécommunications.

Les lignes louées ou liaisons spécialisées

Les liaisons interurbaines sont souvent appelées *lignes louées ou liaisons spécialisées.* Lorsque vous achetez une T1 partielle ou totale à votre opérateur téléphonique local, vous avez ce qu'on appelle une ligne point-à-point, ce qui signifie qu'il s'agit d'un circuit ne reliant que deux points spécifiques. Ces deux points peuvent relier deux de vos bureaux ou relier l'un d'entre eux à un fournisseur d'accès Internet. Puisque ces lignes relient deux points appartenant à la même entité, elles s'appellent lignes louées.

Le relais de trames (*Frame Relay*)

Le relais de trames — en France, le réseau de trames le plus connu s'appelle X25 — est facile à utiliser, mais son utilisation de la bande passante est moins efficace que pour une ligne spécialisée. Pourquoi ?

En voici deux raisons :

- La vitesse de validation des informations — *Committed Information Rate* (CIR) — fournie par votre prestataire. Cela mesure la performance la moins bonne possible de votre ligne à relais de trames. Il s'agit en général de la moitié de la bande passante de la ligne. En d'autres termes, si vous achetez une ligne en Frame Relay à 128 Kbps, sa CIR sera de 64 Kbps.

- Vos ordinateurs doivent transformer en paquets les données qu'il transmettent sur votre réseau local. Afin de transmettre des données sur une ligne à relais de trames, le routeur doit les rempaqueter dans une format particulier appelé trame, seul format compris par ces lignes. Les trames, de même que les paquets de données empruntant un LAN, disposent d'une adresse source et d'une adresse de destination, de sommes de contrôle et de l'ensemble des fonctionnalités d'un paquet. Cela signifie que le relais de trames met effectivement des paquets dans des paquets et les envoie. Ce processus équivaut à placer une enveloppe correctement rédigée dans une enveloppe plus grande dès lors qu'elle quitte la ville. Manifestement, cela fait perdre du temps : le poids de l'enveloppe externe (paquet) alourdit le paquet en même temps que son coût. De même, les données supplémentaires de chaque trame (utilisées pour marquer et contrôler les données) réduisent d'autant le volume des données utiles transmises.

Signalisation en bande de base

L'alternative à l'inefficacité des relais de trames se nomme *signalisation en bande de base*. La signalisation en bande de base — *Clear Channel Signaling* (CCS) ou encore *Common Channel Signaling,* signifie que la signalisation utilise un autre canal que les données, ce qui permet une plus grande efficacité. Votre opérateur téléphonique n'a pas besoin d'empaqueter à nouveau vos données avant de les transmettre. Ainsi, le débit est supérieur en dépit d'un coût élevé. Attendez-vous à payer une fois et demie le prix d'une liaison à relais de trames.

Le vitesse des liaisons interurbaines

La grande majorité des liaisons interurbaines vendues sont des lignes T1 partielles ou complètes. Le Tableau 6.2 liste les vitesses les plus courantes pour des T1 (de 1,544 Mbps à 128 Kbps).

Tableau 6.2 : Les vitesses des liaisons T1

T1 complète	T1 partielle
1.544 Mbps	128 Kbps
	256 Kbps
	384 Kbps
	512 Kbps
	768 Kbps
	896 Kbps
	1,024 Mbps
	1,152 Mbps
	1,280 Mbps
	1,408 Mbps

Cette liste est incomplète. Il s'agit, cependant, des vitesses les plus courantes. Rappelez-vous qu'une liaison T1 dispose de 24 canaux. Lorsque vous achèterez une liaison T1, vous serez capable de faire de *l'agrégation de canaux,* augmentant ainsi la vitesse de votre ligne par incréments de 64 Kbps.

Les liaisons T1 offrent donc une grande flexibilité. Elles ne sont pas chères — certains opérateurs de télécommunications louent la totalité d'une liaison T1 pour environ 20 000 F par mois. La liaison T1 est intéressante dès lors qu'il s'agit de mettre en place un WAN.

Les opérateurs de télécommunications ont des méthodes déconcertantes pour calculer le prix des liaisons téléphoniques numériques, et ceux-ci varient beaucoup d'un opérateur à un autre. Avant d'acheter, n'hésitez pas à faire jouer la concurrence. Plus important encore que le nom de l'opérateur, préoccupez-vous de la vitesse de validation des données (CIR) et de la fiabilité de l'opérateur.

Les réseaux ISDN (Integrated Services Digital Network)

Les réseaux ISDN (*Integrated Services Digital Network*) — ou RNIS en France (*Réseaux Numériques à Intégration de Services*) — sont ce qui est arrivé de mieux aux opérateurs de télécommunications. A la fin des années 70 et 80, ces opérateurs tentèrent de faire face à l'augmentation de la demande de services numériques commutés.

Toute ligne téléphonique commutée, qu'elle soit ISDN ou analogique, établit une connexion dédiée temporaire entre deux points. Lorsque l'appel est terminé, la ligne est déconnectée et redevient disponible pour d'autres appels.

L'opérateur téléphonique s'attend à une forte demande de services numériques commutés. Malheureusement, la demande ne s'est jamais matérialisée — ou alors bien plus tard, plus de dix ans après. Il existe au moins trois raisons qui expliquent l'échec relatif de l'ISDN :

- une offre non standardisée et complexe ;
- le manque de demandes ;
- l'absence complète de marketing.

Paramètres de l'opérateur — *SPID* (*Service Provider ID*)

Le principal problème avec l'ISDN consistait à fournir un identificateur correct : SPID (*Service Provider ID*). Le SPID spécifie les fonctionnalités de la ligne ISDN : la vitesse de la connexion, le numéro de téléphone, et une grande quantité de paramètres. Malheureusement, jusqu'au boom de l'Internet, la plupart des commerciaux des opérateurs de télécommunications étaient soit ignorants de l'existence d'ISDN, soit si peu informés qu'il leur était difficile de remplir les formulaires d'inscription correctement. La complexité venait du fait que chaque type de terminal ISDN avait besoin de paramètres SPID spécifiques pour fonctionner correctement, paramètres que l'opérateur était souvent bien en peine de fournir. De plus, deux ISDN d'opérateurs téléphoniques différents n'étaient pas capables de dialoguer, ce qui a encore freiné son extension.

Les types d'ISDN

Heureusement, la plupart de ces difficultés appartiennent maintenant au passé. Les opérateurs de télécommunications, soucieux de surfer sur la vague de l'Internet, se sont rendu compte qu'il existait une demande potentielle de connexions ISDN et ont entrepris de simplifier son accès. Du point de vue marketing, ils se sont mis à présenter l'ISDN comme une alternative pour les petites entreprises qui ont besoin d'un accès haut débit pour leurs données. Puisqu'un accès de base, BRI (*Basic Rate Interface*), ISDN peut véhiculer plus de 128 Kbits de données par seconde, on peut le considérer comme assez rapide. Ajoutons à cela une location mensuelle assez attractive (environ 700 F par mois pour un accès à 128 Kbps) et une taxation à la durée convenable (identique à celle des appels à longues distances), et ISDN devient une alternative crédible.

Pour les entreprises plus importantes, qui veulent bénéficier immédiatement des avantages des services numériques commutés sans avoir à payer le prix d'une liaison T1, il y a l'accès primaire ISDN ou PRI (*Primary Rate ISDN*), ou *service de données commutées à plusieurs mégabits*, qui est simplement l'agrégation de douze accès de base dans une interface. L'accès primaire a approximativement la même bande passante qu'une liaison T1, mais est géré différemment par le système téléphonique. Il est aussi beaucoup moins cher.

Chaque accès primaire dispose de trois sous-canaux : deux canaux B à 64 Kbps, qui véhiculent les données, et un canal D de signalisation, d'où le terme usuel de "2B + D". Les deux canaux à 64 Kbps peuvent être agrégés en un seul canal à 128 Kbps. Dans un accès primaire, plusieurs canaux à 64 Kbps peuvent être agrégés pour fournir une vitesse adaptée à la vidéoconférence ou à toute autre application demandant beaucoup de débit.

Le Tableau 6.3 présente les principales différences entre l'accès de base (BRI) et l'accès primaire (PRI). Notez que cela ne concerne que l'ISDN des Etats-Unis. En Europe ou ailleurs, il est implémenté différemment. Si vous êtes en dehors des Etats-Unis, demandez à votre opérateur téléphonique local.

Tableau 6.3 : L'accès primaire par rapport à l'accès de base

	Bande passante totale	Nombre de canaux B	Nombre de canaux D
Accès de base	128 Kbps	2 fois 64 Kbps	De 1 à 16 Kbps
Accès primaire	1,472 Kbps	23 fois 64 Kbps	De 1 à 64 Kbps

L'ISDN est une solution peu chère et adaptée aux petites entreprises ou au particulier. Elle n'est pas parfaite, mais les opérateurs de télécommunications l'ont rendu aussi facile à installer qu'une liaison T1.

Les lignes DSL (*Digital Subscriber Lines*)

Le dernier-né du marché des offres numériques est la DSL (*Digital Subscriber Line*) qui est au moins aussi rapide qu'une liaison T1 mais qui, contrairement à celle-ci, se contente d'une ligne téléphonique ordinaire. Aujourd'hui, les services DSL sont encore très chers et l'expertise des opérateurs de télécommunications en matière de DSL assez sommaire. C'est pour cela que certains observateurs du marché l'ont surnommé "l'ISDN des années 90".

Les avantages du DSL

En dépit de l'état d'impréparation du marché, les services DSL sont très prometteurs. Ils peuvent transporter beaucoup de données à de très grandes vitesses et les opérateurs de télécommunications sont en train de réduire leurs prix, encore importants, pour les rendre plus attractifs. Autre distinction de taille : les services DSL utilisent la même *paire torsadée en cuivre* que le téléphone analogique de base. Cela signifie que l'installation du DSL coûtera beaucoup moins cher que les services ISDN ou T1.

Les inconvénients du DSL

En dépit de ses avantages, DSL a un inconvénient majeur. La distance maximale de ses circuits est limitée à six kilomètres. En d'autres termes, si la distance séparant votre bureau du central téléphonique le plus proche dépasse six kilomètres, vous ne pourrez pas utiliser le DSL. Ce n'est pas un problème pour les constructeurs d'un WAN métropolitain, qui seront probablement situés à moins de six kilomètres du central téléphonique, mais cela en est un pour les WAN de province.

Les configurations de DSL

DSL est décliné en plusieurs configurations :

- Pour l'accès à l'Internet, l'ADSL (*Asymmetric Digital Subscriber Line*) est souvent utilisé parce que le flot de données entrant sur le réseau est plus rapide que celui qui en sort.

- Le HDSL (*High-speed Digital Subscriber Lines*) est plus intéressant pour les WAN, car il transmet les données de façon symétrique à des vitesses comparables à celles de liaisons T1 (1 544 Mbps) sur des distances de cinq kilomètres maximum. Les opérateurs de télécommunications utilisent depuis longtemps des lignes HDSL pour constituer des liaisons T1 parce qu'elles peuvent être installées beaucoup plus rapidement que les liaisons T1 ou T3.

- Le RADSL (*Rate Adaptive DSL*) est un outil utile pour les WAN plus étendus, car il peut adapter sa vitesse aux caractéristiques de la ligne. Il peut fonctionner plus loin des centraux téléphoniques mais, au-delà de six kilomètres, commence à générer des problèmes.

- L'élément le plus rapide de la famille est le VDSL (*Very high bit-rate Digital Subscriber Line*). Ces lignes ne dépassent pas trois kilomètres, mais peuvent fonctionner à 10 Mbps (la vitesse des LAN). Si vous devez mettre en place un réseau de campus, le VDSL est une excellente solution, encore très onéreuse, mais malgré tout moins qu'une liaison T3 partielle.

Garanties de disponibilité et de qualité de services

En tant que bâtisseur de réseaux, vous en serez naturellement responsable, même si vous ne pouvez pas contrôler les services numériques qui interconnectent votre WAN.

Etant donné la propension des opérateurs de télécommunications à déconnecter accidentellement les lignes, il est de bon ton de prévoir dans le contrat une clause vous garantissant un pourcentage de temps de fonctionnement. Ce contrat s'appelle un engagement de disponibilité (*SLA : Service Level Agreement*). En fait, il permet de contester la facture au cas où la disponibilité du service serait par trop insuffisante, ce qui ne peut qu'inciter l'opérateur à l'améliorer.

Les contrats de qualité de service (*QoS : Quality of Service*) vous garantissent que le débit sera à la hauteur de l'abonnement souscrit. Par exemple, si vous payez pour une liaison T1 partielle à 128 Kbps avec un CIR de 64 Kbps, assurez-vous que la vitesse la plus basse ne descendra pas au-dessous de 64 Kbits. Si c'est le cas, des pénalités peuvent frapper votre opérateur local.

Etant donné qu'un WAN est un outil organisationnel, les garanties de disponibilité et de qualité du service vous procurent le moyen de faire pression pour que votre WAN soit opérationnel le plus souvent possible, ce qui vous évitera les récriminations des utilisateurs.

L'Internet peut-il vous aider à construire un WAN ?

Les coûts élevés des services téléphoniques numériques font que la construction d'un réseau disposant de beaucoup de sites distants peut devenir très rapidement onéreuse. Une partie de cette dépense est incontournable : pour relier des réseaux de façon fiable, les services téléphoniques numériques sont indispensables. Cependant, il existe des coûts induits au développement d'un WAN privé, tels les salaires de un ou plusieurs administrateurs réseau et le coût inhérent à la gestion d'un réseau privé.

Un des moyens de réduire les coûts d'administration de votre WAN consiste à l'*externaliser*, c'est-à-dire le confier à quelqu'un qui s'en chargera pour vous. Au départ, les entreprises qui acceptaient la prise en charge des WAN étaient des intégrateurs de systèmes et de réseaux. Il s'agissait, bien souvent, de grands groupes de consultants essayant de faire de l'administration du WAN une nouvelle source de revenus. Ces entreprises fonctionnaient en *consulting* et la facture s'en ressentait.

Cependant, à mesure que l'Internet grandissait, des fournisseurs d'accès Internet tels que Network/MCI, SprintNet, Netcom, et Digex, se sont impliqués dans la gestion de services WAN. Leur mode de facturation différait de celui des consultants. Les services vendus étaient des services de connexion plutôt que des services d'expertise. Ils étaient capables d'absorber une majeure partie des coûts d'intégration de la téléphonie numérique et de la technologie des WAN, choisissant plutôt de faire de l'argent avec le service de réseau fourni. Des deux modèles, le service de consultants est certainement le plus lucratif, mais le moins pérenne.

Dans tous les cas, le modèle du fournisseur d'accès Internet dispose d'un autre atout. Ces fournisseurs d'accès ne sont rien d'autre que des réseaux dont le routage est assuré par des ordinateurs. Grâce à cette structure, ils offrent à leurs clients des WAN relativement fiables. Comment y parviennent-ils ? Ils disposent déjà d'une bonne expertise réseau et leur infrastructure réseau est déjà en place. Cette infrastructure ne fait qu'indiquer des chemins entre un point A et un point B, et réciproquement. S'ils paramètrent leurs routeurs pour que les paquets provenant de certains réseaux aillent uniquement que sur certains autres réseaux, ils se servent de l'Internet comme support et mettent en place un WAN appelé *réseau privé virtuel* (*VPN : Virtual Private Network*). Un VPN fait la même chose qu'une liaison téléphonique spécialisée mais, en général, coûte moins cher et demande moins de maintenance de la part de l'utilisateur final. Tant que le fournisseur d'accès Internet fait son travail, le coût du maintien des liaisons en état de fonctionnement devra être compris dans votre facture mensuelle.

Les VPN ont malgré tout quelques inconvénients. Tout d'abord, ils utilisent l'Internet pour véhiculer tout ou partie des données. Et manifestement l'Internet, tel qu'il est aujourd'hui, n'est pas un endroit très sûr. Il existe beaucoup de moyens de capturer des données pour peu qu'on sache s'y prendre. Si quelqu'un capture du trafic contenant votre numéro de carte de crédit non crypté ou d'autres informations confidentielles, vous risquez d'avoir des ennuis. Si vous envisagez de mettre en place un VPN, consacrez beaucoup de temps à sécuriser votre réseau. Les VPN sont un excellent compromis entre prix et fonctionnalités. En toute connaissance de cause, vous pouvez utiliser efficacement la puissance de l'Internet pour vos besoins, ce qui n'est pas sans intérêt.

Qui a vraiment besoin d'un WAN ?

Les WAN sont généralement réservés aux grandes entreprises et aux grandes organisations qui souhaitent établir une présence significative dans le monde entier. Ils sont chers, mais les avantages, s'ils sont conçus et configurés correctement, sont tels qu'ils compensent de beaucoup leurs coûts. Si les données situées sur un serveur sont utiles pour vous aider à mieux satisfaire les clients, et donc à les fidéliser, le WAN aura fait son travail.

Chapitre 7

Les réseaux à distance

Les utilisateurs veulent de plus en plus accéder à leurs ressources réseau, où qu'ils se trouvent, simplement en utilisant un ordinateur et un téléphone. De nos jours, c'est la meilleure définition de l'*accès à distance* qu'on puisse donner. Il existe manifestement une forte demande d'accès à distance, mais celui-ci n'est devenu efficace que depuis quelques années.

Au cours de ce chapitre, vous découvrirez les aspects suivants :

- Qu'est-ce que l'accès à distance ?

- L'histoire de l'accès à distance.

- Pourquoi l'accès à distance est-il devenu si important ?

- Que faut-il pour faire de l'accès à distance ?

- Comment l'accès à distance fonctionne-t-il avec PPP et SLIP ?

- La sécurité de l'accès à distance.

- L'Internet et l'accès à distance.

- Le matériel nécessaire à l'accès distant.

Un bref historique de l'accès à distance : le contrôle à distance et le nœud à distance

Avant le boom de l'Internet, les utilisateurs qui avaient besoin d'un accès distant à leurs ressources de réseau n'avaient pas beaucoup de choix.

Le contrôle à distance

La plupart du temps, lorsque les utilisateurs avaient besoin de se connecter à distance, un administrateur devait utiliser des disquettes sur leurs ordinateurs et installer des *logiciels de contrôle à distance,* tels que pcAnywhere de Symantec, ReachOut de Stac, ou Laplink de Traveling Software, à la fois sur leurs stations de travail et sur leurs portables. L'administrateur devait ensuite leur apprendre à placer leur station de travail dans un mode où l'ordinateur attendait l'appel de l'utilisateur lorsqu'il était en dehors du bureau. Lorsque ce dernier voulait lire son e-mail ou consulter un agenda, il devait se connecter sur sa station de travail. L'écran de cette station apparaissait sur le portable et il pouvait enfin lire (lentement) son e-mail ou travailler avec d'autres applications. La session terminée, l'utilisateur déconnectait le modem du portable.

L'utilisation du contrôle à distance devenait indispensable avec des applications qui dépendaient du serveur pour fonctionner — ces applications ne pouvaient pas être chargées sur le disque dur du portable. De plus, les portables n'étaient pas assez puissants pour les utiliser, même si elles *avaient* pu être chargées. Ainsi, dans les premiers temps de l'accès à distance, les utilisateurs récupéraient l'écran de leur station de travail sur celui de leur portable. Ils ne pouvaient pas sauvegarder les données de leur session distante sur les disques durs de leurs portables et, ainsi, ils ne pouvaient pas réellement travailler sans être connectés à leur réseau. Ce modèle était inefficace mais, pendant longtemps, c'était le seul disponible.

Les applications de contrôle à distance sont encore utilisées pour certaines applications dans lesquelles le *déport de l'affichage* est plus efficace que l'envoi de données sur un réseau téléphonique.

Par exemple, une entreprise qui dispose d'une grosse base de données ne voudrait pas que les utilisateurs essayent de lancer des rapports et des requêtes sur une ligne téléphonique utilisée en guise de réseau ; ceux-ci seraient trop lents. Aussi lancent-ils ces requêtes directement sur le serveur, et le portable ne fait qu'afficher les résultats. Ce n'est pas une solution parfaite, mais pour certaines applications gourmandes en ressources, le contrôle à distance est plus efficace que son concurrent, le *nœud à distance*.

Le nœud à distance

Plus récemment, l'accroissement de la puissance des portables, la démocratisation de l'accès à Internet et la diffusion massive de TCP/IP ont permis l'apparition d'un nouveau type de contrôle à distance : le *nœud à distance*. Dans un nœud à distance, le portable utilise certains protocoles standards de l'Internet pour se connecter à un réseau, *via* une ligne téléphonique, et permet de devenir un client du réseau comme n'importe quel autre.

Actuellement, ce que vous venez de lire n'est pas tout à fait exact. Un client du réseau situé sur le LAN peut accéder aux ressources du réseau à 10 Mbps, tandis qu'un client distant dispose généralement d'une connexion à 28,8 ou 33,6 Kbps.

Le nœud à distance est très important, car il permet une grande diversité de modèles de connexion à distance. C'est avant tout le modèle qui change. Dans le contrôle à distance, vous disposez d'un terminal graphique (qui se contente d'afficher l'écran distant) alors qu'avec le nœud à distance, vous disposez d'une *réelle connexion au réseau*. Cela signifie que, malgré la différence de vitesse, l'utilisateur continue à bénéficier de possibilités telles que composer un e-mail et un agenda hors connexion et ne les envoyer que lors de la prochaine connexion. Le fonctionnement hors connexion constitue la réelle valeur ajoutée du nœud à distance.

Si vous avez déjà effectué une connexion à la demande sur l'Internet, vous avez utilisé une session sur un nœud à distance. Les protocoles utilisés pour les accès à l'Internet sont (dans bien des cas) exactement les mêmes que ceux qui sont utilisés pour l'accès au nœud à distance.

L'importance du mode de connexion à distance est liée à ce qu'il peut faire hors connexion. Parce que la connexion sur une ligne téléphonique (dans certains cas, sur une ligne ISDN) simule la connexion au réseau local, l'utilisateur a simplement un accès plus lent à ses ressources habituelles. De fait, cela ne constitue pas une grande amélioration par rapport au contrôle à distance.

Cependant, dans une connexion sur un nœud à distance, le logiciel client se situe sur le disque du portable. L'application n'est pas téléchargée depuis le nœud à distance ; seules les données sont transférées sur la ligne téléphonique.

Puisque les données sont transmises sur le réseau téléphonique, exactement comme s'il s'agissait d'une connexion locale, l'utilisateur peut *sauvegarder les données en local.* Pourquoi est-ce aussi important ? Parce que si un utilisateur a besoin d'un fichier, il n'a qu'à composer un numéro de téléphone, aller sur le disque réseau et copier le fichier sur son disque local. Bien que le transfert soit plus lent que lors d'une connexion directe au LAN, lorsque l'utilisateur aura terminé de copier les fichiers il pourra se déconnecter du réseau et continuer à travailler sur la copie du fichier présente sur le disque dur de son portable. Cela est suffisant en soi pour justifier l'accès au nœud à distance, mais on peut faire encore mieux.

Les utilisateurs distants doivent faire face à un dilemme que ne connaissent pas leurs homologues connectés directement au LAN. Il s'agit de la fiabilité de leurs données. Puisqu'ils ne sont pas toujours connectés au réseau, ils doivent se préoccuper le la qualité, de la précision et de la désuétude des données avec lesquelles ils travaillent.

Par exemple, si plusieurs utilisateurs alimentent un fichier et que les modifications sont fortement dépendantes de

l'heure, l'utilisateur distant est clairement défavorisé. Certains éditeurs de groupware tels que Lotus et Microsoft ont essayé de résoudre ce problème en créant des logiciels capables de répliquer des données de l'utilisateur distant au réseau, et *vice versa*. La technologie de réplication est intimement liée au règles de travail qui régissent le mouvement des données et déterminent lequel des document devient la référence. Elle est assez complexe et sort du cadre de ce livre —, mais si vous vous apprêtez à supporter des utilisateurs distants qui sont des éléments de groupes de travail, ce sujet est a etudier de plus près.

En plus de fournir la possibilité de travailler hors connexion sur des fichiers, les logiciels de e-mail et de gestion de planning permettent à un utilisateur distant de composer des e-mail, de remplir des agendas, alors qu'il n'est pas connecté au réseau. Lors de la prochaine connexion, cet utilisateur enverra l'e-mail et l'agenda qu'il a préparés sur le disque dur de son portable, puis il pourra se déconnecter et le lire sans avoir à payer de grosses factures de téléphone.

Clairement, et pour la plupart des applications, le nœud à distance est nettement préférable au contrôle à distance. Et c'est une bonne chose, parce que le nœud à distance est *vraiment* du réseau à distance. Les connexions du type contrôle à distance sont basées sur les normes de l'Internet, ce qui permet à votre portable de se connecter sur n'importe quel serveur utilisant TCP/IP.

 Les connexions aux nœuds à distance ne sont pas nécessairement basées sur les protocoles de l'Internet. Cependant, l'utilisation du protocole PPP (*Point-to-Point Protocol*) de TCP/IP est tellement incontournable que les solutions basées sur IPX et NetBEUI sont vouées à l'obsolescence. PPP est abordé dans la section "Les protocoles," un peu plus loin dans ce chapitre.

Manifestement, le nœud à distance offre bien des avantages aux utilisateurs. Mais ce n'est pas la seule raison pour laquelle il est devenu aussi populaire.

Le matériel nécessaire à l'accès à distance

Contrairement aux LAN, qui ont besoin de câbles spéciaux et d'autres équipements, le réseau à distance est remarquablement simple. Dans l'absolu, vous n'avez besoin que de deux ordinateurs, de deux modems, d'une ligne téléphonique analogique et de logiciels standards.

Tant que les ordinateurs situés aux deux extrémités d'une connexion par modem peuvent partager des fichiers, le type d'ordinateur importe peu. Les sections suivantes vous familiariseront avec les *modems* et les *adaptateurs de terminaux ISDN,* qui sont à la base de beaucoup de réseaux à distance.

Les modems

Modem signifie *modulateur-démodulateur.* Un modem transforme les données émises sur le port série d'un ordinateur en sons, c'est-à-dire en données analogiques qui peuvent être véhiculées sur une ligne téléphonique. A l'autre extrémité de la connexion, un deuxième modem retraduit les sons en données numériques que l'ordinateur peut interpréter (voir Figure 7.1).

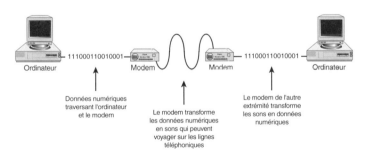

Figure 7.1 : Comment un modem se connecte à un ordinateur et transforme les numériques en sons.

Bien qu'on puisse penser que les lignes téléphoniques numériques sont plus performantes, les modems sont encore nécessaires à la grande majorité des utilisateurs ayant besoin d'accéder à des réseaux. La plupart des installations téléphoniques sont constituées d'une paire de fils en cuivre conçue pour transporter des signaux analogiques. En fait, les fils de téléphone qui arrivent à votre domicile ont plus de points communs avec les fils de vos enceintes acoustiques qu'avec une liaison T1 ou un LAN. Ainsi, nous sommes dépendants de modems, au moins jusqu'à ce que les opérateurs téléphoniques installent partout des lignes numériques, ce qui n'est pas encore pour demain.

 Les modems ont été inventés pour réduire le besoin de lignes téléphoniques numériques onéreuses. A l'origine, les modems fonctionnaient, dans le meilleur des cas, à 300 bits par seconde — à cette vitesse, il fallait plusieurs minutes pour qu'une page s'affiche à l'écran — et se sont progressivement améliorés pour atteindre aujourd'hui les 53 Kbps de façon asymétrique : c'est-à-dire 53 Kbps en téléchargement, mais seulement 33,6 Kbps en émission. Les modems ne sont pas des équipements très efficaces parce qu'une très grande partie des données qu'ils émettent est dédiée à la capture et à la correction des erreurs de transmission. Néanmoins, ils sont la façon la plus courante de relier un utilisateur distant à un réseau.

Quoi qu'il en soit, les modems représentent une solution techniquement acceptable et peu coûteuse pour les utilisateurs à distance.

Les adaptateurs de terminaux ISDN

Les adaptateurs de terminaux ISDN sont des équipements qui se connectent aux accès primaires ISDN à 128 Kbps (BRI). Contrairement aux modems, les adaptateurs de terminaux ISDN ne se connectent pas directement au port série d'un ordinateur. A la place, ils utilisent une connexion Ethernet. Lors de la configuration du terminal ISDN, vous devez relier la carte réseau de l'ordinateur à l'équipement ISDN au moyen d'un câble *croisé,* ce qui évite l'utilisation d'un concentrateur entre les deux systèmes.

Lorsque votre ordinateur a besoin de ressources réseau, il envoie des paquets à destination de ce mini-LAN. Lorsque les paquets atteignent l'équipement ISDN, celui-ci compose le numéro de télé-phone ISDN du réseau hôte et (si tout fonctionne correctement) l'utilisateur sera connecté au réseau dans les deux ou trois secondes qui suivent, à une vitesse tout à fait honorable (voir Figure 7.2).

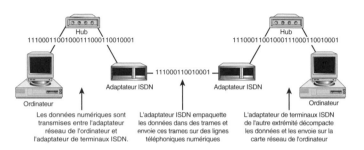

Figure 7.2 : Un exemple d'accès distant en ISDN.

L'ISDN est particulièrement intéressant dans le cadre du travail à domicile. Il n'est pas encore disponible partout, contrairement au téléphone analogique, ce qui en fait un mauvais candidat pour les portables qui doivent pouvoir se connecter partout. Si vous avez la possibilité d'offrir des connexion ISDN à vos utilisateurs à domi-cile, faites-le.

Les protocoles

Une fois que le matériel est en place, il est temps de considérer quel protocole utiliser pour relier les utilisateurs distants au réseau. Dans la majorité des cas, les protocoles utilisés font partie de la série de protocoles TCP/IP, c'est-à-dire ceux qui sont spécialisés pour les liaisons séries, *PPP* et *SLIP* (voir Chapitre 3).

PPP

De tous les protocoles utilisés pour contrôler et transférer des don-nées sur des lignes téléphoniques, PPP (*Point-to-Point Protocol*) est de loin le plus populaire. PPP a été développé pour permettre à des

ordinateurs ne disposant pas de cartes réseau de se connecter néanmoins à un réseau grâce à un modem ou à un adaptateur de terminal
ISDN. PPP est une norme de l'Internet.

PPP dispose de certaines fonctionnalités qui demeurent constantes
quel que soit le système. PPP a besoin de connaître certains
paramètres :

- Le numéro de téléphone du système sur lequel il se connecte.

- Une adresse DNS (*Domain Name Server*). Les services du DNS
  sont très importants pour les réseaux, car les serveurs DNS établissent une table de correspondance entre les noms de machines (tels
  que foo.bar.com) et leur adresse IP (telle que 192.168.207.124).

 Un serveur DNS (*Domain Name Server*) est un serveur
que l'on trouve sur les réseaux TCP/IP et qui établit une
correspondance entre un nom de machine tel que
foo.bar.com et une adresse IP telle que 192.168.207.124.
Les serveurs DNS sont utiles, car ils permettent de se souvenir des adresses de réseau. Il est en effet plus facile de
retenir des noms comme foo.bar.com que des adresses IP
comme 192.168.207.124.

- Les adresses IP peuvent être assignées dynamiquement grâce à
  un serveur utilisant DHCP (*Dynamic Host Configuration Protocol*), un autre protocole de la famille TCP/IP. DHCP est utilisé
  lorsque vous disposez d'une plage d'adresses IP — par exemple,
  de l'adresse 192.168.1.1 à 192.168.1.254 (c'est-à-dire
  255 adresses) — et d'un grand nombre d'utilisateurs — par
  exemple, 1 000 utilisateurs pour ces 255 adresses. DHCP permet
  à des adresses IP d'être assignées en fonction de la demande.
  Lorsqu'elles ne sont pas utilisées, elles retournent dans un pool
  commun d'adresses, à partir duquel elles seront réassignées.

- Si l'ordinateur doit être relié à l'Internet, il a besoin d'une *passerelle par défaut* (l'adresse IP d'un routeur ou d'une passerelle
  connectée à l'Internet).

La passerelle par défaut n'est pas indispensable pour tous les réseaux ; certains systèmes la localisent automatiquement. Assurez-vous que vous connaissez l'adresse IP de votre passerelle par défaut, et rappelez-vous qu'il ne s'agit pas d'une norme. Traditionnellement, la passerelle par défaut est la dernière adresse du réseau local (par exemple, dans le réseau 192.168.207.124, l'adresse de la passerelle par défaut est 192.168.207.255 parce que 255 est la dernière adresse IP de ce réseau), mais cette tradition n'est pas toujours respectée.

Une fois que ces paramètres sont en place, il est temps de se connecter (chaque système d'exploitation a des procédures de paramétrage légèrement différentes). Ces procédures sont intégrées dans *l'accès réseau à distance* de Windows 95/98 ou de Windows NT, dans des applications UNIX telles que Seyon et dans les paramètres du logiciel OS/2 Internet Connection.

Après avoir appelé un serveur exécutant PPP, votre ordinateur vous demandera votre identifiant d'utilisateur et votre mot de passe. Une fois que vous les avez saisis, le système vous authentifie et commute en accès PPP. A partir de cet instant, vous pouvez accéder au réseau à distance.

En tant que protocole d'accès à distance, PPP offre une grande richesse fonctionnelle. Il peut supporter plusieurs protocoles (TCP/IP, IPX, et NetBEUI) simultanément et utiliser de nombreuses méthodes d'authentification, y compris le système Kerberos, dans lequel les mots de passe ne circulent jamais sur le réseau. Vous trouverez plus d'informations sur l'authentification et la sécurité dans les chapitres de la partie V, consacrée à l'administration de réseaux.

PPP est remarquablement fiable, en tant que protocole d'accès à distance. Si la ligne est correcte, PPP ne se déconnecte pas spontanément, à moins que personne n'utilise la connexion.

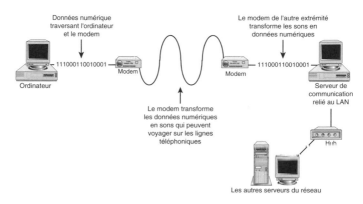

Figure 7.3 : Une connexion à la demande avec PPP.

SLIP

SLIP (*Serial Line Internet Protocol*) est l'ancêtre de PPP. Il a besoin qu'on lui spécifie plus de paramètres que PPP tout en garantissant moins la connexion. SLIP doit négocier la taille maximale des paquets aux deux extrémités avant même de commencer à transmettre les données de l'utilisateur.

SLIP est obsolète. Cependant, on peut encore le rencontrer sur d'anciens systèmes. Si vous avez l'opportunité de le mettre à jour en PPP, faites-le — PPP est plus rapide et plus efficace.

Authentification et sécurité

Un modem en attente d'un appel est une tentation pour bon nombre de hackers. S'il est simplement en attente d'un appel et qu'aucune sécurité n'est mise en place, le serveur ne peut pas vérifier que les utilisateurs qui se connectent sont bien ceux qu'ils prétendent être. Même des mots de passe simples valent mieux que rien du tout.

Cependant, les seuls mots de passe ne garantissent pas que tous les utilisateurs connectés ont bien le doit d'accéder au réseau interne. Cela parce que les mots de passe circulent souvent en *texte clair*

(c'est-à-dire non crypté) sur une connexion PPP, aussi tout utilisateur pouvant "écouter" une connexion réussie pourra capturer l'identifiant et le mot de passe de l'utilisateur, et s'en servir lors d'une prochaine connexion. Bien que cette situation ne soit pas aussi courante qu'il y paraît, elle illustre bien la vulnérabilité potentielle de la sécurité.

Pour améliorer la sécurité, vous pouvez prendre les mesures suivantes :

- Assurez-vous que le système garde bien une trace de tous les appels entrants et de toutes les tentatives de connexion. Cela vous aidera à identifier les utilisateurs qui essayent des mots de passe d'invités.

- Limitez les tentatives de connexion à trois ou moins, et verrouillez tout utilisateur qui n'envoie pas de mot de passe correct après trois tentatives de connexion.

- Utilisez des *jetons d'accès* (de petites calculettes qui génèrent des nombres qui changent constamment) en plus des identifiants et mots de passe de l'utilisateur. Les jetons d'accès sont particulièrement difficiles à craquer, parce que toute personne se connectant devra posséder le jeton d'accès d'un utilisateur connu et autorisé, en plus de son identifiant et de son mot de passe.

- Modifiez les paramètres de PPP afin qu'il utilise une connexion sécurisée. De nouveaux protocoles de sécurité tels que CHAP (*Challenge Handshake Authentication Protocol*) et PAP (*Password Authentication Protocol*) peuvent vous aider à sécuriser le processus de connexion.

Quelle que soit la façon dont vous sécurisez votre réseau, n'arrêtez jamais de le rendre plus sûr. La sécurité est un processus, pas une fin en soi.

Utilisation de l'Internet pour l'accès à distance

Les serveurs d'accès à distance qui gèrent l'authentification des connexions PPP constituent un bon moyen d'assurer la sécurité d'un réseau.Mais si vous avez des utilisateurs qui sont réellement très éloignés, vous pourriez préférer une méthode alternative.

Rappelez-vous les réseaux privés virtuels (VPN) dont nous avons parlé dans le chapitre précédent. Ceux-ci ne sont pas limités aux liaisons téléphoniques numériques. Si vous le souhaitez, vous pouvez externaliser votre accès à distance comme vous le faites pour vos interconnexions rapides. En fait, vous pouvez le faire de telle sorte que vos utilisateurs n'auront pas à composer un numéro longue distance — la plupart du temps, ils pourront appeler un numéro local.

Beaucoup de fournisseurs d'accès à l'Internet et de réseau ont construit des réseaux X25 au cours des dix ou quinze dernières années. Un réseau X25 permet aux utilisateurs d'appeler un numéro local, de spécifier à quel ordinateur/réseau ils souhaitent se connecter et d'établir une connexion PPP qui pourra être routée du réseau X25 à l'Internet, puis à votre LAN.

X25 est un protocole qui permet à des réseaux de types différents de communiquer par des passerelles. Lorsqu'un utilisateur se connecte à un réseau X25 et choisit le réseau sur lequel il souhaite se connecter, il est routé vers votre réseau par la passerelle appropriée et la connexion s'établit.

Les fournisseurs d'accès X25 les plus connus des Etats-Unis sont CompuNet de CompuServe, Tymnet et Sprintnet. Le partenariat avec un opérateur de réseau permettant de composer un numéro local peut sensiblement réduire vos coûts tout en accroissant la fiabilité parce que, la plupart du temps, l'utilisateur ne devra traverser qu'un seul autocommutateur téléphonique, après quoi le reste de la connexion est numérique.

Il y aussi des avantages à utiliser X25 du côté du serveur. Si vous optez pour le modèle d'externalisation de vos connexions à distance, vous éviterez de constituer et de maintenir de coûteux racks de modem parce que votre trafic entrant proviendra de l'Internet plutôt que directement de votre réseau.

Le seul inconvénient de X25 réside dans le fait que les utilisateurs doivent changer le numéro d'accès de leur modem chaque fois qu'ils se déplacent géographiquement. Une bonne idée est de conserver sur eux la liste des numéros d'accès locaux que vous leur aurez fournie. Mieux encore, fournissez à vos utilisateurs une macro ou un petit programme qui les aidera à déterminer le numéro d'accès local le plus proche — ils vous en seront reconnaissants.

Le matériel nécessaire à l'accès à distance : le construire ou l'acheter ?

Il est difficile de savoir s'il est préférable de construire ou d'acheter une solution d'accès à distance. La réponse dépend d'un grand nombre de paramètres, au rang desquels la taille de l'entreprise, son taux de croissance, le nombre de personnes utilisant simultanément l'accès à distance et la capacité d'extension de ce dernier.

Construire une solution d'accès à distance

Si vous n'avez que quelques utilisateurs, il est possible de créer une solution d'accès à distance en connectant deux ou trois modems à un serveur. La plupart des systèmes d'exploitation offrent des solutions d'accès à distance : Remote Acccss Service (RAS) de Microsoft, NetWare Connect de Novell, LAN Distance d'OS/2, et les multiples *daemon* de serveurs de communication qui sont livrés avec la plupart des versions d'UNIX.

Les serveurs d'accès à distance entièrement construits autour de l'architecture Intel ont un composant matériel qu'on ne retrouve pas dans les autres architectures : une *carte série multiport*. Parce que la plupart des ordinateurs compatibles Intel ne disposent que de deux ports série pour connecter des modems, les cartes série multiport permettent de connecter plus de seize modems par carte, offrant ainsi plus de capacité d'extension.

Les systèmes basés sur une architecture logicielle ont beaucoup d'avantages, dont la possibilité d'utiliser la sécurité et la gestion de compte utilisateur interne d'un système d'exploitation. Les systèmes d'accès à distance "fait maison" sont dotés de bonnes performances à un prix raisonnable. Cependant, en cas de problème, il est difficile d'obtenir de l'aide.

Acheter des solutions d'accès à distance "clés en main"

L'alternative à la construction d'un système d'accès à distance à partir d'un matériel standard est, bien sûr, l'achat d'un *système dédié*. Les systèmes dédiés ne suivent généralement pas l'architecture compatible Intel et ne peuvent pas s'interfacer directement avec votre système d'exploitation réseau. En dépit de leur *architecture propriétaire,* la plupart des solutions du marché, dédiées à l'accès à distance, ont une grande valeur ajoutée. Les serveurs de communications LANrover de Shiva et CUBIX sont les deux solutions dédiées les plus populaires. Les deux interfaces s'intègrent dans Windows NT et elles sont extensibles à des modems plus rapides. Shiva propose un logiciel spécifique d'authentification avec ses produits. D'autres constructeurs, tels que MultiTech, proposent des solutions d'accès à distance reposant sur une authentification basée sur le réseau, gérant la connexion réseau comme faisant partie du logiciel d'authentification.

Partie III

Créer un réseau

Chapitre 8

Les critères de construction de votre réseau

La construction d'un réseau nécessite de la conception et de la prévoyance. Ce n'est pas une tâche à accomplir au hasard. Elle demande une certaine réflexion pour être menée à terme. Le néophyte manque d'expérience, et il lui est donc difficile d'éviter les pièges.

Ce chapitre a pour but de combler cette lacune en édictant un ensemble de règles qui couvrent la plupart des dilemmes et des crises imprévisibles pouvant survenir. Il ne donne pas de réponses toutes faites, mais fait appel à votre esprit critique afin que vous preniez les bonnes décisions en matière de réseaux.

Jusqu'à présent, nous avons évoqué les bases théoriques des réseaux. Les chapitres qui vont suivre s'intéresseront principalement à l'administration de réseaux.

Au cours de ce chapitre, nous aborderons les points suivants :

- Qu'appelle-t-on les "règles de l'art" ?

- Les étapes d'une implémentation réussie : planification, conception, implémentation et réglage.

- Les règles de l'art en matière de sécurité.

- Une liste des règles de l'art.

Qu'appelle-t-on les règles de l'art ?

Les *règles de l'art* est un terme inventé par les consultants des années 80 pour décrire les comportements institutionnels qui sont enracinés et codifiés dans des modes opératoires standardisés. Ces règles de l'art existent aussi dans le monde des réseaux. Elles transcendent les systèmes d'exploitation, les topologies de réseau ainsi que d'autres composants fluctuants des réseaux. La technologie des réseaux évolue tellement vite que l'on a tendance à se focaliser sur les détails des produits au détriment d'une vision cohérente de l'ensemble de l'infrastructure. Voici quelques avantages apportés par l'application des règles de l'art :

- Les règles de l'art permettent aux développeurs de réseaux d'allonger suffisamment le cycle de mise à jour pour qu'ils aient un regard critique sur leur pratique quotidienne. Plutôt que de se focaliser sur les problèmes quotidiens, les règles de l'art apportent le recul suffisant pour examiner l'infrastructure et les procédures, afin de les rendre plus productives.

- Les règles de l'art sont une occasion de mettre en place des stratégies et des procédures, de codifier les stratégies et les procédures qui donnent satisfaction et de rejeter celles qui n'apportent rien ou qui sont contre-productives. Si vous devez organiser la mise en place ou la mise à jour d'un réseau, rappelez-vous qu'il n'existe pas de règles valables pour tous. Ce qui est bon pour une organisation ne l'est pas forcément pour une autre.

- Les règles de l'art doivent démontrer qu'elles produisent de bons résultats. Elles doivent être évaluées, écrites, réajustées et appliquées systématiquement. A la suite de ce processus, elles doivent être réévaluées afin de s'assurer qu'elles sont réellement utiles et qu'elles peuvent assurer des gains de performances si elles sont appliquées.

- La codification et la mise en application des règles de l'art font souvent gagner du temps. Dans bien des cas, elles permettent aussi de gagner de l'argent en augmentant l'efficacité globale de l'organisation.

En ce qui concerne les réseaux, les règles de l'art ne constituent pas une option. La complexité des réseaux de données, même au niveau du petit réseau local, fait que les administrateurs réseaux doivent en permanence réévaluer la façon dont ils mènent à bien leur tâche, de manière à pouvoir faire face aux questions des utilisateurs, aux problèmes de configuration de leurs stations de travail, etc. Il n'est pas rare qu'un administrateur réseau passe la majeure partie de son temps à gérer des situations de crise, ce qui lui laisse peu de temps à consacrer aux questions stratégiques et organisationnelles.

La mise en application de règles de l'art dès la première installation d'un réseau — lorsque cela est possible — est de loin le meilleur moyen d'éviter de tels problèmes. Parmi ces règles de l'art, on trouve :

- la planification de la capacité ;

- la vérification de l'interopérabilité et de l'adhérence à des standards ouverts du marché ;

- une sécurisation forte de l'architecture.

Chacune de ces règles de l'art est détaillée dans la section suivante.

Planification, conception, implémentation et réglage

Il existe un vieux dicton qui dit que "le changement est la seule constante". En matière de réseau, le rythme de ce changement est tel qu'il vous oblige à remettre en cause vos certitudes. Tout ce qu'il vous reste à faire, c'est d'essayer de vous y adapter.

S'adapter au changement

Le changement est réellement la seule constante. Il représente un stress permanent pour l'administrateur réseau. Il est déjà difficile de prévoir ce que deviendra votre réseau dans trois mois. Lorsque vous construisez un réseau, l'évolution rapide de la technique vous oblige à suivre un processus logique. Ce mécanisme consiste à énoncer, planifier, concevoir, implémenter et régler :

- **Planifiez votre réseau en pensant à l'utilisateur.** Si vous ne savez pas à quoi va servir votre réseau, il y a fort à parier que vous n'en tirerez aucun bénéfice.

- **Concevez-le en pensant aux failles potentielles.** Il devra être fiable et faire ce qu'on attend de lui. La tâche principale de ce processus est la *planification de capacité,* c'est-à-dire prévoir la croissance du réseau et les moyens d'y faire face avec les équipements en place.

- **Implémentez-le.** L'implémentation est le mécanisme par lequel vous réalisez physiquement ce que vous avez conçu. Inévitablement, le processus de conception aura oublié quelque chose. L'implémentation vous permettra d'y remédier, surtout si vous avez fait preuve de créativité et de flexibilité.

- **Réglez-le.** Le réglage est la partie du processus au cours de laquelle vous tentez d'optimiser les performances ou de corriger certaines imperfections. Le réglage n'est *pas* destiné à corriger les erreurs graves de conception.

Les meilleures pratiques

Si vous vous apprêtez à devenir le responsable de la planification de capacité du réseau, posez-vous les questions suivantes. Elles constituent un point de départ de vos réflexions. N'hésitez pas à prendre des notes, à ajouter des questions qui vous semblent pertinentes et rappelez-vous que vous connaissez votre métier et votre réseau mieux que quiconque :

1. De combien de stations de travail dispose votre réseau ? Si votre réseau comprend 5 ou 10 stations de travail, la planification sera

relativement simple. Par contre, si vous devez gérer 500 stations de travail, vous aurez besoin de structurer et de planifier plus.

2. Combien de stations de travail y aura-t-il sur votre réseau dans un an ? Cette question fait suite à la première. Le taux de croissance peut vous aider à déterminer quel équipement mettre en place. Un réseau qui passera de 5 à 10 stations de travail dans l'année nécessite moins de puissance et de flexibilité qu'un réseau qui passera de 5 à 50 stations de travail.

3. Proposerez-vous des services de fichiers à vos utilisateurs ? Si c'est le cas, vous devez prévoir un serveur de fichiers. Comme nous l'avons vu dans les chapitres précédents, les serveurs de fichiers ont toujours tendance à être trop petits. Si vous pouvez acheter plus de puissance que celle dont vous avez besoin, faites-le.

4. Vos utilisateurs disposeront-ils d'un accès à l'e-mail d'Internet ? Si c'est le cas, il est préférable de dédier un ordinateur à cette tâche.

5. Vos utilisateurs disposeront-ils d'un accès à l'Internet (services Web, FTP et Telnet) ? Si vous le faites, prévoyez un routeur, un serveur proxy et une porte coupe-feu (firewall). Vous pouvez aussi intégrer le serveur e-mail à ce système.

6. Vos utilisateurs disposeront-ils d'un accès à distance centralisé ? L'accès à distance est souvent mieux réalisé avec des machines dédiées.

Ces questions et les réponses qui y sont associées vous amèneront à créer un document qui spécifie ce que vous voulez que le réseau soit capable de faire. Cependant, si vous voulez profiter de l'interopérabilité des réseaux fondés sur des normes tout en garantissant la sécurité, vous n'avez pas fini de vous poser des questions.

Interopérabilité et réseaux basés sur des normes

Lorsque vous concevez un réseau, vous souhaitez vous assurer que ce réseau soit adapté aux changements futurs ou qu'il soit insensible aux variations rapides de la technologie. Etant donné les évolutions rapides, vous pourriez croire que l'anticipation est impossible ou pour le moins improbable.

Heureusement, ce n'est pas le cas. Comme vous l'avez vu dans le Chapitre 3, un groupe de travail appelé IETF a défini des normes pour les réseaux TCP/IP et les a publiées dans des documents appelés RFC (*Request for Comment*). Les normes définies dans ces RFC sont disponibles pour tous les constructeurs qui le souhaitent, mais il n'existe pas d'efforts concertés pour améliorer la compatibilité. Il est simplement conseillé aux acteurs des réseaux d'adhérer à ces normes pour que leurs produits puissent interopérer, fonctionner les uns avec les autres, en fonction de l'architecture informatique, de la topologie et de la plate-forme.

Que signifie donc ce terme de règles de l'art ? Il indique que vous devez être informé de l'existence de ces différentes normes. Vous n'avez pas à les connaître en détail, mais vous devez au moins savoir ce qu'est une norme, ce qu'est une normalisation en cours, et ce qui n'en est pas. Si vous connaissez ces normes et que vous décidez d'utiliser des produits qui les respectent, votre réseau restera ouvert aux nouveaux produits qui seront compatibles avec ces normes et qui auront tendance à fonctionner correctement avec les versions précédentes.

L'autre intérêt lorsque vous décidez d'utiliser des produits respectant la norme est la simplification de votre décision d'achat. Si les produits d'un constructeur sont propriétaires (c'est-à-dire s'ils ne sont pas conformes à des normes ouvertes), ils sont automatiquement hors course.

En fait, vous pouvez vous demander si vous voulez que votre réseau respecte ou non les normes. Dans la plupart des cas, la réponse est affirmative. Vous devez en tenir compte lorsque vous choisissez du matériel et du logiciel.

La sécurité

Les règles de l'art sont autant nécessaires en matière de sécurité. Un réseau peut très bien fonctionner et fournir aux utilisateurs tout ce qu'ils souhaitent ; mais dès lors qu'un utilisateur fait une copie illicite des données et les donne à un concurrent, vous êtes dans l'embarras.

La sécurité est encore plus importante pour les fichiers de données qu'elle ne l'était pour les fichiers papier parce que les fichiers de données peuvent être dupliqués de façon exacte. Il n'y a aucune modification entre les données copiées à partir d'un serveur de réseau et celles contenues sur une disquette. Il est impossible de déterminer si un fichier a été copié sans que soit mise en place une certaine sécurité permettant de journaliser le mouvement du fichier. A ce titre, vous devez mettre en application les règles de l'art pour la sécurité de la façon suivante :

- Enoncez un ensemble de règles.

- Définissez des comportements sécuritaires.

- Enoncez les politiques d'utilisation et les procédures.

Lorsque vous mettez en place un réseau, vous devez définir clairement combien d'utilisateurs sont et ne sont pas autorisés à se servir des données. Toute violation de ces règles, que ce soit en utilisant une disquette, des disques amovibles, des portables, et même des pages Web, doit être répréhensible par des sanctions allant jusqu'au licenciement et aux poursuites légales.

Ces règles devront être incorporées dans le contrat du salarié (après tout, les fichiers sont une propriété de l'entreprise comme une autre), et elles devront être respectées par un engagement écrit de l'employé.

Définition des comportements sécuritaires

Le type d'activité de chaque entreprise étant différent, nous n'avons pas défini un ensemble strict de règles. Cependant, les questions suivantes peuvent vous aider à déterminer les failles potentielles de sécurité :

- Vos serveurs sont-ils sécurisés physiquement ?

- Chaque utilisateur a-t-il son propre mot de passe ?

- Les mots de passe sont-ils changés régulièrement en fonction de calendriers ?

- Y a-t-il une date de validité pour les mots de passe ?

- Les connexions et les déconnexions, ainsi que toutes les activités concernant les fichiers, sont-elles journalisées sur le serveur ?

- Les copies des fichiers sur des médias amovibles sont-elles journalisées ?

- La sécurité du serveur de fichiers est-elle respectée ?

Tout cela ne représente que le début des questions sur la sécurité. Pensez avant tout à la façon dont travaillent vos utilisateurs : est-ce qu'ils disposent d'accès en lecture-écriture sur la base de données de l'entreprise ? Est-ce qu'ils ont un accès physique au serveur de fichiers ? Le but de ces questions consiste à vous aider à déterminer comment vous voulez que votre réseau fonctionne.

Résumons ce que vous avez appris

A ce stade, vous avez répondu (ou tout au moins vous le pensez) à un grand nombre de questions concernant votre réseau, sur ce qu'il doit faire et comment vous voulez qu'il le fasse. Cette information va vous aider lors des chapitres suivants, lorsque vous concevrez, construirez et administrerez votre réseau. Si vous le pouvez, rassemblez les informations que vous avez collectées dans un seul document de façon à pouvoir disposer des questions et des réponses pour une étude ultérieure.

Chapitre 9

Concevoir
votre réseau

Etant donné l'explosion récente des réseaux, il est presque impossible de croire que vous pouvez construire simplement un réseau en achetant des composants et en suivant les instructions qui expliquent comment insérer la carte A dans le slot B, et ainsi de suite. En fait, il est tout à fait possible d'acheter ces composants et de les assembler pour en faire un réseau. Cependant, si vous travaillez avec un réseau d'entreprise, et que vous vouliez partir du bon pied, il est nécessaire de suivre les instructions diverses que vous recevrez, les conseils de vos amis, avec un scepticisme de bon aloi. Comme nous l'avons noté dans le chapitre précédent, vous êtes la personne qui connaît le mieux le réseau. A la fin de ce chapitre, vous apprendrez à concevoir un réseau en fonction de vos besoins et de vos attentes.

Des règles de l'art dont nous avons parlé dans le chapitre précédent, la plus importante pour concevoir un réseau est la planification de ses capacités. Comme toute autre chose, les réseaux grandissent, évoluent, et changent au cours du processus de conception, et cela en réponse à un grand nombre de facteurs. Si vous voulez mettre en place un réseau, vous devez essayer de le construire à partir du maximum de solutions ouvertes. Les solutions ouvertes sont particulièrement recommandables surtout lorsque la technologie change aussi rapidement qu'elle le fait.

Au cours de ce chapitre, nous apprendrons à concevoir un réseau. C'est un processus en sept étapes (au moins tel qu'il est organisé ici) :

- Identifiez les utilisations globales du réseau.

- Listez quelles sont les tâches et à quel niveau du système elles se situent.

- Déterminez si vous avez besoin d'un réseau en client/serveur ou en égal à égal.

- Dessinez un diagramme du réseau.

- Revoycz vos plans.

- Ecrivez une spécification.

- Construisez le réseau.

Etape 1 : Identifiez les utilisations de votre réseau

Chaque réseau est différent parce que chacun a des utilisateurs différents. Si ces derniers travaillent de concert avec les concepteurs du réseau, celui-ci sera exploitable et fonctionnel, sinon il sera inutilisable et improductif. C'est pourquoi, au tout début du processus, vous devez définir le contexte organisationnel du réseau.

Définition du contexte organisationnel

Quelle que soit votre organisation, le réseau n'a qu'une chose à faire, et une seulement, être efficace. Il doit s'assurer que ce que votre organisation fait manuellement ou avec des ordinateur déconnectés, il peut le faire mieux, plus vite, plus efficacement, et de façon plus fiable avec l'aide d'un réseau. Les réseaux sont avant tout destinés à rendre des services aux utilisateurs.

Collecte des informations

La première chose à déterminer est la raison pour laquelle votre organisation a besoin d'un réseau. Vous devez concilier les objectifs du management avec ceux des utilisateurs. La première étape consiste à rencontrer le décideur le plus important avec lequel vous pourrez avoir un contact. Prenez un premier rendez-vous avec lui pour discuter de deux choses : quel est le corps de métiers de votre organisation aujourd'hui, et comment souhaite-t-il améliorer le processus de travail. Assurez-vous que celui-ci comprenne pourquoi vous avez besoin de ces informations.

Cette rencontre doit permettre de définir les fonctions de votre réseau. En fait, il s'agit d'une interview. Essayez de comprendre la vision de votre manager et ses implications à long terme.

Une fois que vous aurez interrogé le patron et bien noté ses réponses, commencez à interroger vos collègues. Annoncez-leur le but de votre visite afin d'éviter qu'elles pensent que vous êtes là pour accroître leur charge de travail. Si vous le pouvez, essayez de travailler avec plusieurs employés pendant quelques jours afin de voir ce qu'ils font et comment ils le font.

Dès que vous avez cerné les points faibles de votre organisation, il est temps de demander aux employés ce qui rendrait leur travail plus facile. Le but ultime de ces interviews consiste à comprendre les visions, les différents comportements, les résultats et les processus souhaités. Une fois que vous avez fait cela, vous devez synthétiser toutes ces interviews. Vous y trouverez un ensemble de souhaits tels que :

- une réactivité plus grande vis-à-vis des clients ;

- un accès plus facile aux données du client ;

- une information actualisée ;

- la capacité de mieux travailler ;

- une meilleure gestion des commandes.

Ces besoins sont communs à toutes les sociétés et organisations. Il est très probable que les réponses que vous obtiendrez seront bien plus spécifiques que celles-ci. N'oubliez pas que cette liste est surtout destinée à résoudre les problèmes auxquels votre équipe d'utilisateurs est confrontée au quotidien.

Quantification du réseau

En premier lieu, *déterminez combien votre réseau aura d'utilisateurs*. Ne confondez pas ce nombre avec le nombre d'ordinateurs du réseau (c'est l'objet de la question suivante). En effet, un ordinateur peut desservir plusieurs utilisateurs, dès lors qu'ils ne l'utilisent pas constamment. Dans la plupart des entreprises, c'est le modèle d'un ordinateur par bureau qui domine, mais ce n'est pas le cas partout. Par exemple, dans une usine, un ordinateur utilisé pour lire les codes-barres peut desservir de 20 à 30 utilisateurs.

Dans tous les cas de figure, déterminez combien il y aura d'utilisateurs sur le réseau. Après avoir défini leur nombre, intéressez-vous aux utilisateurs. S'agit-il de décideurs qui se servent de leur ordinateur pour des tâches administratives telles que la rédaction de messages, d'employés, d'ouvriers d'une usine ? Ensuite, une autre question se pose : *Combien y aura-t-il d'ordinateurs sur le réseau, au début ?* Aujourd'hui, la question est plutôt celle-ci : *Combien d'ordinateurs n'auront qu'un utilisateur, et combien seront partagés par plusieurs utilisateurs ?*

Les utilisateurs des traitements de textes et des tableurs auront une relation tout à fait différente avec les ordinateurs que les ouvriers de l'usine. De fait, les employés de bureau se comporteront avec l'ordinateur de façon plus dynamique et interactive. Par contre, les ouvriers auront tendance à travailler avec un seul ordinateur en fonction d'habitudes préétablies.

Dès que vous aurez déterminé comment vos utilisateurs interagiront avec le réseau, il sera possible de fixer *combien d'ordinateurs comprendra votre réseau*. Observez comment se comportent vos utilisateurs et calculez si le rapport ordinateurs/utilisateurs est égal à 1 ou s'il est inférieur (un ordinateur pour plusieurs personnes). Si ce rapport est inférieur à un, il vous faudra prendre en compte la nature du travail pour allouer les ordinateurs. En d'autres termes, si un groupe d'utilisateurs ne se sert d'un ordinateur que pour tester un code-barre de temps à autre, vous n'aurez pas le même résultat qu'avec des utilisateurs avancés qui ont besoin de plusieurs applications simultanées pour leur travail quotidien. En dernière analyse, ce sont les besoins de votre organisation qui détermineront le nombre d'ordinateurs. Comme pour toute autre activité, le *bon dimensionnement* d'un réseau demande beaucoup de bon sens.

Etape 2 : Recensez les tâches de chaque ordinateur

La deuxième étape de la conception d'un réseau peut paraître évidente : déterminer, pour chaque ordinateur de votre réseau, quelles sont les applications utilisées. Malheureusement, ce n'est pas aussi évident qu'il y paraît.

En matière de réseau, l'adéquation des ressources est la meilleure garantie de pérennité de votre système. Elle commence par la connaissance des limites physiques de votre réseau (le nombre d'ordinateurs et d'utilisateurs), mais elle ne s'arrête pas là. Il ne suffit pas de compter le nombre de systèmes ; vous devez aussi déterminer la puissance de chaque ordinateur, et quel type de machine conviendra.

Par exemple, les ordinateurs testant les codes-barres de temps en temps n'ont pas besoin d'être très puissants — ils effectuent une tâche qui ne consomme pas beaucoup de CPU ou de mémoire. Par contre, certains utilisateurs auront besoin de beaucoup de ressources, en particulier s'ils doivent traiter de grosses bases de données ou beaucoup d'images animées.

L'ordinateur de plusieurs utilisateurs

Les ordinateurs utilisés par plusieurs personnes peuvent être minimalistes, comme dans l'exemple des codes-barres. Comme pour tout autre système, la puissance et les fonctionnalités dépendent de l'application.

Besoins simples — ordinateur simple

Dans le cas de l'entrepôt, la fonction de l'ordinateur consiste à gérer l'inventaire des stocks présents sur les étagères. Cette tâche est accomplie grâce à un lecteur de codes-barres. Chaque fois qu'un code-barre passe devant le lecteur, l'ordinateur reçoit une transaction et l'enregistre sur un serveur. Le serveur utilisé doit être très puissant, alors que les ordinateurs qui ne servent qu'à lire les codes-barres peuvent être bas de gamme. Ils doivent juste pouvoir être connectés au réseau.

Besoins considérables sur site — ordinateur puissant

Passons maintenant à la borne d'information d'un centre commercial. Ce système est également multiutilisateur, mais il fonctionne de façon complètement différente. Le système de gestion de stock est délibérément rustique pour accroître sa fiabilité. Les kiosques d'information sont des outils d'aide à la vente. A ce titre, ils doivent être rapides, quelque peu tapageurs et capables d'interagir en fonction des souhaits de l'utilisateur.

Dans un kiosque d'information, un utilisateur peut taper sur un clavier ou se servir d'un écran tactile lui permettant de sélectionner plusieurs items d'un menu. Il sera sans doute ravi d'être aidé dans ses démarches par des sons et des images. Dès lors qu'il a trouvé l'information, il souhaitera l'imprimer. De ce fait, un kiosque d'information devra aussi posséder une imprimante.

Un tel kiosque pourrait aussi servir de terminal bancaire pour des utilisateurs disposant d'une carte de crédit valide et d'un mot de passe. Cela signifie que le système devra aussi être sécurisé — en d'autres termes, être capable de crypter les données de l'utilisateur avant de les envoyer sur les ordinateurs centraux de la banque.

Dans ce scénario, l'ordinateur du kiosque ne sera pas un système minimaliste. Ce sera un ordinateur puissant, peut-être de la catégorie station de travail : au minimum un Pentium II ou un plus rapide, équipé de beaucoup de mémoire (64 Mo ou plus) et de capacités *multimédias* (son et vidéo). La vitesse est également nécessaire pour faire de la cryptographie en ligne pour sécuriser les transactions. L'ordinateur a aussi besoin de disposer d'une imprimante.

Faibles besoins sur site — des besoins réseau considérables

Un autre système multiutilisateur pourrait être l'ordinateur d'un centre de soins. Après la visite d'un patient, le médecin enregistre les données cliniques le concernant dans une application de base de données et se déconnecte. L'ordinateur utilisé pour cette application, contrairement à ceux des deux exemples précédents, doit supporter les connexions réseau de plusieurs utilisateurs et une interface propriétaire de base de données. Il ne doit pas être très puissant, pas plus qu'il n'aura besoin de capacités multimédias.

Manifestement, les systèmes qui permettent à plusieurs utilisateurs de se connecter sur une seule console dépendent entièrement de l'application qui déterminera leurs besoins en ressources.

- Vous devez prévoir quels seront vos besoins en ressources pour accomplir cette tâche. Avez-vous besoin d'un ordinateur très puissant ou d'un système plus ancien avec seulement quelques Mo de mémoire pour faire le travail correctement ?

- Vous devez déterminer si le système a besoin de capacités multimédias.

Les ordinateurs n'ayant qu'un utilisateur

Les ordinateurs n'ayant qu'un utilisateur sont généralement destinés aux bureaux. Qu'un bureau soit physique ou virtuel, un nombre croissant d'utilisateurs se servent quotidiennement d'un ordinateur. Ce mode d'utilisation des ordinateurs a créé un nouveau type *d'utilisateurs avancés*, car ils ont l'opportunité de gérer et d'analyser tous les jours des données.

Naturellement, il s'agit de trouver le juste milieu. Si vous devez fournir plusieurs ordinateurs à des personnes, cela affectera votre capacité de planification du réseau.

Utilisateur moyen — puissance moyenne

Commençons par la configuration la plus simple : un utilisateur avec un ordinateur toujours relié au réseau local. Supposons que cet utilisateur soit comptable. Il utilisera un logiciel de comptabilité qui, généralement, nécessitera une puissance raisonnable, mais pas très importante. Il lui faudra une machine équipée d'un processeur de milieu de gamme et de beaucoup de mémoire. Cet utilisateur a besoin d'une station de travail de puissance moyenne, et ses fichiers seront stockés sur le disque du serveur, ce qui permettra de les sauvegarder facilement.

Utilisateur avancé — ordinateur(s) puissant(s)

Considérons maintenant le cas de l'utilisateur avancé. Il est analyste financier et a besoin de beaucoup de puissance pour traiter d'énormes feuilles de calcul qui doivent être mises à jour régulièrement. En conséquence, la station de travail devra être aussi puissante que le permet la technologie du moment. De plus, l'analyse financière a tendance à utiliser des technologies plus avancées, rendant indispensable le support multimédia.

Toutes les applications (traitement de texte, tableur, etc.) sont stockées sur son disque dur local, et toutes les données (documents, feuilles de calcul, etc.) le sont sur le disque du serveur. Cette disposition est assez courante dans les réseaux dans lesquels les utilisateurs disposent d'une grande autonomie, parce que c'est celle qui procure les meilleures performances, tout en sécurisant les données.

Les analystes financiers voyagent beaucoup. Lors de ces voyages, ils ont besoin d'un ordinateur portable qui devra disposer de toutes les applications utilisées au bureau, mais qui devra être capable de se connecter de deux façons différentes : directement sur le LAN et indirectement *via* un accès à distance. De plus, les fichiers de données devront être répliqués sur ce portable pour que l'utilisateur puisse travailler hors connexion.

Les portables ne s'intègrent pas toujours aisément à toutes les architectures de réseau. Ce n'est pas parce qu'ils ne respectent pas les normes techniques, mais plutôt parce qu'ils se connectent et se déconnectent en permanence. Du point de vue de l'administration du réseau, les portables sont des sources de tension entre les aspirations légitimes des utilisateurs, qui souhaitent plus de confort, et celles de l'administrateur réseau, qui demande un minimum de rigueur. Le fait de centraliser ou non l'administration du réseau est l'une des décisions majeures dont nous parlerons dans la section suivante.

Les *cartes PCMCIA* sont des équipements électroniques de la taille d'une carte de crédit qui s'insèrent dans les slots du portable. On trouve des cartes PCMCIA pour pratiquement tout — les cartes réseau, les modems, les cartes SCSI, etc.

Etape 3 : Déterminez le degré de centralisation

Il y a des moments où vous devez centraliser l'administration et la sécurité, d'autres moments où il ne le faut pas. Lorsque vous concevez un réseau, vous devez déterminer si vous voulez ou non administrer votre réseau depuis un point central.

En fait, si votre réseau se limite à quelques machines (jusqu'à 10) localisées sur un seul site, l'administration centralisée ne s'impose pas. De plus, le coût des *logiciels d'administration de réseau* (logiciels qui prennent en charge la configuration et la distribution de logiciels, parmi d'autres tâches) est trop élevé pour un petit réseau local. Enfin, même pour un petit réseau, vous pouvez trouver d'autres moyens de centraliser certaines fonctions telles que les services de fichiers, la sécurité et la sauvegarde.

Dès lors que votre réseau dépasse 15 machines, vous *devrez* commencer à envisager une administration centralisée. Qu'est-ce qu'une administration centralisée ? En fait, cela signifie que vous avez décidé que votre réseau aura une architecture client/serveur et non égal à égal. Généralement, sur de petits et moyens réseaux, il s'agit au minimum d'un serveur qui assure les fonctions d'authentification, qui gère les comptes utilisateur, qui stocke les fichiers, et qui se comporte comme un régulateur de l'activité du réseau.

En général, les réseaux égal à égal manquent de sécurité. Les fichiers sont stockés n'importe où, les utilisateurs peuvent accéder à des ressources pour lesquelles ils ne sont pas habilités, et les fichiers sont souvent mal sauvegardés.

 Revoyez les Chapitre 2 et 5 si vous voulez plus d'informations sur la sécurité des réseaux égal à égal.

A contrario, les réseaux client/serveur sont sécurisés ou, tout au moins, ils peuvent l'être si l'administration est rigoureuse. Leurs fichiers sont souvent centralisés sur un serveur et sauvegardés de façon régulière. Les utilisateurs sont plus facilement contrôlables, avec les avantages suivants :

- un accès aux fichiers facilité ;
- une meilleure sécurité ;
- une facilité de sauvegarde ;
- une gestion de configuration et une standardisation des stations de travail plus faciles.

Afin de centraliser l'accès aux fichiers, vous devez mettre en place un *serveur de fichiers,* c'est-à-dire un serveur dédié au partage de son espace disque pour plusieurs utilisateurs. Un serveur a donc besoin d'un processeur plus puissant, de beaucoup de mémoire et d'autant d'espace disque que vous le pouvez.

 Notez que nous ne ferons pas de recommandations particulières concernant le processeur ou la mémoire d'un serveur de fichiers. La technologie évolue si rapidement que toutes les recommandations que nous pourrions faire seraient déjà obsolètes lorsque vous lirez ce livre. Aussi, soyez bien informé de l'état du marché lorsque vous devrez choisir un serveur.

Cependant, il existe quelques règles de base : si vous utilisez Windows NT Server ou NetWare, vous aurez besoin d'un Pentium 200 et d'au moins 64 Mo de RAM. Pour UNIX, les besoins sont pratiquement les mêmes, mais ils varient d'un éditeur à un autre.

Une meilleure sécurité

Les serveurs de fichiers disposent généralement d'une sécurité native qui contrôle que l'accès aux fichiers est limité aux utilisateurs qui *y ont droit*. La sécurité des serveurs de fichiers basés sur des PC suit quelques règles simples :

- **L'héritage.** Il fonctionne de la même manière que la succession : les enfants héritent des parents, sauf si une tierce partie s'y oppose. Transposé en termes de sécurité, supposons qu'un utilisateur ait accès à un répertoire particulier (par exemple, F:\DIRECTRY). Les droits d'accès de cet utilisateur pour F:\DIRECTRY sont *hérités* par tous les sous-répertoires de F:\DIRECTRY (par exemple, F:\DIRECTRY\ONE, F:\DIRECTRY \TWO, et ainsi de suite).

- **Les règles d'accès.** En général, les utilisateurs sont limités aux trois niveaux d'accès à un fichier ou à un répertoire donné sur un serveur de fichiers :

  - **Aucun accès.** Signifie que les utilisateurs ne peuvent pas voir le fichier ou le répertoire.

  - **L'accès en lecture seule.** Signifie que les utilisateurs peuvent voir le contenu d'un fichier ou d'un répertoire, mais ne peuvent pas le modifier.

  - **L'accès en lecture-écriture.** Signifie qu'un utilisateur a les droits d'accès lui permettant de voir et de modifier les fichiers et les répertoires.

De nombreux systèmes d'exploitation réseau ajoutent des variantes à ces trois accès de base, mais il est possible de mettre en place une sécurité correcte avec ces trois règles.

Les règles d'accès : un exemple simple

Voici une structure qui a fait ses preuves et qui permet de concevoir un accès utilisateur sur un serveur de fichiers. Cette structure garantit une sécurité d'accès aux fichiers de l'utilisateur et une sécurité convenable pour toutes les données applicatives du réseau. Chaque utilisateur dispose d'un répertoire privé qu'aucun autre utilisateur ne peut voir (à l'exception de l'administrateur), un répertoire qui donne des droits en lecture seule aux autres utilisateurs, et un répertoire qui donne tous les droits à tous les utilisateurs.

La règle générale consiste à appliquer les mêmes règles que pour sécuriser l'accès physique : ne fournir aux utilisateurs que l'accès minimal dont ils ont besoin pour travailler. Dans cet exemple, le serveur de fichiers dispose d'un répertoire dans lequel sont stockées toutes les applications en réseau et un répertoire administratif dans lequel les paquets logiciels à installer et les outils d'administration sont stockés. Ces deux répertoires sont en lecture seule pour les utilisateurs du réseau et en lecture-écriture pour les utilisateurs qui disposent des droits d'administration.

Les répertoires des utilisateurs sont gérés par un mélange curieux de droits d'accès. Chaque utilisateur dispose de trois sous-répertoires : *ouvert, privé* et *partagé.* Le sous-répertoire ouvert est en lecture-écriture pour tout le monde, le sous-répertoire partagé est en lecture seule, et le privé n'est pas visible des autres utilisateurs. Pour s'assurer que les droits d'accès à ces répertoires sont bien gérés, il est judicieux de créer des groupes d'utilisateurs (si votre système d'exploitation réseau le permet), et d'assigner des droits à ce groupe (dans ce cas, des accès en lecture-écriture pour les sous-répertoires *ouverts* et des accès en lecture seule pour les sous-répertoires *partagés*). Ensuite, vous n'avez plus qu'à ajouter des utilisateurs à ce groupe pour leur assigner des droits d'accès. Cette approche vous épargne de donner accidentellement trop de droits à un seul utilisateur.

Le Tableau 9.1 représente graphiquement cette structure simple de répertoires. Il est fondé sur la structure arborescente que vous pouvez rencontrer dans le gestionnaire de fichiers de Windows, dans le

Finder de Macintosh ou dans le gestionnaire de fichiers X-Window d'UNIX.

Tableau 9.1 : Structure de répertoires pour les droits d'accès

\ (racine du disque réseau	\utilisateurs	\Jeannine	\ouvert (accès en lecture-écriture pour les autres utilisateurs)
			\partagé (accès en lecture seule pour les autres utilisateurs)
			\privé (aucun accès pour les autres utilisateurs)
	\programmes	\traitement_de_texte (accès en lecture-écriture pour tous les utilisateurs)	
		\agenda_de_groupe (accès en lecture-écriture pour tous les utilisateurs)	
	\administratif	\installation (accès en lecture-écriture pour les administrateurs, en lecture seule pour les autres utilisateurs ; utilisé pour installer des logiciels)	
		\utilitaires (accès en lecture-écriture pour les administrateurs, en lecture seule pour les autres utilisateurs ; utilisé pour gérer le réseau)	

Installer un tel système avant de mettre un serveur de fichiers en exploitation vous permettra d'éviter le chaos — cette structure simple de répertoires, associée à des règles d'accès rigoureuses et clairement énoncées, vous permettra de renforcer la sécurité du réseau.

Une facilité de sauvegarde

Si tous les fichiers des utilisateurs du réseau sont centralisés en un seul point, ils peuvent être sauvegardés facilement en dupliquant le disque dur du serveur sur une bande. Supposez que votre réseau comporte 50 stations de travail. Si tous les utilisateurs stockent leurs fichiers sur leur station de travail, vous devez sauvegarder tout ou partie de leurs disques durs pour être certain qu'aucune donnée ne sera perdue en cas de défaillance du système.

Maintenant, supposez que chaque utilisateur ait 25 Mo de fichiers sur son disque (pour beaucoup d'utilisateurs, c'est bien plus). Sauvegarder cette quantité de fichiers au travers du réseau pour autant d'utilisateurs prendrait entre 10 et 12 heures et serait un cauchemar à gérer.

A contrario, il ne faudra qu'une heure pour sauvegarder le disque dur d'un serveur qui dispose d'un lecteur de bande (en supposant la même quantité de données que dans l'exemple précédent, soit 25 Mo × 50 utilisateurs = 1,25 Go). Manifestement, la sauvegarde du disque dur d'un serveur prend moins de temps et est plus facile à gérer.

Il existe plusieurs types d'unités de bande :

- Les bandes numériques audio de 4 mm (DAT, *Digital Audio Tape*) qui peuvent stocker plus de 8 Go.

- Les bandes numériques linéaires (DLT, *Digital Linear Tape*) qui stockent entre 20 et 40 Go.

- Les bandes "intelligentes" (ALT, *Advanced Intelligent Tape*) qui stockent plus de 50 Go.

La plupart des unités de bande ne gèrent qu'une bande à la fois. Cependant, il existe des unités appelées *changeurs de bandes* qui peuvent gérer des bibliothèques de plusieurs centaines ou milliers de bandes. Le choix du type d'unités de sauvegarde dépend de vos besoins immédiats et dans un futur proche. Rappelez-vous que le volume des données qui vous paraît énorme aujourd'hui sera ridiculement faible demain.

Une gestion de configuration plus facile

Le stockage des fichiers sur un serveur offre de nombreux avantages. Cependant, l'administration centralisée d'un réseau ne se limite pas au stockage des fichiers sur un serveur. Si vous avez plus de 15 stations de travail, il est nécessaire de trouver un moyen d'inventorier le matériel, d'auditer les logiciels installés sur le disque dur, d'installer de nouveaux logiciels, et de vous assurer que la station de travail est conforme à la configuration standard.

 La *gestion de configuration* est l'art d'utiliser une console centrale pour s'assurer que les stations de travail des utilisateurs sont conformes, en termes de matériel et de logiciels installés, à des standards préétablis.

Les logiciels de gestion de configuration sont complexes. Ils font appel à d'importantes bases de données dotées d'une interface client propriétaire, qui permettent à l'administrateur du réseau de visualiser et de modifier les configurations des stations de travail des utilisateurs. La plupart des logiciels de gestion de configuration nécessitent l'installation d'un *agent* (un logiciel qui interagit avec la base de données administrative) sur chaque station de travail. Souvent, ces agents peuvent s'installer automatiquement au moment où l'utilisateur se connecte au réseau.

Cependant, il y a bien des avantages à maîtriser la complexité des logiciels de gestion de configuration. Les administrateurs réseau qui installent et utilisent rigoureusement ces logiciels notent qu'ils disposent d'un meilleur contrôle des stations de travail de leurs utilisateurs. Ils peuvent inventorier le réseau très rapidement, installer et mettre à jour simultanément des logiciels pour beaucoup d'utilisateurs. De plus, ils peuvent mettre en place des alarmes qui enregistrent les actions non autorisées, telles que le changement de matériel et l'installation illicite de logiciels.

Même si vous n'avez pas l'intention de disposer d'un administrateur réseau en interne, vous pouvez tirer profit d'un logiciel de gestion de configuration. Beaucoup de consultants de tierces parties vendent ce type de services. Si ce consultant est autorisé à accéder à votre réseau afin d'effectuer des corrections et des mises à jour, vous pouvez décentraliser avec succès l'administration de votre réseau.

Les conséquences de la centralisation

Dès lors que vous avez décidé que votre réseau allait devenir suffisamment grand pour mériter la centralisation de certaines fonctions, il est temps de considérer les conséquences de la centralisation.

L'acquisition de nouveaux serveurs

Si vous décidez qu'il est important de disposer d'une centralisation du stockage des fichiers, vous aurez besoin d'au moins une machine supplémentaire. Si vous devez gérer un WAN composé de plusieurs sites, vous devrez multiplier *au moins* le nombre de serveurs par le nombre de sites auxquels votre WAN est connecté. Si l'un de ces sites est plus grand, vous aurez besoin de plusieurs serveurs pour obtenir des performances correctes.

Le choix des systèmes d'exploitation

Un serveur implique un système d'exploitation de réseau. Les trois leaders actuels du monde PC sont NetWare de Novell, Windows NT Server de Microsoft et divers systèmes UNIX, tels que Solaris de Sun et UNIX/SCO de Santa Cruz Operation. Des trois, Windows NT est le plus simple à installer et à administrer, et UNIX le plus complexe. NetWare est situé entre les deux. Avant de choisir, lisez les Chapitres 15, 16 et 17 concernant ces systèmes d'exploitation de réseau.

Le choix d'une topologie

Que votre réseau soit client/serveur ou égal à égal, vous devez en choisir la topologie. Pour tous les réseaux, la configuration Ethernet en étoile (10BASE-T, 100BASE-T) est probablement la plus simple et la moins chère. Seuls les tous petits réseaux pourront utiliser une topologie en bus (10BASE2).

Le choix du logiciel d'administration réseau

Si votre réseau est appelé à devenir important, vous devez trouver un moyen de le gérer. Un grand nombre d'éditeurs — Network Associates, Microsoft, Tivoli, IBM, Digital, Hewlett-Packard, entre autres — proposent des outils de gestion de réseau de grande qualité. Beaucoup sont modulaires, aussi vous pouvez n'acheter que les modules dont vous avez besoin.

Vous n'optez pas pour la centralisation

Si vous avez décidé de ne pas centraliser votre réseau, assurez-vous que vous avez assez de ressources pour supporter le nombre de stations de travail. De plus, si vous ne centralisez pas le réseau, il vous faudra un administrateur à temps plein, les réseaux égal à égal présentant périodiquement des problèmes dépassant la compétence des utilisateurs.

Etape 4 : Passons aux choses concrètes — dessinons le réseau

A ce stade, nous devons connaître certains paramètres :

- La fonction organisationnelle du réseau.

- Les spécificités d'utilisation du réseau (quels utilisateurs effectuent quelles tâches ?).

- Le nombre d'utilisateurs et d'ordinateurs.

- Le réseau sera-t-il centralisé ou non ?

- La topologie de réseau que vous comptez adopter (Ethernet, Token Ring, FDDI, ou autre).

De toutes les étapes de ce processus, c'est la plus amusante. Dès lors que vous connaissez les bases de votre réseau, vous êtes prêt à le dessiner au tableau. Prenez un ensemble de marqueurs de quatre ou cinq couleurs, dirigez-vous vers le tableau et commencez à y dessiner votre réseau.

 Pour ce type de travail, un tableau est plus pratique qu'une feuille de papier parce qu'il vous permet de faire des modifications au fur et à mesure.

Dessinons le diagramme logique du réseau

Le premier dessin à faire est le *diagramme logique*. Il présente en détail les applications que doivent comporter les stations de travail et à quelles ressources elles devront avoir accès.

1. Commencez par dessiner une station de travail pour chaque type d'utilisateur (par exemple, un ordinateur pour l'entrepôt, un pour l'analyste, un pour le comptable, un pour la secrétaire, et ainsi de suite). Faites simplement un cercle pour chaque ordinateur. Alignez-les en haut de votre tableau (voir Figure 9.1).

Figure 9.1 : La première étape du diagramme logique de réseau.

2. A la droite de chaque ordinateur, recensez les applications dont chacun disposera (voir Figure 9.2). Celles-ci incluent le traitement de texte, le tableur, l'e-mail ou plus pour un ordinateur de bureau, et une seule application pour une machine dédiée telle que celle qui permet d'inventorier un entrepôt ou celle qui est dédiée au routage de l'e-mail.

Figure 9.2 : La deuxième étape du diagramme logique de réseau, montrant les applications nécessaires.

3. Faites une liste des ressources que devra partager chaque station de travail. En général, les réseaux égal à égal ont un grand nombre

de ressources de ce type (telles que des imprimantes, des scanners, des modems, etc.). Les réseaux client/serveur ont moins de ressources partagées, et celles-ci le sont sur un ou plusieurs serveurs. Que vous optiez pour un réseau égal à égal ou pour un réseau client/serveur, ajoutez ces ressources à votre diagramme (voir Figure 9.3).

Figure 9.3 : La troisième étape du diagramme logique de réseau, montrant les ressources partagées.

4. Si votre réseau doit être sécurisé, notez quel groupe d'utilisateurs devra avoir accès aux différentes ressources du système (voir Figure 9.4). Par exemple, les utilisateurs d'un service ne devront avoir accès qu'aux fichiers concernant ce service et à une imprimante, les gestionnaires de stock auront accès au serveur transactionnel, et les administrateurs auront accès à tout. Cette étape vous permettra de mettre en place une politique sécuritaire adaptée.

5. Ajoutez le système d'exploitation des stations de travail au bas de cette liste (voir Figure 9.5). Le système d'exploitation des stations de travail sera souvent MS-DOS, Windows, OS/2, ou Macintosh. Bien qu'UNIX puisse être utilisé en tant que client, en dehors des universités et du monde scientifique, il n'est (malheureusement) pas très courant sur les stations de travail. Si vous avez plus d'un système d'exploitation client, assurez-vous que vous avez dessiné plus d'une machine — chaque système d'exploitation client devra être représenté par une machine séparée.

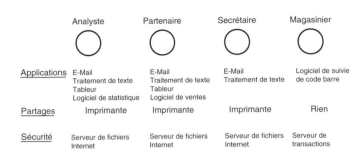

Figure 9.4 : La quatrième étape du diagramme logique de réseau, montrant la politique de sécurité.

	Analyste	Partenaire	Secrétaire	Magasinier
Applications	E-Mail Traitement de texte Tableur Logiciel de statistique	E-Mail Traitement de texte Tableur Logiciel de ventes	E-Mail Traitement de texte	Logiciel de suivie de code barre
Partages	Imprimante	Imprimante	Imprimante	Rien
Sécurité	Serveur de fichiers Internet	Serveur de fichiers Internet	Serveur de fichiers Internet	Serveur de transactions
Système d'exploitation	Windows NT Workstation	OS/2	Windows 95	MS-DOS

Figure 9.5 : La cinquième étape du diagramme logique de réseau, montrant les systèmes d'exploitation des stations de travail.

6. Ajoutez le nombre de stations de travail au bas de la liste (voir Figure 9.6).

Maintenant que vous avez quantifié vos stations de travail, vous pouvez passer aux serveurs. Si vous vous apprêtez à mettre en place un réseau de type client/serveur, ajoutez les serveurs en bas du diagramme, ainsi que chaque ressource partagée par ceux-ci. Si vous construisez un WAN, vous devez incorporer les routeurs qui relient les différents LAN et les dessiner sur le côté (voir Figure 9.7).

	Analyste	Partenaire	Secrétaire	Magasinier
	◯	◯	◯	◯
Applications	E-Mail Traitement de texte Tableur Logiciel de statistique	E-Mail Traitement de texte Tableur Logiciel de ventes	E-Mail Traitement de texte	Logiciel de suivie de code barre
Partages	Imprimante	Imprimante	Imprimante	Rien
Sécurité	Serveur de fichiers Internet	Serveur de fichiers Internet	Serveur de fichiers Internet	Serveur de transactions
Système d'exploitation	Windows NT Workstation	OS/2	Windows 95	MS-DOS
Quantité	6	2	4	2

Figure 9.6 : La sixième étape du diagramme logique de réseau, montrant le nombre de chaque type de station de travail.

	Analyste	Partenaire	Secrétaire	Magasinier
	◯	◯	◯	◯
Applications	E-Mail Traitement de texte Tableur Logiciel de statistique	E-Mail Traitement de texte Tableur Logiciel de ventes	E-Mail Traitement de texte	Logiciel de suivie de code barre
Partages	Imprimante	Imprimante	Imprimante	Rien
Sécurité	Serveur de fichiers Internet	Serveur de fichiers Internet	Serveur de fichiers Internet	Serveur de transactions
Système d'exploitation	Windows NT Workstation	OS/2	Windows 95	MS-DOS
Quantité	6	2	4	2

Vers le WAN : a besoin d'accéder à des fichiers distants
et à des données transactionnelles

Figure 9.7 : Le diagramme logique de réseau, montrant une méthode pour identifier les connexions aux WAN et aux MAN.

Maintenant, passons à la partie amusante. Dessinez des lignes entre chaque station de travail et les ressources auxquelles chacune devra accéder. En d'autres termes, si un ordinateur nécessite le stockage de fichiers sur le serveur de fichiers, choisissez un marqueur d'une certaine couleur, tracez une ligne entre les deux systèmes et écrivez le nom de la ressource utilisée par cette station. Si une station de travail partage une imprimante, assurez-vous que tous les autres systèmes qui devront l'utiliser lui seront connectés en utilisant des lignes d'une couleur différente de la première. Si un routeur connecte le réseau aux stations de travail, mais qu'il doit d'abord router les données par un serveur, tracez ce chemin complet en changeant encore de couleur.

Assurez-vous que chaque connexion indique quels sont les protocoles réseau utilisés. Par exemple, une grande partie des réseaux de Microsoft utilise NetBEUI ; NetWare utilise IPX ; les réseaux compatibles avec les normes de l'Internet utilisent TCP/IP. Beaucoup de réseaux n'utilisent qu'un protocole, mais il est tout à fait possible d'employer plusieurs protocoles sur un réseau. Si vous n'êtes pas certain du protocole utilisé par un service particulier, mettez un point d'interrogation et déterminez-le le plus rapidement possible. Rappelez-vous qu'il est aussi important de définir ce que *vous ne savez pas* que ce que *vous savez.*

Lorsque vous avez terminé, vous avez obtenu une toile d'araignée que vous pouvez utiliser pour déterminer quels ordinateurs ont besoin d'accéder à quelles ressources (voir Figure 9.8). Recopiez sur une feuille ce que vous avez fait sur le tableau, afin de pouvoir l'utiliser comme référence ultérieure.

Dès que vous avez défini les différentes ressources que vous voulez partager (ce qui sera sans doute plus simple à faire à partir de votre dessin plutôt que d'une liste), vous êtes prêt pour la tâche suivante : dessiner le réseau physique.

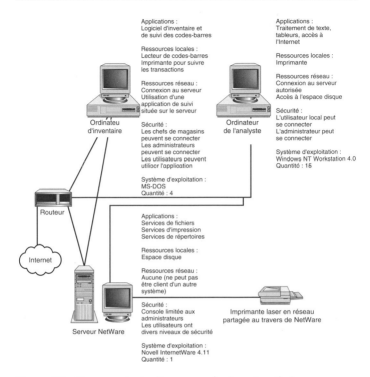

Figure 9.8 : Un exemple de diagramme logique terminé.

Dessinons le diagramme physique du réseau

Dessiner le diagramme physique d'un réseau n'est pas aussi compliqué qu'il y paraît. Si vous savez déjà quels clients devront être connectés à des ressources spécifiques et quelle topologie vous utiliserez, vous avez déjà fait la moitié du chemin.

1. Commencez par dessiner le centre physique de votre réseau (voir Figure 9.9).

Figure 9.9 : Le centre du réseau : le répéteur ou le commutateur.

Si vous utilisez une topologie en étoile (Ethernet, Token Ring, ou FDDI), le centre de votre réseau est le concentrateur (un répéteur, un MAU ou un commutateur). Si votre réseau n'a besoin que d'un seul répéteur, dessinez une boîte et appelez-la répéteur.

Si, d'autre part, vous avez beaucoup d'utilisateurs partageant un domaine de collision Ethernet ou un segment Token Ring, vous pouvez ajouter un commutateur pour segmenter le réseau. Comme nous l'avons vu au Chapitre 3, les commutateurs segmentent le réseau en réduisant la taille du domaine de collision Ethernet ou du segment Token Ring à un segment par port. Cette configuration remplace celle avec un seul répéteur par segment, qu'utilisent les répéteurs à partage de média et les MAU.

Dans tous les cas, si votre réseau est important et que vous essayez de faire tenir plus de 20 ou 30 utilisateurs sur un seul répéteur ou sur un ensemble de *répéteurs empilables* (plusieurs répéteurs pouvant être connectés pour créer un domaine de collision ou segment), envisagez l'utilisation d'un commutateur. Si des stations de travail ont besoin d'accéder au réseau sans être ralenties par le trafic du réseau, le commutateur est la solution qu'il vous faut.

Un commutateur n'a pas besoin être important pour vous aider à segmenter votre réseau. Un commutateur équipé de 8 ou 10 ports peut permettre de segmenter un ensemble de répéteurs, pour peu qu'il soit paramétré correctement. Puisque vous êtes en train de *dessiner* le réseau, c'est le moment idéal pour décider de le segmenter ou non — et comment vous voulez le faire.

Si vous avez décidé de le segmenter, dessinez une boîte et appelez-la commutateur. C'est le centre de votre réseau.

2. Dessinez autant de boîtes que vous avez de répéteurs. Gardez à l'esprit que les répéteurs sont classés en fonction de leur nombre de ports. Pour des questions de performances, c'est une bonne idée de diviser le réseau en répéteurs n'ayant pas plus de 16 ports. Les câbles reliant le commutateur et les segments sont des *câbles croisés*, c'est-à-dire des câbles spéciaux permettant de relier des concentrateurs entre eux (voir Figure 9.10).

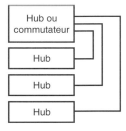

Figure 9.10 : Le répéteur ou le commutateur situé au centre du réseau est connecté à des répéteurs supplémentaires. Si votre réseau n'a qu'un seul répéteur, cette étape est superflue.

3. Dessinez les serveurs et reliez-les directement au commutateur (voir Figure 9.11). Un serveur relié directement à un commutateur offre d'indéniables avantages en termes de performances, car il dispose d'une connexion directe au port auquel la station de travail est connectée. Cela se révèle encore vrai même si une station de travail est connectée par un répéteur relié au port du commutateur. Le domaine de collision des répéteurs individuels est habituellement assez réduit de façon qu'il n'y ait pas trop de compétition en matière de bande passante.

4. Référez-vous au dessin du réseau logique et analysez-le. Déterminez quelles stations de travail doivent accéder à quels serveurs et essayez de les regrouper.

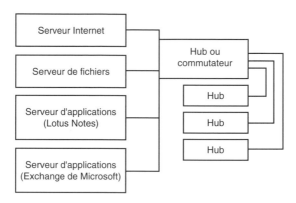

Figure 9.11 : Ajouter des serveurs au diagramme des répéteurs/commutateurs.

Si un groupe d'utilisateurs n'a pas besoin de beaucoup de bande passante (tels que ceux qui utilisent le lecteur de codes-barres ou les applications de gestion de stock), vous pouvez souvent les regrouper sur un répéteur partagé relié au port d'un commutateur — cela leur fournira une bande passante adéquate. Les utilisateurs qui ont besoin de beaucoup plus de bande passante (les analystes financiers et les graphistes, par exemple) pourront être connectés à un répéteur en petits groupes de moins de 10 personnes. Pour les *utilisateurs avancés* (c'est comme cela qu'on les appelle), il est possible de les connecter directement à un port du commutateur.

5. Dès que vous avez défini les besoins en bande passante de vos utilisateurs, vous pouvez commencer à déterminer avec quel type d'équipement vous allez connecter les différents utilisateurs. Prenez le temps d'y réfléchir. Si les utilisateurs ne disposent pas d'une bande passante adaptée à leurs besoins, ils génèreront des problèmes réseau et perdront confiance en celui-ci. Il est important de mettre en place des systèmes qui correspondent à leurs besoins, sinon le réseau n'aura aucune crédibilité. La Figure 9.12 présente un exemple.

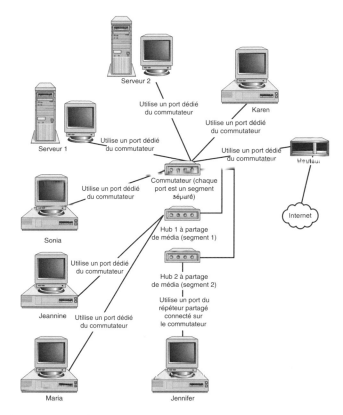

Figure 9.12 : Le diagramme physique du réseau.

Maintenant que vous avez dessiné le réseau à la fois logiquement et physiquement, vous devez vous assurer que cela a un sens. Un des avantages de la représentation graphique est que vous pouvez commencer à modéliser le regroupement des utilisateurs. Par exemple, tous les comptables ont besoin d'avoir accès aux données d'inventaire, aussi le groupe d'utilisateurs appelés Compta disposera globalement de ces droits.

De plus, vous avez l'opportunité de configurer votre commutateur de façon que les utilisateurs disposent de la bande passante dont ils ont besoin. Ainsi, les administrateurs système peuvent ajouter, déplacer, modifier et accroître la sécurité.

La configuration miracle qui permet ces trois choses s'appelle un VLAN ou réseau virtuel. Un VLAN signifie qu'un commutateur permet de créer plusieurs LAN, de telle façon que seuls les ports d'un VLAN puissent se voir.

Supposez que vous disposiez de 8 ports sur un commutateur et de 8 ordinateurs connectés à ce commutateur (un ordinateur sur chaque port). Le commutateur peut supporter plus de quatre VLAN logiques, parce que 8 (le nombre de ports) divisé par 2 (le plus petit nombre d'ordinateurs pouvant constituer un réseau) vaut 4. Supposez que vous décidiez de créer quatre VLAN. Le port 1 peut être configuré logiquement pour ne voir que l'ordinateur situé sur le port 6. Le port 2 ne verra que le port 3, et le port 4 ne verra que le port 8. Les ports 5 et 7 constitueront le dernier VLAN (voir Figure 9.13).

Les VLAN ont bien d'autres avantages : les performances, la flexibilité et la sécurité. Le prix d'un commutateur pouvant créer des VLAN n'est pas beaucoup plus élevé que celui d'un commutateur n'offrant pas cette possibilité. Les avantages des VLAN deviennent plus apparents à mesure que les administrateurs réseaux doivent gérer un plus grand nombre d'utilisateurs. Par exemple, si vous ne voulez pas que votre réceptionniste ait accès aux mêmes ressources réseau que votre directeur financier, les VLAN fournissent un isolement logique assurant que le réceptionniste ne puisse même pas voir les ressources utilisées par le directeur financier. Pour les mêmes raisons, les VLAN sont utiles pour connecter des équipements d'accès à distance. Un VLAN connecté à un serveur d'accès à distance limite l'accès d'un utilisateur distant à un ensemble de ressources spécifiques, de telle façon que même si la sécurité du serveur d'accès à distance est mise à mal, un intrus ne puisse pas faire de dégâts supplémentaires ou trouver d'autres informations.

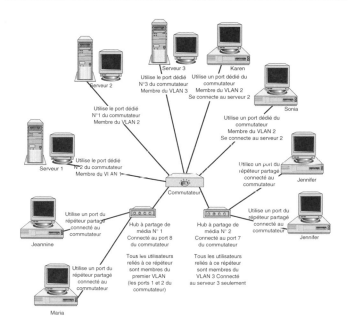

Figure 9.13 : Une configuration de VLAN.

Dès que vous avez modifié le schéma de votre réseau en fonction de choix d'implémentation (tels que segmenter ou pas votre réseau), vous êtes prêt à dessiner les stations de travail et à les connecter à l'équipement de réseau approprié (un port de répéteur ou de commutateur).

Etape 5 : Ecrivez la spécification et recueillez les avis de tous

Dès maintenant, vous disposez de suffisamment d'éléments pour écrire un document incluant les spécifications suivantes :

- La fonction organisationnelle du réseau.
- Les spécificités d'utilisation du réseau (quels utilisateurs effectuent quelles tâches ?).

- Le nombre d'utilisateurs et d'ordinateurs.

- Le réseau sera-t-il centralisé ou non ?

- La topologie de réseau que vous comptez adopter (Ethernet, Token Ring, FDDI, ou autre).

Vous disposez également de deux diagrammes présentant les connexions logiques et physiques nécessaires au réseau. Vous avez créé les bases d'un document de spécification initial, qui énumère tous les points précédents en incluant les diagrammes.

Dès que vous avez créé le document de spécification, vous êtes prêt à rencontrer les utilisateurs afin de vous assurer que vous n'avez rien oublié.

Si vous voulez que vos diagrammes soient plus clairs que ceux que vous avez dessinés à la main, plusieurs éditeurs fournissent des logiciels qui simplifient le processus de dessin du réseau. Tous les diagrammes de ce livre ont été créés en utilisant Vision Pro. ClickNet et NetDraw sont d'autres logiciels de qualité qui effectuent la même tâche.

Rédaction du document de spécification

Maintenant vient le moment de rédiger votre spécification du réseau. Celle-ci devra tenir compte de tous les éléments précédents. Elle n'a pas besoin d'être longue, mais devra être complète et claire.

Le but d'un document de spécification est double : résumer la conception du réseau et servir de document de référence aux administrateurs du réseau.

Une bonne spécification vous aide à limiter un processus insidieux appelé *dérive du projet*. C'est pourquoi il est aussi important d'en parler aux autres utilisateurs. Si ceux-ci demandent en permanence de nouvelles fonctionnalités, il vous sera plus facile de leur expliquer qu'il faut d'abord mettre en place le réseau de base avant d'ajouter des fonctionnalités supplémentaires. La dérive du projet est le cauchemar des chefs de projet. Elle signifie qu'un projet donné dépassera le budget et sera en retard.

L'autre but du document de spécification est de s'assurer que le constructeur du réseau et que les administrateurs disposeront d'un guide de référence du réseau. Il est surprenant de constater à quel point il est facile d'oublier les spécifications de base d'un réseau si vous n'y êtes pas confronté tous les jours. Le document de spécification permet de référencer ce qui peut s'oublier facilement.

Le document de spécification devra, au strict minimum, comporter les informations suivantes :

- Pourquoi construisez-vous le réseau ?

- A quoi servira le réseau ?

- De combien de personnes et d'ordinateurs sera constitué ce réseau ?

- Le réseau sera-t-il égal à égal ou client/serveur ?

- Le réseau sera-t-il Ethernet, Token Ring ou FDDI ?

Notez que les réponses à ces questions sont les mêmes que celles que vous avez vues au début de cette section. Si vous le pouvez, incluez ces éléments dans le document de spécification :

- Quelles applications seront exécutées par quel ordinateur ?

- Quels seront les droits d'accès de chaque utilisateur ?

- Comment sera organisé le centre du réseau (les répéteurs et les commutateurs) ?

- Quels sont les identifiants et mots de passe de l'administrateur ?

Tout ce qui concerne le réseau, qui a été planifié ou qui peut être standardisé, est tout indiqué pour ce document. Plus complet sera le document de spécification, plus il sera utile.

L'auteur recommande l'Ethernet pour construire un premier réseau. Cette topologie est particulièrement indulgente, et elle utilise les matériels les moins chers. Sans faire de publicité, le 10BASE-T Ethernet est de loin la meilleure topologie pour construire son premier réseau.

Rencontrer les autres utilisateurs

Dès que la spécification est rédigée, réunissez un groupe de travail composé des personnes qui seront concernées par la mise en place du réseau. Ce groupe sera sans doute constitué de quelques utilisateurs, de managers, d'un consultant ou d'un expert interne. Avant la réunion, prévenez les participants que vous souhaitez leur parler de la conception du réseau afin de recueillir leurs avis. Si possible, distribuez-leur une copie de la spécification avant la réunion pour qu'ils puissent l'étudier préalablement.

Lorsque la réunion est terminée, révisez votre spécification à la lumière de ce qui vient d'être dit. Distribuez aux participants des copies révisées de la spécification. En impliquant ainsi les parties concernées, vous pouvez gagner beaucoup de temps et éviter une dérive du projet.

Etape 6 : Spécification du matériel

Jusqu'ici, le processus de planification du réseau ne reposait que sur des considérations d'utilisation de logiciels. A ce stade, vous savez ce que doit faire le réseau, mais vous n'avez pas encore commencé à étudier les matériels, tout au moins pas spécifiquement.

Ce livre ne recommande pas de matériels spécifiques, mais il présuppose que vous utilisiez des ordinateurs compatibles Intel et des équipements standards du marché (probablement du 10BASE-T Ethernet) pour la plus grande partie de votre réseau. Le but des sections suivantes est de vous aider à choisir le matériel sur lequel vous allez construire votre réseau.

Choix du matériel

Le matériel réseau peut se décliner en deux grandes catégories : les derniers-nés en matière de répéteurs, commutateurs et châssis, et ceux qui utilisent la technologie d'hier. Si le réseau que vous vous apprêtez à mettre en place est petit et n'a pas vocation à s'étendre, le dernier type est acceptable ; il vous procurera une connectivité et des performances correctes. Si votre réseau est voué à l'expansion, essayez d'avoir autant de capacité que possible parce que, ainsi, vous pourrez respirer un peu mieux. La technologie réseau évolue tellement vite que le fait d'acheter de la capacité en plus est souvent la seule façon de tirer pleinement parti de vos équipements. Ce n'est pas une décision très facile à prendre, mais malheureusement, c'est le seul conseil que l'on puisse vous donner en matière de planification de réseau.

La liste suivante fournit les bases des équipements matériels de votre réseau. Elle ne présente pas de recommandations spécifiques parce que le matériel change trop rapidement. Mais elle vous *indique* les fonctionnalités que vous pourriez trouver utiles.

- **Les cartes réseau.** Dans chaque ordinateur, vous avez besoin d'au moins une carte réseau. Elles peuvent coûter entre 200 F et 2 000 F. Assurez-vous que vos cartes réseau sont de la bonne topologie. Même si les cartes Token Ring ont presque le même type de connecteur que les cartes 10BASE-T Ethernet, les cartes Ethernet ne fonctionneront pas sur un réseau Token Ring, et réciproquement.

- **Les concentrateurs (MAU, les répéteurs et les commutateurs).** Dès que vous savez combien d'ordinateurs votre réseau comportera, vous savez de combien de ports vous aurez besoin. Dès que ce besoin en ports est chiffré, il vous reste à déterminer s'il seront commutés ou s'ils appartiendront à un média partagé, comme vous l'avez déjà détaillé dans la spécification que vous avez rédigée.

- **Le câblage.** Si vous disposez d'une configuration de réseau en étoile, vous devez raccorder les câbles du répartiteur d'étage, dans lequel sont stockés les répéteurs, à chaque station de travail. Assurez-vous que vous utilisez au minimum du câble à paires torsadées de catégorie 5. Même s'il coûte deux fois plus cher que le câble de catégorie 3, il est encore bon marché, car sa durée de vie est supérieure. Si vous utilisez une configuration de réseau en bus, vous devez relier les stations de travail par un câble coaxial. Si vous décidez d'installer le câble vous-même, rappelez-vous de le traiter avec ménagement, qu'il s'agisse de coaxial ou de paires torsadées. C'est-à-dire que vous ne devez pas entraver son parcours ou le rompre. Une meilleure solution, si vos finances le permettent, consiste à le faire placer par quelqu'un qui en a l'habitude. Les électriciens sont souvent d'excellents installateurs de câbles parce qu'ils sont habitués à les faire passer dans des endroits inaccessibles.

- **Les stations de travail.** Dès que vous avez spécifié les cartes réseau, les répéteurs et les câbles, vous êtes prêt à vous consacrer aux stations de travail. Référez-vous à la spécification que vous avez rédigée pour évaluer quels sont les utilisateurs qui ont besoin de stations puissantes et ceux qui n'en ont pas besoin. Puisque le matériel change très rapidement, il n'est pas très utile de créer une spécification mais, au début de 1998, un Pentium 166 MHz ou 200 MHz, disposant de plus de 32 Mo de mémoire et d'un disque de 3 Go, constitue une station de travail tout à fait respectable. Ne considérez pas cette recommandation comme un standard ; regardez ce que vous propose le marché.

- **Les serveurs.** Pour les mêmes raisons, soyez ambitieux pour vos serveurs. Achetez la machine la plus puissante possible et ajoutez-y le plus de mémoire possible. Quelle que soit votre application, la puissance CPU et la mémoire seront utilisées dans les six mois qui viennent et seront à peine suffisantes dans un an. Anticipez les espaces disque de vos serveurs (un minimum de 100 Mo par utilisateur) et multipliez par deux si c'est possible. Ne vous inquiétez pas, l'espace disque sera toujours utilisé — probablement plus tôt que vous ne le pensez.

- **Les fonctionnalités de gestion.** Lorsque vous achetez votre matériel, assurez-vous qu'il respecte les normes d'administration de réseau SNMP ou RMON. Même si vous ne les utilisez pas tout de suite, à mesure que votre réseau s'agrandit, les capacités d'administration SNMP et RMON peuvent accroître la durée de vie d'un équipement central de votre réseau.

SNMP (Simple Network Management Protocol) et *RMON (Remote Monitor)* sont les deux protocoles d'administration et de supervision du réseau les plus courants. Ils font partie du protocole TCP/IP (ce n'est pas une surprise). **Ces protocoles peuvent capturer un grand nombre de données permettant une analyse du réseau. Le contrôle de beaucoup de grands réseaux repose sur des données collectées par SNMP ou RMON.**

- **Autres fonctionnalités.** Essayez de trouver des matériels réseau qui supportent des fonctionnalités avancées telles que les VLAN. Si vos équipements réseau disposent de fonctionnalités avancées, ils seront moins vite obsolescents.

Trouver tous les matériels que vous avez spécifiés peut être une corvée, surtout si vous n'êtes pas familiarisé au marché et aux constructeurs majeurs. A ce stade, un *intégrateur* (VAR) ou un consultant peut vous être d'un grand secours.

Un *intégrateur* (VAR, *Value Added Reseller*) est un consultant qui vend des services autant que du matériel ou du logiciel. Un bon intégrateur peut vous être très utile lorsque vous choisissez du matériel ou du logiciel.

Etape 7 : Construction du réseau

Maintenant que vous avez choisi le matériel, vous êtes prêt à commencer à construire le réseau. Le chapitre suivant décrit les raisonnements sous-jacents au choix de certains éléments du réseau.

Questionnaire/Check-list

Les sections suivantes recensent quelques-unes des questions que vous pourriez poser au cours de vos interviews. Vous pouvez y ajouter des questions de votre choix. Rappelez-vous que votre but est de vous assurer que votre réseau aidera les utilisateurs à accomplir leur travail. C'est pourquoi il est aussi important pour vous de poser des questions concernant *votre propre travail*.

Rencontrer les principaux décideurs

1. Quel est le cœur de métier de votre organisation ?

2. Comment les décideurs aimeraient-ils changer et améliorer les processus ?

Rencontrer les employés

1. Documentez les tâches des employés : que doivent-ils effectuer ?

2. Récupérez une liste de leurs attentes.

Synthétiser les interviews

1. Que veulent les utilisateurs et les décideurs ?

2. A ce stade, préparez-vous à une deuxième interview.

Quantification du réseau

1. Vos utilisateurs se reconnaissent-ils dans la résolution des problèmes que vous leur proposez ?

2. Combien d'utilisateurs supportera votre réseau ?

3. Que feront les utilisateurs du réseau ?

4. Votre réseau sera-t-il composé d'un ordinateur par utilisateur, ou un ordinateur, pourra-t-il desservir plusieurs utilisateurs ?

5. De combien d'ordinateurs est composé votre réseau ?

Déterminer les applications et adapter la station de travail

1. L'ordinateur a-t-il une fonction préétablie ou nécessite-t-il l'interaction de l'utilisateur ?

2. De combien de puissance brute (processeur et mémoire) votre système a-t-il besoin ?

3. Le système a-t-il besoin de capacités multimédias ?

4. Chaque ordinateur aura-t-il plusieurs utilisateurs ?

5. Le réseau tiendra-t-il compte des portables devant s'y connecter ?

Décider de centraliser ou pas

1. Votre réseau a-t-il plus de 15 utilisateurs ?

2. Votre réseau sera-t-il du type client/serveur ?

3. Disposerez-vous d'un consultant sur site ou d'un administrateur interne ?

4. Vos stations de travail seront-elles standardisées ?

5. Vos fichiers ont-ils besoin d'une sauvegarde ?

6. La sécurité de votre réseau se situera-t-elle au niveau du fichier ou du répertoire ?

Chapitre 10

Choisir le matériel et le logiciel de votre réseau

Ce chapitre a pour but de vous permettre de prendre les bonnes décisions concernant votre réseau. Si vous vous apprêtez à construire un LAN avec deux stations, vous n'avez pas besoin des mêmes équipements que pour une organisation nationale. Et, naturellement, vos critères seront différents. Au cours des chapitres précédents, vous avez appris les processus permettant de construire un réseau. Dans ce chapitre, nous nous concentrerons sur les critères utilisés pour choisir le matériel et le logiciel :

- choisir une topologie ;

- choisir le type de réseau (égal à égal ou client/serveur) ;

- choisir le système d'exploitation et le système d'exploitation de réseau ;

- choisir le protocole.

En plus de ces informations, ce chapitre présente comment assembler les éléments matériels et donne une liste de base de ce dont vous avez besoin pour chaque configuration. Ce chapitre est conçu pour vous aider à commencer le processus de construction du réseau — de façon que vous puissiez prendre les bonnes décisions dès le départ.

Choisir une topologie

Le raisonnement sous-jacent au choix d'une topologie de réseau tient compte de plusieurs facteurs :

- la taille totale du réseau ;

- le potentiel d'expansion du réseau ;

- la bande passante nécessaire ;

- le coût.

Le choix de la topologie n'est pas une mince affaire ; il détermine une grande partie des limites de votre réseau. La topologie que vous adoptez retentit également sur la fiabilité et la capacité d'expansion de votre réseau. Le but de ce choix est de fournir le maximum de fiabilité et de redondance, tout en facilitant l'expansion.

Ethernet 10BASE2

Si votre réseau ne comporte que deux ou trois utilisateurs, le plus simple consiste à mettre en place un réseau Ethernet 10BASE2. Bien qu'un réseau 10BASE2 ne soit pas adapté à un réseau d'entreprise, dans le cas de quelques ordinateurs, il est parfaitement approprié. L'Ethernet 10BASE2 est une plate-forme idéale pour apprendre, et puisque cette technologie n'a pas évolué depuis plusieurs années, les *drivers* des cartes réseau 10BASE2 sont tout à fait fiables.

 Un *driver* est un logiciel qui permet au matériel de dialoguer avec le système d'exploitation.

Evolution future de votre réseau 1OBASE2

Si vous choisissez de débuter avec un réseau 10BASE2, vous devez prévoir un certain nombre de choses pour le faire évoluer. Tout d'abord, choisissez des cartes réseau qui disposent des deux interfaces (10BASE2 et 10BASE-T). Une interface 10BASE2 est un connecteur cylindrique sur lequel est relié le câble coaxial au moyen d'un *connecteur en T* (référez-vous au Chapitre 3, "Comment les ordinateurs partagent-ils des données ?"). L'interface 10BASE-T ressemble à un connecteur de téléphone avec huit fils (aussi appelé *prise RJ-45*) au lieu des quatre fils du téléphone (appelé aussi *prise RJ-11*).

Les cartes disposant des deux connecteurs (cartes *combo*) sont disponibles à moins de 200 F pièce chez un grand nombre de constructeurs et à moins de 100 F si vous en prenez plusieurs. Ces cartes vous permettront d'étendre votre réseau en 10BASE-T. Tout ce que vous aurez à faire est de changer le câble qui relie les cartes au réseau et de reconfigurer le driver.

 Le 10BASE2 est déconseillé aux réseaux qui ont beaucoup d'utilisateurs. Comme nous l'avons dit à plusieurs reprises, la nature sérielle des connexions en 10BASE2 les rend moins fiables que les réseaux configurés en étoile.

Les ingrédients du 10BASE2

Maintenant que vous comprenez le fonctionnement du 10BASE2, voici un résumé qui vous aidera à assembler les composants physiques de votre réseau :

- Au moins deux ordinateurs. Les ordinateurs utilisés avec les réseaux 10BASE2 sont presque toujours des compatibles (aussi appelés *compatibles IBM*).

- Une carte réseau par ordinateur (de préférence équipée des connecteurs 10BASE2 et 10BASE-T). Si vous pouvez trouver des cartes compatibles NE2000, achetez-les. Les cartes NE2000 figurent parmi les cartes les plus utilisées. Par conséquent, elles fonctionnent avec pratiquement tous les systèmes d'exploitation.

- Une longueur de câble coaxial équipé de connecteurs BNC à chaque extrémité pour chaque paire d'ordinateurs. Par exemple, pour trois ordinateurs, vous aurez besoin de deux câbles — un pour relier les ordinateurs 1 et 2, et un autre pour relier les ordinateurs 2 et 3.

- Un connecteur en T par ordinateur.

- Deux terminateurs. Les terminateurs sont de petits composants, décrits au Chapitre 3, utilisés à chaque extrémité du réseau afin que les ordinateurs puissent localiser la fin du câble.

Installation des cartes réseau

Commencez par lire les instructions qui accompagnent votre carte réseau. La plupart des cartes réseau sont *paramétrables par logiciel*. Cela signifie que les ressources de l'ordinateur qu'elles utilisent peuvent être configurées par logiciel. Celui-ci est probablement inclus sur la disquette qui accompagne la carte réseau.

Dans certains cas, les cartes réseau sont équipées de *jumpers* que vous devez positionner avant de les faire fonctionner. Les jumpers se placent sur des paires de broches dorées, situées sur la carte. Les jumpers sont dits *fermés* lorsqu'ils relient ces deux broches et *ouverts* s'ils ne les relient pas.

 Un *jumper* est une petite pièce en plastique (de quelques millimètres) contenant une languette de métal conducteur. Les jumpers sont utilisés (comme les interrupteurs) pour créer des connexions électriques sur la carte.

Les jumpers sont utilisés pour deux paramètres : les *adresses d'entrée-sortie* (I/O) utilisées par la carte pour dialoguer avec le système, et les *requêtes d'interruption* (IRQ) utilisées par la carte pour attirer l'attention de l'ordinateur lorsqu'elle a des données à transmettre (cependant, souvent, l'IRQ est paramétrée en utilisant le logiciel d'installation de la carte plutôt que le jumper).

Les adresses d'entrée-sortie (I/0) des cartes réseau sont souvent situées entre 200h (512 en décimal) et environ 380h (896 en décimal). 200h est un nombre en hexadécimal (base 16).

Lorsqu'un équipement comme une carte réseau ou une carte vidéo doit attirer l'attention de l'ordinateur, il utilise une IRQ ou requête d'interruption. L'IRQ, arrête le système afin qu'il concentre son attention sur cet équipement. Vous devez vous en préoccuper lorsque vous installez des cartes sur des systèmes compatibles Intel, même si la carte est *Plug and Play* ou autoconfigurable.

La plupart des ordinateurs compatibles Intel disposent de 15 IRQ, dont six ou sept sont généralement disponibles pour des cartes d'extension telles que les cartes réseau et les cartes contrôleurs SCSI (voir Chapitre 3 pour les unités SCSI). Les IRQ 2 et 9 sont dites *cascadées*, et elles contrôlent les IRQ de 9 à 15 ; essayez d'éviter, si possible, ces deux IRQ (le fait de les utiliser peut invalider les IRQ de 9 à 15).

Le Tableau 10.1 fournit une liste des IRQ et des adresses mémoire les plus utilisées.

Tableau 10.1 : IRQ des ordinateurs compatibles Intel

IRQ	Fonction
0	Réservée au système d'exploitation (timer système)
1	Réservée au système d'exploitation (contrôleur clavier)
2	Utilisée pour accéder à l'IRQ 9 et au-delà (ne s'en servir qu'en dernier ressort)
3	Utilisée pour le port série COM2 (souvent placé sur la carte mère)
4	Utilisée pour le port série COM1 (souvent placé sur la carte mère)
5	Généralement non utilisée et disponible
6	Réservée au système d'exploitation (contrôleur de lecteur de disquettes)

Tableau 10.1 : IRQ des ordinateurs compatibles Intel *(suite)*

IRQ	Fonction
7	Utilisée pour le port parallèle (imprimante ou LPT1)
8	Réservée au système d'exploitation (horloge système)
9	Généralement disponible, mais à n'utiliser qu'en dernier ressort
10	Généralement disponible
11	Généralement disponible
12	Souvent utilisée pour les souris de type bus (contrairement aux souris série qui se connectent au port série)
13	Généralement non utilisée et disponible
14	Généralement utilisée pour le contrôleur primaire des disques IDE
15	Réservée au contrôleur secondaire IDE

Lorsque vous installez une carte réseau, ne vous servez pas de l'adresse ou de l'IRQ utilisées par d'autres cartes ou par la carte mère. Généralement, il est prudent d'employer l'adresse 300h et l'IRQ 10 parce qu'elles ont peu de chances d'être utilisées par d'autres cartes. Le driver permet plusieurs choix d'adresses et d'IRQ. Beaucoup de logiciels testent même les conflits avec d'autres cartes. C'est le but de la technologie Plug and Play de Microsoft.

Les IRQ

Les adresses d'entrée-sortie sont comptées en hexadécimal. Certaines des adresses d'entrée-sortie les plus courantes sont listées au Tableau 10.2. Cependant, cette liste ne s'applique pas à tous les cas. Testez vos propres paramètres (en DOS, ces informations sont souvent contenues dans le fichier CONFIG.SYS) ; dans Windows 95/98, allez dans le Panneau de configuration, choisissez Système et Gestionnaire de périphériques.

Tableau 10.2 : Adresses d'entrée-sortie les plus utilisées

Périphérique	Adresse mémoire
COM1 (premier port série)	03E8
COM2 (deuxième port série)	02E8
LPT1 (imprimante parallèle)	0378
Contrôleurs de disques IDE	170 ou 1F0
Cartes son	220 et 330

La plupart des cartes réseau utilisent des adresses en dehors de cette plage. Faites attention ! Certaines cartes réseau se servent de l'adresse mémoire 0360. Bien que celle-ci ne semble pas être en conflit avec autre chose, le driver occupe parfois trop d'espace. Lorsque cela se produit, il peut s'octroyer les adresses mémoire de 0360 à 0380, ce qui crée un litige avec le port d'imprimante, situé en 0378. Aussi, faites attention à l'adresse mémoire et à l'IRQ si vos cartes comportent des jumpers.

Habituellement, vous utilisez le driver contenu sur la disquette accompagnant la carte réseau. Bien souvent, il suffit, pour configurer la carte, de lancer le logiciel situé sur la disquette d'accompagnement. Cependant, si vous choisissez une carte reconnue, telle qu'une compatible NE2000, beaucoup de systèmes d'exploitation intègrent l'installation directe de la carte.

Dès que la carte est en place, vous êtes prêt à installer le système d'exploitation et à commencer à naviguer sur le réseau.

10BASE-T

De toutes les topologies réseau disponibles, le 10BASE-T est le plus adapté au réseau de tous les jours. Il est largement disponible, simple à installer et à maintenir, et il est extrêmement fiable. Il y a aussi pléthore de constructeurs de cartes 10BASE-T pour pratiquement tous les systèmes.

De plus, le câblage 10BASE-T offre des capacités d'évolution. Si vous utilisez le bon type de câblage (catégorie 5), le réseau pourra supporter le 100BASE-T. Cette possibilité d'évolution fait que le 10BASE-T est un bon choix de topologie de réseau.

Cependant, le 10BASE-T n'a pas que des qualités. Tout d'abord son coût. Si vous choisissez le 10BASE-T, les cartes réseau ne sont pas plus chères que les cartes combo (deux interfaces) dont je vous ai parlé pour les réseaux 10BASE2. Cependant, le 10BASE-T nécessite l'achat d'un répéteur, même si votre réseau ne comporte que deux ordinateurs.

 En fait, il n'est pas tout à fait exact de dire qu'un réseau 10BASE-T composé de deux ordinateurs a besoin d'un répéteur. Vous pouvez relier ces deux machines au moyen d'un câble spécial équipé de deux prises RJ-45, appelé *câble croisé.* Les câbles croisés sont conçus pour interconnecter des répéteurs, mais ils peuvent être utilisés pour relier deux ordinateurs en 10BASE-T. Cependant, il n'est pas souhaitable de se passer d'un répéteur dans le cas de deux ordinateurs — comment ferez-vous pour connecter un troisième ordinateur ?

Si vous anticipez la croissance de votre réseau, le 10BASE-T est une bonne topologie pour commencer. D'une part, l'Ethernet 10BASE-T est le réseau le plus simple, à la fois pour le partage de média (un segment par répéteur ou un ensemble de répéteurs reliés par des câbles croisés) et pour la technologie de commutation (voir Chapitre 2) utilisée par les commutateurs qui fonctionnent comme des répéteurs, mais qui sont plus rapides en créant des segments de réseau séparés pour chaque connexion entre ordinateurs.

De plus, le 10BASE-T est un standard des périphériques réseau, tels que les imprimantes réseau et les nouveaux photocopieurs/imprimantes réseau — la plupart de ces périphériques disposent d'un port 10BASE-T. Les routeurs et les ponts ont aussi besoin d'une connexion 10BASE-T pour se connecter au réseau.

Comme nous l'avons fait pour le 10BASE2, voici un résumé des équipements nécessaires à un réseau 10BASE-T :

- Au moins deux ordinateurs. Les ordinateurs utilisés avec les réseaux 10BASE-T sont presque toujours des compatibles Intel (appelés également *compatibles IBM*).

- Une carte 10BASE-T par ordinateur. Si vous pouvez trouver des cartes compatibles NE2000, achetez-les. Les cartes NE2000 figurent parmi les cartes les plus utilisées. Par conséquent, elles fonctionnent avec pratiquement tous les systèmes d'exploitation.

- Un répéteur disposant d'assez de ports pour connecter tous vos ordinateurs.

- Suffisamment de cordons de raccordement pour connecter chaque prise RJ-45 des cartes à la prise RJ-45 du répéteur. Un *câble de raccordement* est un câble à huit conducteurs équipés d'une prise RJ-45 à chaque extrémité. Les cordons de raccordement sont disponibles pour quelques dizaines de francs.

Le 10BASE-T, contrairement au 10BASE2, est une topologie en étoile, ce qui signifie que tout est connecté au répéteur central.

 Sachez que beaucoup de petits répéteurs ont un port spécial destiné à interconnecter les répéteurs (ou à les *empiler*). Si vous connectez un ordinateur à ce port (souvent le port 1), cet ordinateur ne pourra pas utiliser le réseau, parce que le répéteur ne se sert pas du port d'empilement comme les autres ports. Aussi, consultez la documentation de votre répéteur pour déterminer si celui-ci utilise un port d'empilement dédié, ce qui vous évitera bien des ennuis.

Token Ring

Bien que le Token Ring fonctionne de façon tout à fait différente de l'Ethernet, son implémentation physique est pratiquement identique. Si vous vous apprêtez à bâtir un réseau dans une entreprise déjà équipée d'un Token Ring, ce nouveau réseau devra aussi l'utiliser. IBM, par sa taille, est le principal promoteur du Token Ring, dont il est l'inventeur. Beaucoup de réseaux mis en place par IBM utilisent une topologie Token Ring et s'en trouvent très bien.

Comparés à l'Ethernet, les équipements Token Ring sont assez coûteux. Du point de vue de la vitesse, le Token Ring est également supérieur. Il supporte deux modes, le 4 Mbit par seconde et le 16 Mbit par seconde. Si vous construisez ou étendez un réseau Token Ring, utilisez le mode à 16 Mbit par seconde.

Le Token Ring souffre également de certains problèmes de compatibilité. Contrairement aux équipements Ethernet, il est souvent difficile de trouver des routeurs et des cartes d'imprimantes réseau pour les réseaux Token Ring — et lorsqu'ils sont disponibles, il sont nettement plus chers que leurs équivalents en Ethernet. De plus, étant donné la faible part de marché de Token Ring, les technologies telles que la commutation n'apparaissent que maintenant dans le monde Token Ring.

Le support physique d'un réseau Token Ring est le même que celui d'un réseau Ethernet parce que le câblage de base (catégorie 5) et les prises RJ-45 sont les mêmes. Les réseaux Token Ring utilisent le même schéma de terminaison de câble que l'Ethernet, c'est-à-dire la norme TIAA 568B. Pour un réseau Token Ring, vous avez besoin des équipements suivants :

- Au moins deux ordinateurs (presque tous les réseaux Token Ring utilisent des ordinateurs compatibles Intel).

- Une carte Token Ring pour chaque ordinateur.

- Une MAU (*Multistation Access Unit*) ou un répéteur Token Ring.

- Des câbles de raccordement pour chaque ordinateur. Si certains de vos câbles vont vers des sites distants, vous devez utiliser un répartiteur de brassage et des câbles entre ce répartiteur et le MAU. Un répartiteur de brassage, détaillé au Chapitre 11, est le point d'une topologie en étoile vers lequel tous les câbles réseau convergent pour se connecter au concentrateur — un MAU, dans le cas du Token Ring.

FDDI/ATM/100BASE-FX (technologies en fibre optique)

FDDI, en tant que topologie, est un peu étrange. Les fibres optiques peuvent fournir des connexions pour plusieurs topologies (ATM, FDDI, et Ethernet 100BASE-FX) en utilisant le même type de fibre optique terminée de façon identique pour chaque topologie. La différence entre FDDI, ATM, et 100BASE-FX est la méthodologie utilisée pour transmettre les données par la fibre — la configuration de la fibre reste la même.

 La *fibre optique* est un fil de verre flexible qui transporte les signaux sous forme d'impulsions lumineuses plutôt que de signaux électriques. Le FDDI et beaucoup d'autres technologies rapides utilisent la fibre plutôt que le fil de cuivre parce qu'elle est plus rapide, plus efficace et moins sensible au bruit.

Les avantages de la fibre sont nombreux. L'utilisation de la fibre optique prépare l'avenir de votre réseau. Les fibres optiques peuvent transporter des données à des vitesses extrêmement élevées, au-delà de 155 Mbit par seconde pour l'ATM. Un autre avantage de la fibre : les données ne sont pas interceptables. Puisque aucun signal électrique ne les parcourt, rien ne peut être intercepté par induction (une boucle magnétique qui entoure le câble en cuivre et capture les signaux).

Cependant, les inconvénients sont tout aussi nombreux. Le coût d'installation d'une fibre optique est extrêmement élevé (une étude récente montre que la différence de coût entre le câblage en cuivre UTP de catégorie 5 et la fibre optique est de un à neuf). De plus, la fibre n'est pas un matériau qu'un débutant peut passer au travers des murs et connecter. Son installation nécessite une compétence spécifique. Il faut savoir couper et polir l'extrémité de la fibre en une lentille qui s'insérera dans la carte réseau et le répéteur. Il faut aussi une certaine habileté pour fixer correctement l'une des extrémités au câble ainsi poli.

Cependant, si le coût n'est pas un problème, et que la bande passante et la capacité d'expansion sont vos seules contraintes, vous ne pouvez rien trouver de mieux que la fibre optique. Elle est chère et complexe, mais c'est le fin du fin en matière de réseau à haut débit.

Pour installer de la fibre, vous avez besoin des éléments suivants :

- au moins deux ordinateurs à connecter au réseau ;

- une carte réseau de topologie adaptée à la fibre que vous voulez utiliser (FDDI, ATM ou 100BASE-FX) pour chaque ordinateur ;

- un répartiteur de brassage optique situé au centre ;

- un répéteur (ou des répéteurs) disposant de suffisamment de ports pour connecter tous vos ordinateurs ;

- un bon installateur professionnel de câble en fibre optique ;

- des cordons de raccordement en fibre pour connecter les ordinateurs aux prises murales et le répartiteur de brassage aux répéteurs.

 La fibre, contrairement aux autres topologies de réseau, présente un danger. Puisque les fibres optiques véhiculent les impulsions lumineuses d'un laser, n'observez jamais l'extrémité d'un câble en fibre optique, car vous risquez d'endommager gravement votre rétine.

Sélection du type de réseau : client/serveur ou égal à égal

Dans les premiers chapitres de ce livre, vous avez été abreuvé des différents avantages et inconvénients des stratégies de réseau client/serveur et égal à égal. Dans les pages qui suivent, vous verrez comment quantifier votre décision d'aller vers le client/serveur, le égal à égal ou l'amalgame des deux.

Les réseaux client/serveur

Le véritable réseau client/serveur a un critère de base : aucune station de travail de votre réseau ne devra jamais avoir besoin d'aucune ressource d'une autre station. La totalité de l'architecture du réseau repose sur un ou plusieurs serveurs dédiés à des tâches spécifiques, telles que les services de fichiers, la connectivité Internet/WAN, l'accès à distance, l'authentification, et ainsi de suite. En d'autres termes, les stations connectées au réseau ne voient que les serveurs — elles ne se voient jamais entre elles.

Ce modèle est destiné aux grandes entreprises qui doivent gérer les ressources de leurs utilisateurs avec efficacité. Dans un pur environnement client/serveur, une bonne partie des logiciels utilisés par le client est stockée sur un disque du serveur plutôt que sur les disques des stations. Dans ce type de configuration, si la station d'un utilisateur tombe en panne, il est relativement simple de le dépanner rapidement — il suffit de remplacer sa station. Lorsque l'utilisateur se reconnecte au réseau, il aura accès aux applications nécessaires à son travail. Le client/serveur est approprié si au moins une de ces conditions s'applique à votre situation :

- Votre réseau est important (plus de 15 ordinateurs).

- Votre réseau nécessite une sécurité importante vis-à-vis de l'accès aux ressources.

- Votre réseau ne doit pas perdre de données accidentellement.

- Votre réseau nécessite que les utilisateurs se concentrent sur des applications en client/serveur plutôt que sur des applications et des ressources situées sur leur station de travail.

Les réseaux égal à égal

Les réseaux égal à égal sont basés sur l'idée que tout ordinateur relié à un réseau devra être capable de partager ses ressources avec toute autre machine. La nature décentralisée des réseaux égal à égal signifie qu'ils sont inévitablement moins structurés. Un réseau égal à égal qui dépasse quelques ordinateurs tend à fonctionner de façon capricieuse. Sous cet aspect, les réseaux égal à égal ressemblent un peu à l'Internet ; il existe des normes concernant le matériel, le logiciel, mais des connexions spécifiques entre ordinateurs s'établissent de façon anarchique.

Les réseaux égal à égal vous conviennent si les conditions suivantes sont réunies :

- Votre réseau est relativement petit (moins de 15 ordinateurs).

- Votre réseau n'a pas besoin d'une sécurisation rigoureuse de l'accès à ses ressources.

- Votre réseau n'a pas besoin de se prémunir contre les pertes accidentelles de données.

- Votre réseau nécessite que les utilisateurs se concentrent sur des applications situées sur leurs stations plutôt que sur des applications et des ressources situées sur un serveur.

Les réseaux égal à égal et client/serveur

Dans des réseaux plus complexes, une station de travail peut être à la fois cliente d'un système et fournir un service à un autre système. Cette possibilité nécessite le fonctionnement simultané des réseaux client/serveur et égal à égal. C'est le cas d'un réseau client/serveur basé sur NetWare de Novell et dont les clients sont tous des ordinateurs exécutant Windows 95/98. Les ordinateurs Windows 95/98 peuvent, avec l'ajout de la couche réseau de Microsoft, voir les autres membres d'un groupe de travail partager des ressources locales et accéder à celles du serveur NetWare.

Une telle configuration est souvent utilisée, car c'est plus simple que de planifier le réseau depuis le départ. Pourquoi ? Dans ce cas, chaque type de réseau (NetWare et Microsoft) a besoin de protocoles différents (IPX et NetBEUI). La charge supplémentaire sur le réseau, induite par l'ajout de NetBEUI, peut dégrader le temps de réponse global du réseau. Cependant, il existe des cas où la combinaison de plusieurs types de réseaux (on parle alors de réseaux biprotocoles ou dual-stack) est une solution appropriée et utile. L'exemple typique est celui d'une imprimante réseau partagée.

NetWare dispose d'une *file d'impression* et d'un logiciel d'impression en réseau. Cependant, l'utilisation de cette fonctionnalité nécessite la mise en place d'un agent sur l'ordinateur du client (ce qui n'est pas souhaitable ni toujours très fiable), ou d'une imprimante équipée d'une carte réseau (ce qui est cher). Au lieu de cela, il est plus simple d'installer la couche réseau de Microsoft basée sur NetBEUI — dès lors que les ordinateurs se voient entre eux, ils peuvent partager des ressources, ce qui simplifie le travail de l'administrateur.

Choisir le système d'exploitation des stations et le système d'exploitation de réseau

Dès que vous avez décidé quelle sera la configuration de base de votre réseau, vous devez décider quels systèmes d'exploitation répondront le mieux à vos besoins, tant au niveau des stations qu'au niveau du serveur. Les sections suivantes vous aideront à faire un choix éclairé du système d'exploitation correspondant le mieux à vos besoins.

Les systèmes d'exploitation égal à égal

Dans un réseau égal à égal, il n'y a pas de système d'exploitation de réseau. Chaque station dispose d'un système d'exploitation pouvant partager des ressources avec d'autres ordinateurs. Les systèmes d'exploitation incluent la capacité de configurer un protocole (souvent NetBIOS ou NetBEUI) et des ressources partagées utilisant ce protocole. La plupart des systèmes d'exploitation égal à égal fournissent une liste relativement limitée de ressources partageables, parmi lesquelles le partage de fichiers (ou d'espace disque) et l'impression en réseau, qui sont des fonctionnalités relativement standards.

Les sections suivantes décrivent brièvement les systèmes d'exploitation égal à égal. Nous verrons les systèmes suivants :

- Windows for Workgroups ;

- Windows 95/98 ;

- Windows NT Workstation ;

- OS/2.

Au Chapitre 4, vous avez appris ce qu'étaient les systèmes d'exploitation clients. Si vous considérez la liste des systèmes d'exploitation présentés ici, vous pouvez constater que la plupart d'entre eux sont capables de fonctionner dans un environnement égal à égal. Depuis le début des années 90, la plupart des systèmes d'exploitation clients-un seul utilisateur ont été livrés avec au minimum un ensemble de protocoles réseaux et d'outils. Cela signifie que la plupart des systèmes d'exploitation clients peuvent être utilisés pour mettre en œuvre des réseaux égal à égal.

Les réseaux de Microsoft : Windows for Workgroups, Windows 95/98, et Windows NT Workstation

Windows for Workgroups était le premier réseau "à monter soi-même" conçu pour les ordinateurs personnels compatibles Intel. Il repose sur le système d'exploitation MS-DOS de Microsoft et sur le shell graphique de Windows. Il n'est pas préemptif, mais il est capable (avec certaines configurations) de partager de l'espace disque, des imprimantes et des médias de stockage comme les CD-ROM. Il n'est pas très robuste, ce qui n'est pas recommandé pour les épines dorsales de réseaux vitaux.

Windows for Workgroups

Les réseaux Windows for Workgroups (en fait, tous les produits de réseau égal à égal de Microsoft) sont basés sur le concept de *groupe de travail*, c'est-à-dire d'un ensemble de machines appartenant à un groupe devant partager des ressources communes. Les réseaux égal à égal de Microsoft sont très polyvalents et peuvent inclure des ordinateurs exécutant Windows for Workgroups, Windows 95/98, Windows NT Workstation, et OS/2 d'IBM. De plus, sur un support physique donné, plusieurs groupes de travail peuvent coexister. Par exemple, si vous avez trois commerciaux, ils peuvent être tous membres du groupe de travail Ventes ; les membres de votre département comptabilité peuvent être membres du groupe de travail Compta. Bien sûr, il y a un utilisateur administratif disposant de comptes sur toutes les machines de tous les groupes de travail, ainsi une administration centralisée limitée est possible.

Pour partager un CD-ROM avec des ordinateurs connectés à un réseau Windows for Workgroups, il existe une astuce très simple qui ajoute deux caractères au fichier AUTOEXEC.BAT de votre système. Sur les systèmes DOS sur lesquels vous souhaitez partager le CD-ROM, tapez EDIT C:\AUTOEXEC.BAT sur une ligne de commande. Recherchez la ligne de l'AUTOEXEC.BAT qui contient MSCDEX (c'est la ligne qui démarre les extensions CD de Microsoft permettant à une machine DOS d'interagir avec les unités de CD-ROM). A la fin de la ligne, après tous les autres paramètres, ajoutez "/s". Tout cela parce que Windows for Workgroups repose largement sur les capacités réseau de MS-DOS.

Windows 95/98

Avec Windows 95/98, Microsoft a franchi une nouvelle étape en matière de réseau égal à égal. Durement critiqué à propos de Windows for Workgroups, Microsoft a conçu Windows 95 puis 98 pour qu'il soit un client réseau de premier plan. Ce pari est plutôt réussi puisque Windows 95/98 peut partager des disques et des imprimantes très facilement (d'un clic droit de la souris).

Windows 95/98 est une bonne base pour les petits réseaux égal à égal. Il est facile à installer, et son fonctionnement en réseau est beaucoup plus fiable que celui de Windows for Workgroups.

Windows NT Workstation

Après Windows 95/98, l'étape suivante est Windows NT Workstation. Microsoft a conçu Windows NT afin qu'il puisse concurrencer les stations de travail scientifiques, les systèmes destinés aux utilisateurs avancés, et les stations de travail de l'entreprise. Windows NT Workstation est sécurisé, puissant et robuste. Il peut se connecter à pratiquement tout et fonctionne très bien dans un groupe de travail de type Microsoft. Windows NT nécessite plus d'attention. Il est moins autoconfigurable que Windows 95/98, mais ses performances et sa fiabilité en font un système d'exploitation adapté aux petits réseaux égal à égal très performants.

Les réseaux d'IBM : OS/2 Warp Connect

A la fin des années 80, IBM et Microsoft ont conclu un partenariat afin de concevoir le système d'exploitation de la génération suivante. Les communiqués de presse concernant ce système d'exploitation le décrivaient comme robuste, multitâche, disposant d'une interface graphique et de grandes capacités réseau. A l'origine, il fut développé par IBM, puis codéveloppé avec Microsoft. Puisqu'il s'agissait du deuxième système d'exploitation personnel d'IBM, la firme a décidé de l'appeler Operating System/2 ou OS/2.

Initialement, OS/2 n'avait pas de fonctionnalités réseau ; les couches réseau étaient fournies séparément par différents éditeurs tels qu'IBM et Novell, parmi d'autres. Mais, au début des années 90, Microsoft s'est séparé d'IBM et d'OS/2 pour créer son propre système d'exploitation multitâche 32 bits (qui est devenu Windows NT). IBM, confronté à la concurrence, est revenu sur le marché avec une version réseau de leur produit OS/2, appelée OS/2 Warp Connect.

OS/2 Warp Connect a rencontré une audience favorable auprès d'utilisateurs déjà acquis à OS/2, qui souhaitaient améliorer des performances réseau. OS/2 Warp Connect et son successeur *Merlin* (OS/2 4.0) disposent d'un ensemble de fonctionnalités non disponibles sur les autres systèmes d'exploitation commerciaux pour PC : connexions différenciées en utilisant un identifiant et un mot de passe, capacité d'exécuter simultanément des programmes natifs OS/2 et Windows 3.x.

OS/2 peut interagir avec des réseaux égal à égal Windows ainsi qu'avec d'autres systèmes, tels que LANtastic d'Artisoft. OS/2 est relativement facile à configurer, et ses performances sont exemplaires. Cependant, ce système d'exploitation très intéressant manque cruellement d'applications. Etant donné la prédominance de Microsoft sur le marché du PC, très peu d'éditeurs ont fait l'effort de porter leurs produits sur OS/2. OS/2 est un bon choix si vous pouvez vous passer d'applications. Il est légèrement plus complexe à installer et à administrer que Windows, mais sa polyvalence et ses capacités de configuration sont aussi plus importantes.

Les systèmes d'exploitation de réseau de type client/serveur

Si vous mettez en place un réseau dont une majorité de services sera administrée de façon centralisée, l'un de ces systèmes d'exploitation de réseau est fait pour vous. Alors que dans un réseau égal à égal, il n'y a pas de leader, le réseau client/serveur est assimilable à une hiérarchie dont le serveur est le leader.

Les sections suivantes décrivent brièvement quelques systèmes d'exploitation de réseau utilisés en tant que client/serveur. Nous verrons les systèmes d'exploitation de réseau suivants :

- NetWare de Novell ;

- Windows NT Server de Microsoft ;

- UNIX.

NetWare de Novell

Aux tous premiers jours des réseaux PC, Ray Noorda, de Novell, inventa NetWare. Il fit plaisir aux premiers administrateurs réseau du monde PC qui devaient se contenter jusqu'alors des premières versions de MS-NET de Microsoft, ou de n'importe quel autre schéma de réseau apparu au milieu des années 80. NetWare était fiable, sécurisé et relativement simple, ce qui contribua à son succès.

Au fil des années, NetWare est arrivé à maturité. Son centre d'intérêt s'est déplacé des LAN vers les WAN. Avec l'avènement de NetWare 4 et de NDS (*NetWare Directory Services*), Novell disposait d'un produit qui permettait à un réseau global de fournir aux utilisateurs les mêmes ressources, quel que soit l'endroit à partir duquel ils se connectaient.

Mais, en 1994 et en 1995, deux choses sont venues perturber la stratégie de Novell. La première fut la mise sur le marché de Windows NT de Microsoft, que Novell n'a pas considéré tout de suite comme un concurrent sérieux. La politique agressive du marketing de Microsoft et la facilité d'utilisation de Windows NT font qu'il a rapidement pris des parts de marché à Novell.

La seconde erreur de Novell a été de ne pas réaliser que l'engouement du public pour l'Internet allait changer fondamentalement le champ d'action des systèmes d'exploitation de réseau. Novell utilisait son protocole IPX depuis près de 15 ans, et sous la présidence de Robert Frankenberg, il ne voyait aucune raison d'en changer. Novell ne s'est pas encore complètement adapté à l'Internet. Son produit Intranetware, annoncé comme étant la version compatible Internet de NetWare 4.1, n'est pas encore capable d'utiliser TCP/IP de façon native, bien que son nouveau président, Eric Schmidt, venu de Sun Microsystems, s'est engagé à le faire.

De plus, les canaux de support de Novell ne sont pas facilement accessibles aux utilisateurs finaux. Plutôt que de facturer des services de support en ligne, Novell a toujours fait reposer son support sur les ingénieurs certifiés NetWare (CNE, *Certified NetWare Engineers*). Malheureusement, le service de certification CNE est assez coûteux, ce qui constitue un obstacle pour les petites entreprises.

En dépit des difficultés de Novell, NetWare 4.1 and 4.11 sont d'excellents systèmes d'exploitation de réseau. Ils sont rapides, efficaces et particulièrement fiables. Le coût de NetWare est basé sur le nombre de licences utilisateur. Bien que le prix initial puisse paraître plus élevé que pour Windows NT de Microsoft, rappelez-vous que les structures de licences sont différentes. Lorsque vous achetez NetWare, votre coût inclut toutes les licences utilisateur. Lorsque vous optez pour NT Server, vous achetez le système d'exploitation du serveur, et il vous reste à acquérir les licences des postes clients. Au bout du compte, le coût est pratiquement le même pour un nombre d'utilisateurs identique.

NetWare est adapté à bon nombre de réseaux. Si vous mettez en place un petit réseau, NetWare est plus rapide que Windows NT, son principal concurrent direct. Cependant, il est difficile à installer et à maintenir. NDS, le service d'annuaire livré avec NetWare 4.x, permet d'autres fonctionnalités : si votre réseau comprend plusieurs LAN (sous la forme d'un WAN ou d'un MAN), et que vous voulez que vos utilisateurs disposent des mêmes ressources quel que soit l'endroit à partir duquel ils se connectent, NetWare est le choix logique.

Ce service d'annuaire permet également de sécuriser l'accès aux ressources quel que soit le point d'entrée sur le réseau (dans sa future version Windows NT 2000, Microsoft proposera un service d'annuaire équivalent).

Windows NT Server de Microsoft

Windows NT Server est né de la rupture entre IBM et Microsoft à propos de l'initiative OS/2. Bien que NT Server ressemble à Windows 95/98, il est bien plus. Il s'agit d'un véritable système d'exploitation de réseau, multitâche et multithread.

Depuis la sortie de Windows NT en 1993, Microsoft a essuyé de nombreuses critiques concernant sa fiabilité, sa capacité d'extension et sa robustesse. Quelques-unes de ces critiques étaient fondées, car certaines versions de Windows NT souffraient de bogues assez sérieux. Cependant, Microsoft a persévéré et a continué à améliorer Windows NT.

En comparaison de certains systèmes d'exploitation de réseau, Windows NT Server paraît assez économique. Une étude plus approfondie montre que ce n'est pas le cas. Bien que le prix du système d'exploitation de réseau soit assez bas, il faut encore acheter les licences clients. Le coût de ces licences clients porte le prix de Windows NT au même niveau que ses concurrents.

Contrairement à NDS de NetWare, NT Server n'a pas de service d'annuaire. Au lieu de cela, les serveurs NT sont organisés en domaines. Un *domaine* est un groupe de serveurs liés par des politiques de sécurité communes basées sur des relations d'approbation. Le modèle des domaines est plus complexe que le modèle de NDS et présente moins de flexibilité. Ce modèle est plus récent que celui de NDS et n'a pas sa maturité. Heureusement, il existe une alternative au modèle de domaine de Windows NT : le *Microsoft Active Directory*, qui sera intégré à Windows NT 2000, et la version de NDS pour Windows NT de Novell.

Un avantage indéniable de Windows NT Server par rapport à NetWare est sa capacité inhérente à être un *serveur d'applications,* c'est-à-dire un serveur qui peut supporter des applications en réseau. Cela ne veut pas dire que NetWare ne supporte pas les services applicatifs, mais NT Server est supérieur en tant que serveur d'applications pour plusieurs raisons :

- Les fonctions réseau de NT reposent principalement sur les RPC (*Remote Procedure Call*), qui permettent à plusieurs ordinateurs de fonctionner ensemble. Avec les RPC, chaque ordinateur effectue une partie spécifique du traitement, c'est-à-dire qu'il exécute des requêtes, les logiciels clients ou toute autre fonction.

- Les capacités de NT en tant que serveur d'applications lui permettent de partager des ressources situées sur des machines encore plus puissantes, telles que les mainframes, en utilisant son produit SNA Server.

Windows NT Server est plus adapté aux réseaux dans lesquels la facilité d'administration est cruciale. C'est un système d'exploitation de réseau majeur, comme l'est NetWare, mais son interface graphique rend l'administration plus agréable que celle de NetWare. NT Server convient également aux petits réseaux ne comportant qu'un seul serveur et qui doivent se connecter à l'Internet. NT Server dispose en effet d'un ensemble d'outils permettant de gérer les connexions réseau à l'Internet. Il utilise TCP/IP naturellement et peut se révéler un serveur Internet tout à fait remarquable.

UNIX

Contrairement à NetWare ou Windows NT, UNIX n'est pas un système d'exploitation monolithique appartenant à un seul éditeur. *A contrario*, il est représenté par une pléthore d'éditeurs et quelques leaders — Solaris de Sun Microsystems, UNIX SCO de Santa Cruz Operation, et UNIXWare sont parmi les plus populaires —, mais il n'y a pas de standard unique. UNIX est un standard ouvert, et il est disponible sur pratiquement toutes les plates-formes. UNIX existe depuis plus de 30 ans, et sa conception a été optimisée, revue et améliorée, ce qui en fait une plate-forme très fiable.

Malheureusement, la disponibilité d'UNIX sur de multiples plates-formes est devenue un problème contribuant à bloquer l'élargissement de son adoption. De plus, les logiciels écrits pour une version d'UNIX ne fonctionnent pas sur les autres versions. Cette absence de compatibilité a relégué UNIX au niveau des serveurs haut de gamme qui ont avant tout besoin de fiabilité.

Contrairement à NetWare ou à Windows NT, UNIX est très difficile à maîtriser. La puissance et la flexibilité sont tempérées par la complexité inhérente à cette puissance. Même les versions d'UNIX qui disposent de l'interface graphique X Window sont plus complexes que les autres systèmes d'exploitation de réseau.

Cependant, en dépit de sa complexité, toutes les versions d'UNIX permettent de constituer d'excellents serveurs de fichiers, d'impression et d'applications. Grâce à ses 30 ans d'existence, la fiabilité d'un système UNIX est supérieure à celle des autres plates-formes. De plus, les protocoles réseau TCP/IP sont d'autant mieux intégrés à UNIX qu'ils ont été créés pour et sur les systèmes UNIX.

Choix du protocole réseau

A l'ère de l'Internet, alors que les réseaux sont tous focalisés sur la connectivité au réseau des réseaux, il est surprenant que certains pontifes de l'industrie conseillent aux débutants d'éviter les réseaux TCP/IP — ce qui permet à la fois de connecter un réseau à l'Internet et de réduire sa dépendance par rapport aux produits d'un seul éditeur. De tels conseils sont prodigués avec de bonnes intentions — IPX de NetWare et NetBEUI de Microsoft sont, contrairement à TCP/IP, fortement autoconfigurables et faciles à utiliser. Cependant, par la force des choses, TCP/IP est sans aucun doute le seul choix judicieux que l'on puisse recommander. Les premières difficultés de mise en œuvre surmontées, ses performances et sa compatibilité sont inégalées.

Plutôt que d'expliquer simplement pourquoi TCP/IP devrait être le protocole choisi, les sections suivantes décrivent brièvement les trois protocoles utilisés aujourd'hui et comment ils doivent être utilisés.

IPX

IPX (*Internetworking Packet Exchange*) est la réponse de Novell à TCP/IP. Lorsque Ray Noorda et son équipe de Novell ont conçu NetWare au début des années 80, ils appréciaient la flexibilité, les capacités de routage et d'extension de TCP/IP, mais pas sa complexité. Par toutes ces raisons, Novell a créé IPX. IPX, comme IP, ne se soucie pas de la topologie de réseau sur laquelle il circule, pas plus que de la route spécifique empruntée par un paquet de données entre un point A et un point B.

Cependant, contrairement à IP, IPX est autoconfigurable. Il construit une adresse de réseau, sous la forme d'un nombre hexadécimal, à partir d'une combinaison d'une adresse de réseau choisie par l'administrateur et d'une adresse MAC de la carte réseau. Cela simplifie le processus d'installation d'un réseau car, dès que celui-ci est connecté physiquement, IPX peut s'autoconfigurer et commencer à router des paquets de données très rapidement. Les administrateurs n'ont pas besoin de configurer les adresses réseau de chaque machine (une fonctionnalité qui peut vous faire gagner beaucoup de temps). De plus, IPX est rapide.

Mieux encore, les paquets de données de IPX sont suffisamment proches de IP pour que vous puissiez les convertir en paquets IP et les router sur l'Internet — c'est exactement ce qu'a fait Novell pour Intranetware 4.11. Pour les administrateurs, c'est un bon moyen de fournir un accès à l'Internet aux utilisateurs, tout en évitant le processus complexe consistant à configurer TCP/IP sur chaque station. La contrepartie est une compatibilité moindre avec les normes de l'Internet et une légère perte de vitesse due au processus de conversion IPX vers IP mais, au total, IPX constitue une solution tout à fait acceptable, dès lors que votre réseau n'a pas besoin d'adresses IP internes auxquelles on peut accéder de l'extérieur.

NetBIOS/NetBEUI

IBM a conçu le protocole NetBIOS pour construire de petits réseaux monosegments. De même que le BIOS (*Basic Input/Output System*) de l'ordinateur gère les interactions entre le système d'exploitation et le matériel, NetBIOS et NetBEUI (*NetBIOS Extended User Interface*) sont des protocoles permettant des opérations d'entrée-sortie sur le réseau.

NetBIOS (et son successeur plus performant, NetBEUI) a été conçu pour être rapide et très efficace sur de petits LAN — et seulement sur de petits réseaux. NetBIOS et NetBEUI ne peuvent pas être routés et ne peuvent donc pas fonctionner dans un environnement WAN. Si vous devez utiliser NetBIOS dans un WAN, les paquets NetBIOS doivent être *encapsulés* dans IPX ou plus souvent dans IP, lors d'un processus appelé NetBIOS sur TCP/IP (NBT).

NetBIOS et NetBEUI ont des avantages indéniables sur IPX et IP : au lieu d'utiliser des adresses de réseau numériques, ils utilisent des noms alphanumériques (c'est-à-dire des lettres de l'alphabet et quelques signes de ponctuation). Par exemple, si un ordinateur du réseau s'appelle Fred et un autre Ginger, et que l'ordinateur Fred doit envoyer des paquets à l'ordinateur Ginger, *l'adresse source* (à partir de laquelle les paquets sont émis) est Fred et *l'adresse de destination* (celle qui reçoit les paquets) est Ginger. Il n'est pas nécessaire de convertir les noms de machines en numéros et, de ce fait, la mise en place du réseau est *très* simple.

L'inconvénient réside dans le fait que chaque ordinateur doit constamment rappeler son existence aux autres ordinateurs du réseau. Ce bavardage constant de NetBIOS/NetBEUI nécessite de la bande passante. C'est une raison supplémentaire pour laquelle ces protocoles sont mieux adaptés aux petits réseaux.

Si votre réseau est limité et qu'il repose essentiellement sur des produits de Microsoft, NetBEUI est un moyen facile de connecter vos systèmes. Il n'est pas conçu pour être extensible, mais il rend les connexions faciles. De tous les protocoles que nous avons évoqués, NetBIOS et NetBEUI sont de loin les plus simples à installer.

TCP/IP

S'il y a bien un fédérateur en matière de réseau, c'est TCP/IP. TCP/IP était, est, et heureusement restera un ensemble de protocoles

223

défini par un comité et adopté par un large consensus. C'est la référence par rapport à laquelle sont évalués les autres protocoles, grâce à la richesse fonctionnelle de la série de protocoles TCP/IP qui n'est égalée par aucun autre protocole.

En tant que protocole, IP ne se préoccupe pas de la route qu'emprunte un paquet pour aller du point A au point B, et c'est pour cela qu'il est utilisé sur l'Internet. IP dispose d'un ensemble de fonctions fortement standardisées (API socket) qui se comportent de la même façon, quel que soit le type de matériel sur lequel elles sont implémentées, et qui fournissent un schéma d'adressage réseau très souple. Comme nous l'avons vu au Chapitre 3, IP a deux inconvénients : sa complexité et la diminution du nombre d'adresses IP de son schéma d'adressage actuel. Heureusement, la version 6 de IP (appelée IPng ou IPv6) élimine les limitations des adresses de réseau et commence à être adoptée.

En dépit de ces inconvénients, TCP/IP vaut la peine. Il permet de connecter des machines exécutant des systèmes d'exploitation différents, en utilisant un réseau unique très souple et administrable. De plus, la capacité d'extension de TCP/IP est quasiment infinie.

En dépit de ces avantages, sa complexité a été dénoncée par quelques pontifes de l'industrie qui déconseillent l'utilisation de TCP/IP. Ce comportement peut se révéler dangereux. Certaines personnes veulent tirer rapidement profit de leur réseau, sans avoir à se préoccuper de technique. Cependant, avec TCP/IP, le temps investi au départ est un exemple de bon retour sur investissement — les avantages sont très largement supérieurs aux inconvénients.

Le seul fait que TCP/IP fonctionne sur pratiquement toutes les plates-formes matérielles disponibles signifie qu'un système de réseau TCP/IP a beaucoup moins de chances d'être dépendant d'un seul éditeur.

Chapitre 11

Assemblage physique d'un réseau

A ce stade, nous avons étudié la théorie des réseaux, vu comment ils fonctionnent et ce que sont les principaux systèmes d'exploitation. Au cours des chapitres suivants, nous approfondirons les systèmes d'exploitation de réseau de façon que vous puissiez choisir en toute connaissance de cause.

Au cours de ce chapitre, nous verrons les points suivants :

- l'installation des cartes réseau ;

- les répartiteurs de brassage : câbles, connexions et concentrateurs ;

- les réseaux à topologie en étoile : Ethernet 10BASE-T, Token Ring, ATM et FDDI ;

- la connexion des réseaux en bus : Ethernet 10BASE-2 ;

Ce chapitre a pour vocation de servir de référence. Il vous familiarisera avec les processus d'installation d'un grand nombre de matériels et vous permettra de choisir une entreprise de câblage avec moins de risques.

Avant l'installation

Bien que les composants électroniques paraissent robustes, il n'en est rien. Les ordinateurs et l'électronique des réseaux peuvent, paradoxalement, être endommagés par l'électricité. Bien que votre ordinateur soit relié à la prise secteur 220 volts, ne croyez pas pour autant que sa carte mère ou que le répéteur supporte cette tension. La plupart des ordinateurs et des équipements réseau utilisent du 5 volts. L'électricité statique, qui peut largement dépasser les 20 000 volts, peut endommager les circuits d'une puce de silicium. Aussi, si vous ne voulez pas courir le risque d'endommager des équipements coûteux, cette section présente les quelques précautions à prendre, à la fois pour votre propre sécurité et pour l'intégrité de l'ordinateur et des équipements réseau sur lesquels vous travaillez.

Prenez d'abord toutes les mesures pour éviter les chocs électriques, pour vous-même comme pour le matériel :

- **Portez un bracelet antistatique lorsque vous travaillez sur un ordinateur.** Un bracelet antistatique est un petit équipement (souvent placé sur l'un de vos poignets) qui vous relie à l'ordinateur. Cela permet de s'assurer que vous êtes au même potentiel électrique que l'ordinateur, ce qui vous épargnera de détruire des composants lorsque vous les installez. Ces bracelets antistatiques sont disponibles, pour quelques dizaines de francs, chez les revendeurs de matériel informatique.

- **Eteignez toujours l'ordinateur avant des travaux d'installation.** Même si cela paraît être du bon sens, il n'en est rien. L'installation d'une carte d'extension sous tension est l'assurance d'endommager la carte et (très souvent) la carte mère.

- **Débranchez toujours l'ordinateur avant de l'ouvrir pour y installer un équipement.** Une fois encore, bien que cela paraisse évident, il est surprenant de constater que peu de personnes y pensent. Outre la quasi-certitude d'endommager l'ordinateur, vous prenez aussi le risque de recevoir un choc électrique, ce qui n'est pas très agréable et pas particulièrement indiqué pour votre santé.

Ensuite, prenez quelques précautions lorsque vous ouvrez le capot de l'ordinateur pour installer des cartes d'extension :

- **Si vous ouvrez le boîtier et que le capot ne s'enlève pas facilement, ne forcez pas.** Brutaliser le boîtier d'un ordinateur peut l'endommager, ainsi que les composants délicats qui le constituent.

Aux premiers jours des réseaux PC, ôter le capot d'un PC était une aventure. Le nombre de câbles d'un IBM XT était atterrant. Si vous ôtiez le capot sans discernement, vous étiez pratiquement certain d'arracher un câble.

De nos jours, les constructeurs d'ordinateurs ont amélioré le câblage interne. Il n'est pas fréquent que le capot fasse partie du parcours des câbles. Néanmoins, en ouvrant délicatement le boîtier, vous mettez toutes les chances de votre côté.

- **Marquez tous les câbles et toutes les connexions si vous devez déconnecter quelque chose.** Cela vous permettra de réassembler plus facilement un ordinateur. Vous pouvez utiliser un marqueur pour repérer les câbles et dessiner un petit schéma indiquant quels câbles sont connectés à quels équipements.

- **Lorsque vous installez des cartes d'extension, assurez-vous que la carte et le slot ont la même interface.** En d'autres termes, ne mettez pas une carte PCI dans un slot ISA ou *vice versa*.

Juste pour votre culture personnelle, voici une description rapide des types de slots correspondant aux cartes :

Les cartes ISA peuvent s'intégrer à des slots ISA, EISA et, dans certains cas, VESA. Les cartes ISA ont des connecteurs de 62 ou 98 broches.

Les cartes EISA ne peuvent s'intégrer que dans des slots EISA. Les cartes EISA ressemblent aux cartes ISA, avec une différence fondamentale : elles ont des connecteurs de 100 broches (un ensemble de 62 broches et un autre de 38 broches).

Les cartes VESA ne s'intègrent que dans les slots VESA. Les cartes VESA sont différentes d'un ordinateur à l'autre.

Les cartes PCI ne s'intègrent que dans des slots PCI. Les cartes PCI sont faciles à distinguer des autres cartes parce que les connecteurs PCI sont plus étroits et les broches plus fines.

Rappelez-vous ces points si vous ne voulez pas accidentellement introduire de force une carte ISA dans un slot PCI.

Pour connaître le type de connecteur d'une carte, il suffit de lire la notice livrée avec la carte et de regarder le connecteur. Avec un peu d'habitude, vous les reconnaîtrez d'un simple coup d'œil.

- **N'utilisez pas la force pour insérer les cartes dans les slots.** C'est le plus sûr moyen d'endommager les cartes et de rompre la garantie. Si une carte ne s'insère pas bien, regardez-la de plus près. L'interface est-elle correcte ? Est-ce que la bande de métal à l'arrière de la carte en est la cause ? Un examen approfondi peut souvent vous indiquer quel est le problème. Il est parfois nécessaire de recourber légèrement cette bande de métal pour que la carte s'insère correctement. Ce processus peut être fastidieux, mais il évite d'endommager les cartes mères. Dans la section suivante, vous en apprendrez plus sur l'installation des cartes d'extension, mais cette précaution doit être répétée, car l'insertion brutale des cartes provoque plus de problèmes que toute l'électricité statique du monde.

- **Utilisez les outils adéquats.** Ayez un bon tournevis Philips et, si possible, un ensemble de clés. Les pinces à épiler sont utiles pour ramasser les petites pièces. Et, bien sûr, répétons-le, un bracelet antistatique.

Travailler avec les équipements réseau n'est pas très difficile moyennant quelques précautions. Il s'agit avant tout de bon sens et d'un minimum d'habileté manuelle.

Installation des cartes d'extension

Les cartes d'extension sont incontournables, particulièrement dans le monde des ordinateurs compatibles Intel. Parce que très peu d'ordinateurs sont livrés avec des capacités réseau (bien que cela soit en train de changer), vous devrez en passer par l'installation d'une carte réseau.

Cette section survole l'installation d'une carte d'extension sur votre ordinateur. Rappelez-vous que ces recommandations ne sont pas universelles et qu'il convient de les adapter en fonction de votre machine.

1. **Eteignez votre ordinateur et débranchez le cordon secteur.**

2. **Identifiez la carte.** Placez votre bracelet antistatique, sortez la carte de son sachet et examinez-la (voir Figure 11.1). Quelle est son interface (ISA, EISA, PCI) ?

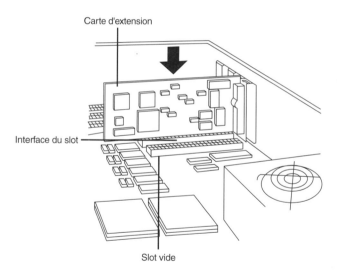

Figure 11.1 : Déterminez l'interface du slot en observant le connecteur — les contacts dorés à l'extrémité de la carte.

3. **Paramétrez la carte (si le matériel le permet).** Examinez sa surface. Sur quelques anciennes cartes, vous apercevrez des jumpers ou des micro-interrupteurs, qui sont utilisés pour modifier

certains paramètres (adresse d'entrée-sortie, IRQ). Pour cela, référez-vous à la documentation pour déterminer à quels paramètres correspondent ces jumpers. Inversement, si vous ne voyez aucun jumper ou micro-interrupteur, la carte est peut-être Plug and Play, ou paramétrable logiciellement. La Figure 11.2 montre les jumpers et les micro-interrupteurs, qui sont positionnés en fonction des spécifications du constructeur.

 Les cartes d'extension Plug and Play sont des cartes dont les adresses d'entrée-sortie et les IRQ sont paramétrées de façon logicielle et non par des jumpers.

Les cartes paramétrées logiciellement nécessitent que vous lanciez un programme d'installation après avoir placé physiquement les cartes dans l'ordinateur.

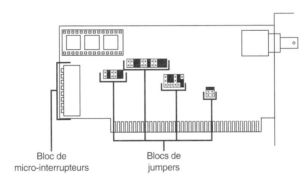

Bloc de
micro-interrupteurs

Blocs de
jumpers

Figure 11.2 : Un bloc de jumpers et un bloc de micro-interrupteurs.

4. **Ouvrez l'ordinateur.** Dès que la carte a été paramétrée (si elle dispose de jumpers ou de micro-interrupteurs), replacez-la dans sa protection antistatique (souvent un sachet plastique en mylar argenté). Dévissez le capot de l'ordinateur (les vis sont souvent situées à l'arrière du boîtier) et ôtez-le. Dans le cas où ce capot ne se détacherait pas facilement, n'utilisez pas la force. Regardez plutôt ce qui peut entraver son ouverture.

5. **Choisissez le slot et ôtez sa protection.** Il s'agit d'une petite pièce de métal placée à l'arrière de la machine et qui recouvre le slot lorsque aucune carte n'est installée (voir Figure 11.1). La protection du slot est souvent maintenue par une vis. Récupérez cette vis qui vous permettra de fixer la carte après sa mise en place.

6. **Installez la carte dans le slot.** Dès qu'elle est bien positionnée, exercez une légère pression en vous assurant que la pièce de métal est bien orientée vers l'extérieur. Refixez la vis pour maintenir la carte.

7. **Replacez le capot et revissez-le.** Rebranchez le cordon secteur et allumez l'ordinateur. Vous devez maintenant installer le driver de la carte (utilisé pour permettre à la carte et aux autres matériels d'interagir avec le système d'exploitation). Nous avons parlé des drivers au Chapitre 4.

Comme vous le voyez, les cartes ne sont pas très difficiles à installer. Si vous prenez un minimum de précautions, vous éviterez de détériorer le matériel. Il est conseillé de consulter la notice de votre ordinateur et de déterminer quels slots ont la même interface que la carte d'extension que vous voulez installer. Si cet ordinateur a plusieurs slots correspondant à cette interface, utilisez le premier venu — aucun slot n'est préférable à un autre.

 En fait, cette procédure n'est pas limitée aux seules cartes réseau. Vous installerez toutes les cartes d'extension plus ou moins de la même façon. Ainsi, lorsque vous saurez ce qu'il faut faire, vous pourrez déplacer les cartes comme bon vous semble.

Le câblage : les répartiteurs de brassage, les câbles, les connexions, les concentrateurs et les terminateurs

Après les cartes réseau, le câblage est dans beaucoup de cas la partie la plus importante d'un réseau. Sans câbles, les données n'iraient simplement pas d'un point à un autre. Les sections suivantes se focalisent sur l'aspect opérationnel du câblage réseau. C'est une concrétisation de ce que vous avez pu apprendre au Chapitre 5.

Le répartiteur de brassage : Ethernet, Token Ring, ATM et FDDI enfin réunis

La plus grande partie de l'infrastructure d'un réseau devra être protégée par des portes verrouillées. Ce n'est pas parce que ces équipements constituent un quelconque danger, mais l'accès libre aux équipements de communication peut entraîner des vols d'informations, voire même des vols d'équipements.

Ainsi, si vous mettez en place un réseau d'entreprise, il faudra prévoir un répartiteur de brassage. Bien sûr, cela n'a de sens que pour une topologie de réseau en étoile. Un répartiteur de brassage n'est pas nécessairement encombrant ; il faut simplement que ce soit un emplacement central disposant d'une alimentation électrique et de passages de câbles. Bien souvent, ce répartiteur de brassage peut aussi faire office de répartiteur téléphonique.

Le répartiteur de brassage minimaliste doit contenir les éléments suivants :

- **Un ensemble de panneaux de brassage** (voir Figure 11.3). Un panneau de brassage est un équipement, souvent placé dans un rack, qui dispose d'une rangée de connecteurs RJ-45. Chaque connecteur est relié à un câble dont l'autre extrémité est la prise murale de votre bureau. Il est possible d'installer et de câbler vos propres panneaux de brassage. En fait, c'est même assez simple. Les fils reliés aux contacts situés à l'arrière de ces panneaux sont différenciés par leur couleur, ce qui diminue les risques d'erreurs. Néanmoins, il faut utiliser des outils spéciaux, et il est préférable d'en apprendre le maniement avec une personne déjà opérationnelle.

- **Un ou plusieurs concentrateurs.** Les concentrateurs (répéteurs et commutateurs) ont tendance à être situés dans le répartiteur de brassage pour deux raisons. D'abord parce qu'ils sont plutôt petits — ils peuvent tenir dans la mallette d'une personne de moralité douteuse qui aurait décidé d'en voler un. De plus, ils constituent d'excellents équipements d'espionnage ; si une carte configurée en *mode de promiscuité* est placée dans un concentrateur, il est possible de lire toutes les données circulant sur le réseau. Parce que cela représente une faille de sécurité majeure, il vaut mieux limiter l'accès physique des concentrateurs aux seules personnes habilitées (voir Figure 11.4).

Figure 11.3 : Un panneau de brassage.

Figure 11.4 : Un concentrateur typique.

- **Les chemins de câbles.** Puisque le répartiteur de brassage est le lieu où converge tout le câblage réseau de votre entreprise, un grand nombre de câbles sont connectés aux panneaux de brassage. Les chemins de câbles permettent à ceux-ci de traverser les murs, les plafonds et les planchers. Si vous avez beaucoup de câbles à passer, il est préférable de faire appel à des professionnels, ce qui réduit ainsi considérablement les risques de problèmes.

- **Les cordons de brassage.** Les cordons de brassage sont des câbles qui relient les panneaux de brassage au concentrateur. Vous avez besoin d'un cordon de brassage pour relier le port d'un panneau de brassage au port d'un concentrateur. Pour les topologies Ethernet et Token en cuivre (de loin les plus courantes), cela signifie généralement un câble équipé d'une prise RJ-45 à chaque extrémité (voir Figure 11.5). En fait, vous aurez aussi besoin d'un cordon de brassage pour relier la carte réseau de l'ordinateur à la prise murale du réseau.

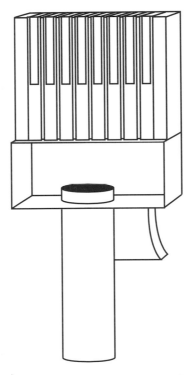

Figure 11.5 : Un connecteur RJ-45 — un cordon de brassage typique utilisé pour le 10BASE-T et le Token Ring.

Les répartiteurs de brassage ne sont pas absolument nécessaires, mais ils facilitent le fonctionnement du réseau et le rendent plus sûr.

La connexion d'un réseau de topologie en étoile ou en anneau est vraiment très simple, dès lors que les panneaux de brassage et les prises murales ont été installés. Vous n'avez plus qu'à relier la prise 10BASE-T de la carte réseau de l'ordinateur à la prise murale, au moyen d'un cordon de brassage, puis à vous assurer que le port correspondant du panneau de brassage est connecté au concentrateur (voir Figure 11.6).

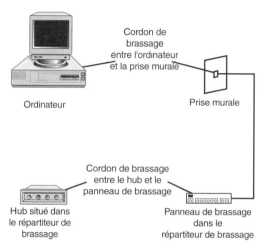

Figure 11.6 : Comment les ordinateurs sont reliés par un répartiteur de brassage.

Le câblage point-à-point : 10BASE2 et 10BASE5

Bien sûr, tous les réseaux n'ont pas besoin d'un répartiteur de brassage. Les réseaux de type bus, tels que le 10BASE2 (coaxial fin), vont d'un point à un autre, d'un ordinateur à un autre, en constituant ainsi une longue chaîne série. Pour le 10BASE2, bien plus répandu que le 10BASE5, chaque extrémité de la chaîne est terminée par une petite résistance.

La connexion d'un réseau 10BASE2 est la simplicité même. De fait, la seule difficulté est la même que pour les réseaux 10BASE-T ou Token Ring, c'est-à-dire traverser les murs. Il est possible de le faire vous-même (voir les chapitres précédents), mais si vous n'êtes pas habitué à passer des câbles au travers des plafonds et des murs, il vaut mieux confier le travail à des installateurs professionnels.

Dès que le câble est installé, voici les étapes permettant de connecter du 10BASE2 :

1. **Installez une carte réseau 10BASE2** dans chaque ordinateur (référez-vous à la section "Installation des cartes d'extension" de ce chapitre).

2. **Placez un connecteur en T sur chaque carte réseau.** Vous devez relier le câble à un connecteur en T situé à l'arrière de la carte (voir Figure 11.7). Pour fixer correctement le connecteur en T, il faut faire un quart de tour dans le sens des aiguilles d'une montre. Dès que vous sentez un léger clic, le verrouillage du connecteur est assuré.

Figure 11.7 : Un connecteur en T.

3. **Connectez le câble 10BASE2.** Rappelez-vous comment vous venez de verrouiller le connecteur en T à l'arrière de la carte. Faites exactement la même chose pour relier le câble 10BASE2 au connecteur en T. Reliez vos ordinateurs sous la forme d'une chaîne, de proche en proche.

4. **Ajoutez des terminateurs à chaque extrémité du câble réseau.** Dès lors que vous avez chaîné tous vos ordinateurs, il

vous reste deux connecteurs en T qui ne sont reliés à aucun câble. Placez des résistances de terminaison sur ces deux connecteurs, afin que le matériel puisse déterminer la fin du réseau (voir Figure 11.8).

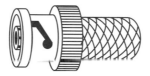

Figure 11.8 : Un terminateur.

Chapitre 12

Les applications réseau

Certaines des applications dont nous allons parler dans ce chapitre ne peuvent accomplir qu'une seule tâche à la fois — l'agenda de groupe ou l'e-mail, par exemple. D'autres applications peuvent vous offrir un panel d'applications correspondant à vos besoins. En fonction de leur champ d'action, ces dernières s'appellent des *gestionnaires de données personnelles* (PIM, *Personal Information Managers*) ou des *groupware*. Les gestionnaires de données personnelles et les groupwares sont tous deux conçus pour partager des informations entre plusieurs utilisateurs. Les groupwares sont de véritables applications client/serveur, tandis que les gestionnaires de données personnelles peuvent se résumer au partage d'un répertoire sur le serveur.

Au cours de ce chapitre, nous verrons les éléments suivants :

- Qu'est-ce qu'une application réseau ?

- Pourquoi les applications réseau sont-elles recherchées ?

- La différence entre systèmes propriétaires et systèmes ouverts.

Commençons par évoquer l'e-mail parce que c'est l'application qui stimule la croissance du réseau dans bon nombre de cas.

E-mail

Le courrier électronique (e-mail) fonctionne un peu de la même manière que le courrier postal, mais plus simplement. Vous rédigez votre lettre, choisissez le destinataire dans une liste (ou vous saisissez son adresse et la sauvegardez si c'est la première fois que vous lui écrivez), vous sélectionnez le niveau de priorité et vous l'envoyez. Votre système d'e-mail tient compte de l'adresse de retour.

L'e-mail traverse le réseau local et l'Internet sans se soucier le moins du monde du chemin qu'il emprunte. S'il arrive à destination, tant mieux ; sinon, il sera rejeté par le système, et l'expéditeur recevra assez rapidement un avis de non-remise.

L'e-mail est apparu comme une fonction de base des premiers systèmes d'exploitation UNIX. Il s'agissait essentiellement d'un automate de copie de fichiers qui recopiait un fichier de votre disque local vers un disque distant. Il était constitué d'éléments hétéroclites et peu efficaces.

Pour en finir avec les différentes versions d'e-mail, souvent incompatibles d'un système UNIX à l'autre, Eric Allman à écrit un programme appelé *sendmail*. Sendmail offre un grand nombre d'options permettant d'émettre et de recevoir du courrier. Il est tellement complexe que beaucoup d'administrateurs système UNIX considèrent que son paramétrage correct relève de l'exploit. Sendmail dispose des fonctions suivantes :

- Il collecte le courrier en provenance des utilisateurs du réseau.

- Il s'assure que celui-ci parvient au bon destinataire.

- Il permet à l'administrateur de définir des *alias* qui explicitent les adresses de destination.

Ces trois fonctions de base de sendmail servent de référence à la communauté des réseaux qui développa des systèmes d'e-mail, dont toute la complexité fut concentrée sur le serveur, tandis que l'interface utilisateur était simplifiée.

L'e-mail est un peu comme le téléphone ; il doit fonctionner tout le temps pour que les utilisateurs aient confiance en lui. S'il est fiable, il devient un élément vital de votre environnement.

Les utilisations de l'e-mail

L'e-mail n'est pas simplement d'un courrier électronique. Il peut vous aider à remplacer les notes de service et le reste. Cependant, il peut faire beaucoup mieux que cela, à la fois dans et en dehors du réseau local. Dans le réseau local, il sert souvent de fondation aux applications de groupware. L'e-mail est le *transport,* le logiciel qui véhicule les données entre les différents ordinateurs. Il reste également inégalé dès lors qu'il s'agit de véhiculer des informations sans avoir à se soucier de photocopier le document.

Vers l'extérieur, l'e-mail peut faire encore plus pour vous. Supposez que vous disposiez d'une liste de clients auxquels vous devez régulièrement faire parvenir des mises à jour. En utilisant un *serveur de liste* (listserver), vous pouvez envoyer du courrier électronique à beaucoup de personnes à la fois. Les serveurs de liste vous permettent de vous abonner (avec la commande *subscribe*) à des listes de diffusion et à des groupes de *nouvelles* (news). Ils sont disponibles sur de nombreuses plates-formes et, correctement configuré, un serveur de liste respectant la *netiquette* est un outil très intéressant pour envoyer des informations à beaucoup de monde à la fois.

 La *netiquette* consiste à ne jamais communiquer l'adresse e-mail de quelqu'un à un serveur de liste si celui-ci n'a pas explicitement autorisé sa diffusion. Les mailings massifs de l'Internet qui envoient des e-mail à des personnes qui ne les ont pas sollicités sont appelés des *spams*. Tous les e-mail à caractère commercial qui n'ont pas été sollicités sont également considérés comme des spams.

De plus, ces pratiques sont consommatrices de bande passante et elles sont donc, à ce titre, doublement nuisibles. Evitez donc de contribuer à l'extension de ce fléau.

Les systèmes de messagerie propriétaires

Avec l'apparition des réseaux de PC au début des années 80, quelques éditeurs commencèrent à développer des systèmes de messagerie propriétaires pour les environnements PC. Ces systèmes, de cc : Mail de Lotus à Microsoft Mail, en passant par les variantes de MHS (*Message Handling System*) de Novell, tentèrent souvent de pallier la complexité de mise en œuvre de sendmail.

Les systèmes de messagerie pour les réseaux PC sont très faciles à installer et à configurer. Cependant, pour l'essentiel, le gain obtenu en matière de simplicité est oblitéré par une incompatibilité entre ces différents systèmes. Les systèmes de messagerie propriétaires ne peuvent dialoguer que par l'entremise de *passerelles de messagerie,* des ordinateurs qui convertissent un format propriétaire en un autre.

De plus, les systèmes de messagerie propriétaires ne peuvent pas envoyer directement de courrier sur l'Internet. Ils ont besoin d'une autre passerelle convertissant leur format propre en format SMTP (*Simple Mail Transport Protocol*), la partie du protocole TCP/IP qui gère le routage du courrier.

La plupart des systèmes de messagerie propriétaires sont de conception *serveur centrique*, ce qui signifie qu'ils ne sont efficaces que sur un réseau local. Dans une conception serveur centrique, la plupart du courrier est stocké sur le disque dur du serveur, ce qui signifie qu'il faut beaucoup de temps pour ouvrir une connexion d'accès à distance.

Ainsi, les systèmes de messagerie propriétaires ne sont pas à conseiller. Bien qu'ils soient faciles à configurer et à utiliser, leurs inconvénients dépassent leurs avantages. Il est souvent préférable de choisir des standards ouverts de messagerie.

Les systèmes de messagerie ouverts

Comme pour tout ce qui concerne les réseaux, l'IETF (*Internet Engineering Task Force*) a travaillé sur des standards non propriétaires pour les fonctions de messagerie. Une fois de plus, ces standards sont décrits dans des RFC (*Requests for Comments*). Dès lors que vous utilisez TCP/IP, vous pouvez utiliser l'e-mail de l'Internet. Tout ce dont vous avez besoin, c'est d'un serveur sur lequel s'exécute la partie serveur de l'application et d'un logiciel client permettant de récupérer le courrier sur le serveur.

Il existe plusieurs éditeurs de logiciels serveurs et clients. L'intérêt des standards proposés par l'IETF tient au fait que n'importe quel client peut dialoguer avec n'importe quel serveur, dès lors qu'ils se conforment aux standards : SMTP pour la partie serveur, et POP3 ou IMAP4 pour le côté client.

Les standards côté serveur : Simple Mail Transport Protocol (SMTP)

Le protocole SMTP (*Simple Mail Transport Protocol*) est un système étonnamment simple qui accomplit très bien une tâche : il route le courrier entre les différents serveurs e-mail de l'Internet. SMTP est encore plus simple que UUCP (*UNIX-to-UNIX Copy Program*), qui nécessitait qu'un utilisateur saisisse le chemin complet entre son ordinateur et l'ordinateur du destinataire. Avec SMTP, l'utilisateur doit simplement donner un nom d'utilisateur et un nom de domaine Internet, pour que SMTP route ce message vers le destinataire.

Le Tableau 12.1 montre les différences de routage entre UUCP et SMTP.

Comme vous pouvez le constater, SMTP est beaucoup plus simple à utiliser que UUCP. Un serveur SMTP correctement configuré fournit la base d'un système de messagerie conforme aux standards de l'Internet — tous les clients de messagerie utilisant POP3 ou IMAP4 feront l'affaire.

Tableau 12.1 : Comparaison entre UUCP et SMTP

Protocole	Tâche	Adresse e-mail
UUCP	L'utilisateur Percy veut envoyer un message à l'utilisateur Bertram, et le message doit traverser les ordinateurs de Fred, de Ginger et de Tbone.	**fred!ginger!Tbone!bertram**
SMTP	L'utilisateur Percy veut envoyer un message à l'utilisateur Bertram et il ne connaît que le nom de domaine de Bertram. SMTP n'a pas besoin d'être routé au travers des machines intermédiaires. Il envoie directement l'e-mail au serveur sur lequel le destinataire a un compte.	**bertram@rocking.chair.org**

Les standards côté client : POP3 et IMAP4

SMTP et UUCP gèrent le courrier entre les serveurs. Lorsque celui-ci doit aller du serveur vers le client, ce sont les protocoles POP3 (*Post Office Protocol version 3*) et IMAP4 (*Interactive Mail Access Protocol version 4*) qui font le travail. Ces deux protocoles gèrent l'interaction du client avec le serveur.

L'e-mail de l'Internet repose sur deux événements :

- Le courrier doit être reçu et stocké par le serveur SMTP ou UUCP.

- Un utilisateur doit se connecter à un serveur de courrier en se servant d'un logiciel client — compatible POP3 ou IMAP4 — afin de récupérer le courrier sur le serveur.

POP3 et IMAP4 sont des protocoles clients de messagerie. Des deux, POP3 est le plus ancien et, bien qu'il soit très efficace, IMAP4 dispose de fonctionnalités supplémentaires qui en font le successeur potentiel de POP3.

Dans l'e-mail compatible POP3, le courrier est d'abord reçu sur le serveur. Lorsque l'utilisateur se connecte sur le serveur, le courrier est téléchargé sur la station cliente et il est effacé du serveur. Ce système est efficace lorsque le client ne se connecte que depuis un seul ordinateur. Lorsqu'il y a plusieurs machines clientes, il n'est pas possible de synchroniser les messages sur toutes les machines. Considérons l'exemple suivant.

Daniel part pour un voyage d'affaires et emporte son portable. Lorsqu'il est à l'extérieur du bureau, il se connecte par téléphone au serveur d'accès à distance, qui sert aussi de serveur de messagerie et rapatrie son courrier POP3. Pour ce faire, il télécharge tout le courrier en attente sur le serveur sur son portable et le lit. Certains messages sont indépendants et ne font pas référence à des messages antérieurs. Cependant, d'autres messages font référence à ceux qu'il a reçus sur son ordinateur de bureau, sur lequel ils sont encore stockés. N'en ayant pas de copie sur son portable, il a quelques difficultés pour y répondre.

A contrario, IMAP4 permet à un utilisateur de voir tous les sujets des messages lorsqu'il se connecte sur le serveur. En utilisant le *mode déconnecté,* IMAP4 peut conserver une copie des messages sur le serveur ou les rapatrier sur les postes clients, ce qui signifie qu'un client distant peut accéder à n'importe lequel des courriers qu'il a reçus.

Si Daniel utilise un client e-mail compatible IMAP4, il peut voir l'intégralité de la liste des messages qu'il a reçus précédemment et récupérer ceux qu'il veut relire. Puisque IMAP4 est supporté par un nombre croissant de clients de messagerie, il est recommandé pour les réseaux dont les utilisateurs sont susceptibles de se déplacer.

Envoi de fichiers : Multipurpose Internet Mail Extensions (MIME)

Au début, les e-mail ne comportaient que du texte. L'IETF a considéré qu'il serait préférable d'y associer des fichiers de toutes sortes. Ainsi naquit la norme MIME.

Si l'e-mail ne transportait que du texte, ce serait déjà un outil très satisfaisant. Cependant, tous les fichiers ne sont pas que des messages textuels. Les fichiers binaires (programmes exécutables), images ou sonores ne pouvaient pas être véhiculés par des e-mail.

Pour cette raison, l'IETF a décidé de créer un ensemble d'extensions de SMTP permettant d'attacher ces fichiers à un e-mail. Plutôt que de définir une nouvelle version de SMTP pour chaque nouveau type de fichiers, l'IETF a décidé de créer un système dans lequel les nouveaux types de fichiers pourront être ajoutés sans modification de l'ensemble du système. Cette norme de l'IETF, appelée MIME, permet la copie de fichiers de différents types au travers de l'Internet.

La maturité de l'Internet apportera sans doute bien d'autres types de fichiers. Cependant, MIME est suffisamment ouvert pour supporter ces nouveaux types de fichiers. Comme on le voit, sans MIME, le système de messagerie de l'Internet perdrait une bonne partie de son efficacité.

L'agenda de groupe

Si vous avez déjà essayé d'organiser une réunion avec des personnes très sollicitées, vous savez à quel point il est difficile de trouver une date qui convienne à tout le monde. Ce processus est très inefficace et consomme beaucoup de temps.

Si vous utilisez un réseau, vous avez une opportunité inespérée jusqu'alors : celle d'utiliser un agenda de groupe qui vous permettra de planifier des réunions directement depuis votre ordinateur.

Imaginez le scénario suivant : vous recevez l'appel d'un client qui souhaite vous rencontrer. Cependant, il veut que vous veniez accompagné d'un technicien. Plutôt que de lui dire que vous allez le rappeler, vous pouvez consulter le logiciel d'agenda de groupe, lui spécifier votre souhait, et celui-ci déterminera automatiquement la prochaine date disponible. Si la date de rendez-vous convient également à votre client, tout va bien. Il vous reste à envoyer un message de confirmation à votre technicien qui réservera ce jour.

Il existe un grand nombre de logiciels d'agenda de groupe et la plupart d'entre eux sont très flexibles. Cependant, ils ont en commun un inconvénient : ils sont tous non standards et donc incompatibles entre eux. Cela parce que l'IETF ne dispose pas encore d'une norme définissant l'interopérabilité des agendas de groupe.

Les experts attendent l'introduction prochaine de la norme iCal (*Internet Calendaring Standard*). Dès que des produits compatibles iCal seront disponibles, vous serez capable d'organiser des réunions par Internet.

D'autres normes sont proposées parmi lesquelles ICAP (*Internet Calendar Access Protocol*) et SSTP (*Simple Scheduling Transport Protocol*). L'IETF ratifiera peut-être plusieurs de ces protocoles, et les éditeurs les adopteront plus largement.

La gestion de contacts en réseau

La gestion de contacts est un art que beaucoup d'entre nous ne maîtrisent pas. Imaginez ce que peut récupérer une personne en matière de cartes de visite, notes, numéros de téléphone, adresses e-mail. Ne serait-il pas plus efficace de centraliser toutes ces informations en un seul endroit, de façon qu'elles soient accessibles à tous ?

Il existe quelque chose qui fait tout cela. Les logiciels de *gestion de contacts* permettent de stocker les noms, les adresses, les numéros de téléphone, etc. Certains logiciels vont bien au-delà de la simple gestion d'un annuaire personnel, et permettent de suivre à la trace les contacts avec des personnes et des institutions stockées dans la base de données.

Utilisés correctement, les logiciels de gestion de contacts peuvent être une bénédiction, particulièrement lorsqu'ils fonctionnent en réseau. Par exemple, ils permettent à une force de vente de suivre les derniers contacts qu'elle a eus avec les clients. Ils peuvent aussi, dans certains cas, programmer automatiquement une date à partir de laquelle il faudra rappeler ces clients.

Comme les agendas de groupe, les logiciels de gestion de contacts ne sont pas encore normalisés par l'IETF, aussi, pour la plupart, ils ne sont pas compatibles entre eux. Ces logiciels particuliers n'ont pas été normalisés parce qu'ils recouvrent des fonctionnalités très hétéroclites. Par exemple, faut-il considérer qu'une base de données qui ne fait rien d'autre que de stocker des noms et des adresses est un logiciel de gestion de contacts ? La gestion de contacts commence-t-elle lorsqu'elle garde une trace de vos appels téléphoniques, des réunions et de la correspondance ? Devront-ils être intégrés avec vos applications de messagerie et d'agendas de groupe ? Les informations devront-elles être partagées, privées ou les deux ? Ces questions n'ont pas encore trouvé de réponses globales et n'en auront probablement pas avant plusieurs années. Cependant, il existe de nombreux logiciels qui gèrent des listes de contacts et permettent de garder la trace de certains événements.

Habituellement, les logiciels de gestion de contacts doivent être capables de stocker et de récupérer des informations en fonction de multiples critères (le nom d'une personne, son adresse, le nom de l'entreprise dans laquelle elle travaille, etc.). De plus, un système de gestion de contacts partagé devra pouvoir utiliser des champs définis par l'utilisateur (par exemple, le *type de client* ou *la date du contact le plus récent*), afin de permettre une recherche plus ciblée. Beaucoup de logiciels offrent de telles flexibilités, mais tant que l'IETF n'aura pas défini de normes, attendez-vous à perdre beaucoup de temps à apprendre à vous servir d'un ou plusieurs groupwares.

Un échantillon de logiciels réseau

Parce que les descriptions précédentes des logiciels de messagerie, d'agendas de groupe et de gestion de contacts sont nécessairement généralistes, nous avons décidé de vous présenter quelques exemples. Ces logiciels sont autant compatibles que possible avec l'état actuel des normes de l'IETF. Déployés dans un environnement réseau, ces logiciels peuvent apporter une valeur ajoutée immédiate. Lorsque la gestion d'agendas et de contacts sera normalisée, les logiciels cités y adhéreront.

Outlook de Microsoft

Lorsque Microsoft a développé Exchange, son produit de messagerie et de groupware, il a décidé de créer un *client intégré*, dans lequel la messagerie, l'agenda de groupe et la gestion de contacts partageaient la même interface. Le premier produit de Microsoft parvenu à ce but est Outlook. Microsoft, bousculant le label standard PIM, a appelé Outlook un *Gestionnaire d'information personnel,* ou DIM. En septembre 1997, Outlook a reçu une interface POP3. Aujourd'hui, la version Outlook 98 dispose d'une interface IMAP4.

Outlook est très lié à la suite de productivité Office 97 de Microsoft. Dans un répertoire spécial appelé le *Journal,* Outlook journalise, en vue d'une utilisation ultérieure, tous les documents générés par Office 97 (voir Figure 12.1).

Figure 12.1 : Un écran Outlook de Microsoft.

Quelques autres

A la catégorie des groupware/PIM, nous pouvons ajouter ACT! de Symantec, Commence de Commence Corporation et GoldMine. Tous sont plus ou moins intégrés à la messagerie et partagent des bases de contacts et des agendas propriétaires.

Chapitre 13

Se connecter
à l'Internet : e-mail
et ressources Web

Au cours des dernières années, l'Internet est devenu le point de passage obligé pour toute personne *branchée réseaux*. Dans les expositions, les vendeurs n'échangent plus seulement des numéros de téléphone, mais aussi des adresses e-mail. Ils n'ont plus besoin d'envoyer des documentations à leurs clients potentiels. Ils préfèrent les envoyer consulter leurs pages Web, sur lesquelles ils trouveront toutes les brochures. De même, pour un nombre croissant de produits, les mises à jour de fichiers se font par l'intermédiaire de l'Internet.

Avec tout cela, il est naturel de se demander comment raccorder votre réseau à l'Internet. Dès que vous êtes connecté, le monde est à portée de main. Mais, avant, vous devez évaluer quels sont vos besoins de connectivité. Votre réseau n'a peut-être besoin que d'un accès e-mail à l'Internet, ce qui est très simple et peut se résumer à une seule connexion par modem. Devez-vous fournir un accès Web ou FTP à vos utilisateurs ? Comme pour toute autre activité économique, la connexion dont vous avez besoin dépend des tâches que vous devez accomplir.

Généralement, vos choix iront d'une simple connexion téléphonique (ce qui est souvent suffisant pour un petit réseau) à des lignes téléphoniques numériques à haut débit pour offrir un accès au Web, au transfert de fichier et à tout ce que l'Internet peut apporter.

Le choix d'un type de connexion est difficile ; le nombre de solutions à une situation donnée dépasse de beaucoup le temps dont vous disposez pour les étudier toutes. Au cours du chapitre suivant, nous verrons comment assurer une connectivité Web et e-mail.

Voici les sujets que nous allons aborder au cours de ce chapitre :

- Que faut-il pour utiliser l'e-mail de l'Internet ?

- Les différents types de connexions à l'Internet.

- Que faut-il pour fournir des connexions interactives à l'Internet ?

L'e-mail Internet

Contrairement aux idées reçues, le Web n'est pas le premier service Internet demandé par les utilisateurs. C'est l'e-mail. Sa capacité à envoyer des messages presque instantanément à toute personne sur Terre en fait un outil indispensable. Vous pouvez utiliser l'Internet pour poser des questions à vos clients, pour y répondre, pour relayer des informations… les possibilités sont infinies.

Avant de décider quelle est la meilleure méthode pour router du courrier sur l'Internet, vous devez d'abord étudier et comprendre les différentes tâches à accomplir entre le moment où votre utilisateur envoie un e-mail et le moment où il part correctement sur l'Internet :

- **L'adresse du destinataire de l'e-mail doit être rédigée correctement.** Si vous l'envoyez à partir d'un système POP3 ou IMAP4, votre e-mail devra simplement comporter une adresse de destination correcte (**jerry@gratefuldead.com**). Si vous utilisez un système de messagerie propriétaire, vous devez vous assurer que votre adresse est rédigée correctement. Sur un système de messagerie MHS de NetWare, il faut router le courrier en saisissant **mail@otherhub{jerry@gratefuldead.com}**. Le **mail@otherhub** était nécessaire pour indiquer au système de messagerie local que ce courrier devait être envoyé à l'Internet au travers d'une passerelle spéciale. Cette passerelle ne faisait pas partie du réseau local.

- **L'e-mail doit disposer d'une connexion à l'Internet à partir de laquelle les messages peuvent être envoyés et reçus.** Cette connexion peut utiliser des lignes téléphoniques ordinaires, des lignes téléphoniques numériques commutées, ou des connexions Internet dédiées sur des liaisons T1 ou à 56K. Un des avantages des logiciels TCP/IP est qu'ils peuvent fonctionner sur presque tous les médias.

- Vous devez envoyer et recevoir des e-mail à partir d'un domaine reconnu. Si vous récupérez votre e-mail à partir d'un fournisseur d'accès commercial tel que Juno ou America Online, votre adresse e-mail donnera quelque chose comme **joe@aol.com** ou **davemeister@juno.com**. Si, d'autre part, votre réseau est connecté à l'Internet avec une connexion permanente (T1 ou 56K), vous pouvez y *héberger votre propre domaine,* tel que thisistheplace.com. Parfois, votre fournisseur d'accès Internet pourra héberger et gérer votre domaine sur ses serveurs. On dira qu'il *héberge votre domaine.*

Si ces trois critères ne sont pas réunis, l'e-mail ne pourra pas être routé convenablement sur l'Internet. Les pages suivantes proposent des solutions alternatives de configuration de l'e-mail, en commençant par la moins chère.

L'e-mail Internet par connexion au réseau téléphonique commuté

La façon la plus simple et la moins chère de récupérer l'e-mail Internet consiste à utiliser le réseau téléphonique commuté. Si vous êtes abonné à un fournisseur d'accès tel que America Online ou Compu-Serve, vous êtes déjà habitué à ce type de service : vous utilisez un modem, l'ordinateur compose un numéro, et le service envoie et reçoit les messages. Cependant, CompuServe et America Online sont des solutions convenant à un seul utilisateur — ils ne peuvent relier l'ensemble d'un réseau à l'Internet. En utilisant un serveur de messagerie et un *fournisseur d'accès Internet,* vous pouvez envoyer et recevoir l'e-mail Internet à partir de n'importe quelle machine du réseau.

 Un *fournisseur d'accès Internet* est une entreprise qui vend des accès à l'Internet.

Dans la Figure 13.1, les stations de travail Fred, Ginger et Beth s'envoient du courrier en utilisant le serveur de messagerie connecté à leur réseau local. Lorsqu'ils envoient du courrier vers l'Internet, le serveur de messagerie local reconnaît que cette adresse n'est pas celle d'un utilisateur du réseau local. Il utilise un modem, compose le numéro du fournisseur d'accès, et retransmet le courrier vers le serveur de messagerie du fournisseur d'accès, qui l'expédie au destinataire au travers de l'Internet.

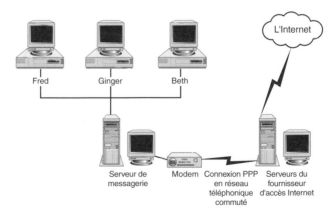

Figure 13.1 : Routage de l'e-mail Internet au travers d'un fournisseur d'accès.

Une connexion au réseau téléphonique commuté utilisant un modem doit être capable d'employer le protocole PPP (*Point-to-Point Protocol*), qui fait partie de la pile de protocoles TCP/IP contrôlant les connexions téléphoniques. Le fournisseur d'accès Internet dispose d'une plage d'adresses IP qu'il attribue dynamiquement à chaque utilisateur qui se connecte. Lorsque le serveur de messagerie local se connecte au serveur de messagerie du fournisseur d'accès, au moyen du téléphone, il n'a pas d'adresse IP fixe. Au lieu de cela, une adresse IP différente lui est assignée lors de chaque connexion au serveur de messagerie du fournisseur d'accès (voir Figure 13.2).

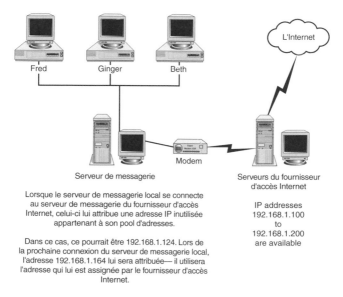

Serveur de messagerie

Serveurs du fournisseur d'accès Internet

Lorsque le serveur de messagerie local se connecte au serveur de messagerie du fournisseur d'accès Internet, celui-ci lui attribue une adresse IP inutilisée appartenant à son pool d'adresses.

Dans ce cas, ce pourrait être 192.168.1.124. Lors de la prochaine connexion du serveur de messagerie local, l'adresse 192.168.1.164 lui sera attribuée— il utilisera l'adresse qui lui est assignée par le fournisseur d'accès Internet.

IP addresses
192.168.1.100
to
192.168.1.200
are available

Figure 13.2 : Comment les adresses PPP sont allouées par le fournisseur d'accès.

Lorsque le serveur de messagerie local se connecte au serveur de messagerie du fournisseur d'accès Internet, celui-ci lui attribue une adresse IP inutilisée appartenant à son pool d'adresses.

Dans ce cas, ce pourrait être 192.168.1.124. Lors de la prochaine connexion du serveur de messagerie local, l'adresse 192.68.1.164 lui sera attribuée — il utilisera l'adresse qui lui est assignée par le fournisseur d'accès Internet.

Si une adresse e-mail est incorrecte — c'est-à-dire, si l'expéditeur a mal saisi l'adresse ou si celle-ci n'existe plus — le serveur de messagerie du fournisseur d'accès enverra un message "undeliverable mail" à l'expéditeur.

Ce processus, croyez-le ou non, est universel. Quelle que soit la méthode utilisée pour se connecter à un serveur de messagerie de l'Internet, le processus reste identique. Les seules variantes sont la vitesse et les protocoles utilisés. Les connexions directes, abordées dans la section suivante, sont plus rapides que les connexions au réseau téléphonique commuté. Cependant, elles sont aussi plus chères.

L'e-mail Internet par connexion dédiée

Le terme de *connexion dédiée à l'Internet* est utilisé pour décrire des connexions téléphoniques numériques à haut débit, telles que les liaisons T1 ou 56K. Cependant, il existe aussi une troisième possibilité, qui n'est pas très connue : une connexion à la demande qui utilise toujours la même adresse IP. Certains fournisseurs d'accès proposent des comptes pour lesquels l'adresse IP ne change pas à chaque connexion PPP.

Quelle que soit la façon dont vous vous connectez à l'Internet — une ligne téléphonique commutée, une liaison T1 ou 56K, ou quelque chose de plus rapide — la principale fonctionnalité d'une connexion dédiée à l'Internet n'est pas sa vitesse, mais l'unicité de son adresse IP. Une adresse IP fixe vous permet de router les paquets de données, directement depuis et vers votre réseau local, le fournisseur d'accès n'étant qu'un intermédiaire.

Le routage du courrier dans des réseaux disposant de connexions dédiées est très similaire à celui qui s'effectue par des connexions à la demande. La Figure 13.3 montre que la principale différence réside dans le fait que le routeur et le serveur de messagerie disposent d'adresses IP fixes. Les adresses fixes sont importantes parce qu'elles permettent aux autres ordinateurs de savoir à quelle adresse IP envoyer le courrier.

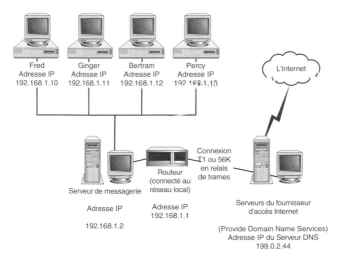

Figure 13.3 : Les bases d'une connexion dédiée à l'Internet.

Dans une connexion dédiée sur une liaison téléphonique numérique à haut débit, l'e-mail est routé en utilisant SMTP, la partie de la pile de protocoles TCP/IP qui gère le routage du courrier entre les serveurs. Les systèmes utilisant une connexion au réseau téléphonique commuté ne peuvent pas utiliser SMTP, mais un client compatible POP ou IMAP. Le routage du courrier SMTP est très rapide et, contrairement à POP3 ou IMAP4, il dépend de la capacité des deux serveurs à maintenir une connexion permanente au travers de l'Internet. Par conséquent, pour utiliser SMTP, vous devez disposer d'une connexion permanente à l'Internet. C'est pourquoi les connexions dédiées délivrent le courrier plus rapidement.

Les types de connexions à l'Internet

Comme nous l'avons vu précédemment, il existe un grand nombre de moyens de se connecter à l'Internet, de la connexion à la demande à la connexion dédiée. Les sections suivantes décrivent, de façon plus détaillée, les différents types de connexions.

Les connexions par réseau téléphonique commuté

Les connexions au réseau téléphonique commuté ont été décriées par la communauté des réseaux. Elles ont été jugées trop lentes, inutiles, etc. Cependant, gardez à l'esprit que la grande majorité des connexions à l'Internet sont des connexions au réseau téléphonique commuté. Ce sont des connexions mono-utilisateurs. Il est possible d'obtenir des performances correctes sur des connexions au réseau téléphonique commuté mais, bien sûr, elles ne seront pas aussi rapides que des celles empruntant des liaisons téléphoniques numériques à haut débit. Par contre, elles sont beaucoup moins chères et, dans certains cas, plus flexibles que leurs homologues plus rapides.

Les connexions à la demande

Pour pouvoir partager une connexion Internet sur votre réseau local, vous devrez vous familiariser avec quelques termes essentiels. Le premier d'entre eux est *connexion à la demande.* La connexion à la demande signifie que, lorsque l'ordinateur reçoit une requête destinée à une ressource de l'Internet (par exemple, un utilisateur a lancé Netscape ou Internet Explorer pour accéder à un site Web), il compose automatiquement le numéro du fournisseur d'accès et se connecte en utilisant PPP. Cette méthode permet de traiter la requête nécessitant des ressources Internet. De plus, ce mode de connexion convient à la fois au téléphone analogique et aux liaisons numériques plus rapides, telles que le RNIS.

Le service de connexion à la demande est intégré à certains matériels réseau de Dayna (parmi d'autres). Microsoft vient de sortir son logiciel de routage à la demande, Steelhead, qui permet à toute machine Windows NT de servir de routeur à la demande. Un constructeur a même créé un matériel permettant de connecter à la demande trois lignes téléphoniques simultanées en utilisant *Multilink PPP,* ce qui permet d'accroître la bande passante (environ 75 Kbps pour trois lignes à 28,8K, et 159 Kbps avec trois modems 56K).

Les connexions manuelles

Le contraire des connexions à la demande, ce sont les *connexions manuelles.* En d'autres termes, vous vous placez sur la machine qui est reliée à l'Internet, vous composez le numéro du fournisseur d'accès, et vous vous connectez à votre compte. Lorsque c'est fait, vous lancez Netscape, ou Internet Explorer, et vous pouvez commencer à naviguer sur l'Internet. Manifestement, cela n'est pas aussi efficace que la connexion à la demande mais, parfois, c'est la seule façon de réaliser une connexion que vous pourrez partager sur le réseau local.

Configuration des connexions au réseau téléphonique commuté

Les connexions au réseau téléphonique commuté et les connexions manuelles peuvent être configurées de deux façons.

Les adresses IP dynamiques

La première façon de configurer une connexion PPP au réseau téléphonique commuté consiste à utiliser une *adresse IP dynamique* (l'ordinateur a une adresse IP différente chaque fois qu'il se connecte au fournisseur d'accès). L'adressage IP dynamique n'est pas très commode parce qu'il ne permet pas de router du courrier ou d'installer des serveurs Web. En effet, si le système ne dispose pas d'une adresse IP fixe, son emplacement n'est pas fixé — en d'autres termes, avoir une adresse IP dynamique est un peu comme si quelqu'un essayait de vous envoyer une lettre alors que vous voyagez sans cesse. Si vous changez d'hôtel toutes les nuits, personne ne peut vous écrire ; la lettre sera retournée avec la mention "N'habite pas à l'adresse indiquée". De même, si votre adresse IP change sans cesse, personne ne pourra vous envoyer d'e-mail ou se connecter à votre site Web.

Cependant, les adresses IP dynamiques peuvent être utiles dans certains cas. Si vous devez simplement fournir à vos utilisateurs un accès au Web, vous pouvez connecter un ordinateur à un fournisseur d'accès qui vous attribuera une adresse dynamique. Il vous suffira de valider la *retransmission IP* (IP forwarding) sur cet ordinateur. Cette retransmission IP est un mécanisme qui permet à chaque paquet reçu sur une interface d'être retransmis sur une autre interface du même ordinateur. La retransmission IP ne dépend pas d'adresses IP fixes ; elle a simplement besoin de connaître les adresses IP de tous les ordinateurs du réseau interne, de façon à savoir quand un ordinateur distant est sollicité. La retransmission IP fonctionne également sur des connexions dédiées.

Les adresses IP fixes

La deuxième façon de configurer une connexion PPP au réseau téléphonique commuté consiste à utiliser des *adresses fixes.* Cette configuration est faite en accord avec votre fournisseur d'accès qui, moyennant un supplément, attribue une adresse IP fixe à votre connexion. Ce supplément est justifié par le fait que les utilisateurs veulent souvent une connexion permanente à l'Internet, mais ne souhaitent pas supporter le coût d'une liaison téléphonique numérique. Ainsi, ils utilisent une connexion au réseau téléphonique commuté à laquelle une adresse IP fixe est attribuée, et valident la retransmission IP sur l'ordinateur relié au fournisseur d'accès (cet ordinateur est appelé *passerelle par défaut* parce que tout le trafic local à destination de l'Internet la traverse).

Bien que les connexions au réseau téléphonique commuté soient moins chères que les lignes téléphoniques numériques, elles sont aussi moins efficaces. Les lignes téléphoniques analogiques sont de qualité très diverse. Elles sont parfois perturbées par des bruits de fond, et un pourcentage non négligeable de la bande passante est consacré à la *correction d'erreurs.* En dépit de tous ces inconvénients, les connexions au réseau téléphonique commuté permettent à de petits réseaux de se connecter à l'Internet à moindres frais.

La *correction d'erreurs* est un processus qui s'assure que les données sont transférées correctement. La correction des erreurs utilise une *somme de contrôle.* Rappelez-vous qu'au Chapitre 2, nous avons vu qu'une somme de contrôle est un nombre calculé à partir de la taille d'un paquet de données, et qu'elle est utilisée pour déterminer si les données ont été corrompues ou non au cours du transfert. Le processus de correction d'erreur utilise inévitablement une partie de la bande passante totale de la connexion. En d'autres termes, une ligne téléphonique commutée a tendance à être bruyante et non fiable, aussi la correction d'erreurs consomme beaucoup de bande passante. *A contrario*, les liaisons numériques telles que les T1 sont beaucoup moins polluées et, par conséquent, nécessitent moins de correction d'erreurs.

Les connexions dédiées à l'Internet

Parfois, une connexion au réseau téléphonique commuté fera l'affaire. Si plusieurs utilisateurs veulent naviguer simultanément sur le Web, il faudra envisager des connexions numériques telles que les liaisons T1 ou 56K à relais de trames (frame relay).

Les liaisons à relais de trames ont acquis une réputation de complexité de mise en œuvre. S'il est vrai qu'elles nécessitent un minimum d'attention et qu'elles sont chères, elles ne sont pas aussi complexes qu'on le dit.

Pour disposer d'une liaison T1 ou 56K, vous devez la commander auprès de votre opérateur téléphonique. Cependant, si vous passez par un fournisseur d'accès à l'Internet, celui-ci peut s'occuper de cette formalité et inclure le coût de la liaison dans votre facture. Prévoyez un délai de plusieurs semaines, en fonction des disponibilités de votre opérateur.

Après avoir posé la ligne, l'installateur la reliera à votre câblage téléphonique existant. Il installera un modem bande de base qui permet à la ligne téléphonique numérique de se connecter à votre réseau local. La plupart des installations auront aussi besoin d'un petit routeur entre le modem bande de base et le réseau.

Bien que le modem bande de base permette à la ligne téléphonique numérique de se connecter au réseau, il n'est pas capable de déterminer quels paquets sont censés rester sur le réseau local et quels paquets doivent être routés vers le monde extérieur. Rappelez-vous l'exemple précédent dans lequel l'ordinateur se servait de la retransmission IP. Au lieu d'utiliser un ordinateur pour retransmettre les paquets, les lignes numériques emploient des *routeurs* pour envoyer des paquets à l'extérieur.

Un routeur fait peu de choses, mis à part l'utilisation du protocole EGP (*Exterior Gateway Protocol*), évoqué au Chapitre 3, pour conserver les paquets qui doivent rester dans le réseau et retransmettre ceux qui sont destinés au monde extérieur. Généralement, le routeur a un port connecté au modem bande de base et un autre port relié au répéteur 10BASE-T du réseau local. L'adresse IP du routeur est la même que celle qui est donnée à chaque ordinateur en tant qu'adresse de passerelle par défaut vers l'Internet.

En plus du matériel, essayez d'obtenir une adresse IP de classe C ou d'un sous-ensemble de classe C. En fonction de la taille de votre réseau, vous pouvez assigner une adresse IP fixe à chaque machine. Pour des réseaux de plus de 50 ordinateurs, vous pouvez utiliser le protocole DHCP (*Dynamic Host Configuration Protocol*) pour assigner des adresses IP aux ordinateurs du réseau. Cette adresse change à chaque connexion, et elle fait partie d'un pool d'adresses attribuées à une organisation. Cependant, DHCP n'est pas à conseiller pour les petits réseaux.

Les lignes téléphoniques numériques sont idéales si vous en avez besoin et que vous pouvez vous les offrir. Elles permettent des connexions rapides aux ressources de l'Internet. Cependant, comme toutes les connexions permanentes utilisant des adresses IP fixes, elles constituent des failles de sécurité potentielles.

Les portes coupe-feu

Vous pouvez, à juste titre, être convaincu que la grande majorité des utilisateurs de l'Internet est fondamentalement honnête. Seule une petite minorité d'utilisateurs essaiera de s'infiltrer délibérément sur des réseaux sans autorisation. Vous *devez* protéger votre réseau si vous utilisez une connexion permanente à l'Internet, même si vous pensez que vos données ne sont pas sensibles. De même que vous fermez la porte de votre bureau en dehors des heures de travail, pensez à sécuriser votre réseau.

Pour protéger votre réseau, vous avez besoin d'une porte coupe-feu (firewall). Une porte coupe-feu n'est rien d'autre qu'un ordinateur qui *authentifie* ou vérifie les connexions de toute personne qui essaye d'entrer sur votre réseau au travers d'une connexion à l'Internet. Les portes coupe-feu sont disponibles sous des formes variées et sur des systèmes d'exploitation différents, mais c'est généralement une bonne idée de placer cette porte coupe-feu sur un tout petit réseau séparé, situé entre le routeur et votre réseau interne. Les portes coupe-feu disposent pratiquement toujours de deux cartes réseau. Nous verrons pourquoi dans le paragraphe suivant.

Ce tout petit réseau s'appelle un réseau DMZ (réseau ou zone démilitarisé). Le réseau DMZ est un réseau séparé disposant d'un concentrateur indépendant, et qui route les paquets en provenance du routeur vers la première carte réseau de la porte coupe-feu. La porte coupe-feu vérifie si ces paquets sont autorisés à pénétrer sur le réseau interne. S'ils ne sont pas authentifiés, la porte coupe-feu les rejette. S'ils peuvent être authentifiés, les paquets atteindront la deuxième carte de la porte coupe-feu qui est connectée au réseau interne.

Les portes coupe-feu ne sont pas bon marché. Cependant, si vous mettez en place un réseau relié à l'Internet par une connexion permanente, vous aurez vraiment besoin d'en trouver une, de l'installer et de la maintenir à jour.

Dans la Figure 13.4, les données entrantes traversent le modem bande de base pour arriver au routeur, qui les envoie à la première carte de la porte coupe-feu. Si celle-ci authentifie les paquets, elle les transmet à la deuxième carte réseau de la porte coupe-feu et donc sur le réseau interne.

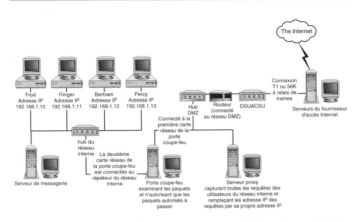

Figure 13.4 : Diagramme d'un système connecté à une ligne téléphonique numérique et équipé d'une porte coupe-feu/serveur proxy.

Les serveurs proxy

Les portes coupe-feu sont efficaces mais, seules, elles ne suffisent pas à assurer la sécurité d'un réseau. En effet, si votre réseau interne utilise TCP/IP, chaque ordinateur dispose d'une adresse unique. Sans entrer dans le fond du sujet, disons que ces adresses internes peuvent donner à des intrus une occasion inespérée de rentrer sur votre réseau sans y être invité.

Si vous ne voulez pas que ces adresses internes soient visibles de l'extérieur, il vous faut placer un serveur *proxy*. Un serveur proxy est une façon de masquer les adresses IP internes au monde extérieur tout en permettant à vos utilisateurs de naviguer sur leurs ressources Internet préférées.

Comment fonctionne un serveur proxy ? En premier lieu, il faudra configurer le logiciel TCP/IP de chaque utilisateur de façon qu'il pointe sur l'adresse IP d'un serveur proxy. Dès que l'utilisateur clique sur un lien dans Netscape ou Internet Explorer, les paquets de données destinés à ce site Web ne sont pas envoyés directement à la porte coupe-feu, puis sur l'Internet. Au lieu de cela, le serveur proxy capture la requête de l'ordinateur interne en vue d'afficher la page

Web, prend note de l'adresse IP de l'ordinateur situé sur le réseau interne, et envoie cette requête. Mais, cette fois, la requête provient de l'adresse IP du serveur proxy et non de l'adresse de l'ordinateur interne. Lorsque les paquets de données correspondant à la réponse (dans cet exemple, la page Web) sont renvoyés par l'Internet, le serveur proxy les collecte et les retransmet à l'adresse IP de l'ordinateur qui a émis la requête.

Ainsi, pour tout observateur extérieur au réseau, toutes les requêtes (pages Web, fichiers FTP, etc.) semblent être issues d'un seul ordinateur.

Les services téléphoniques numériques : RNIS

La section précédente survolait l'aspect sécurité. Cependant, avant de clore la section concernant les types de connexions, nous devons parler de *l'autre* type de ligne téléphonique numérique : le RNIS (Réseau numérique à intégration de services) — en anglais ISDN (*Integrated Services Digital Network*). Le RNIS est une technologie combinant bon nombre des fonctionnalités des lignes téléphoniques numériques à haut débit et des lignes téléphoniques analogiques. Le RNIS a un temps d'établissement de communication proche des deux à trois secondes, à comparer aux 30 secondes des modems analogiques.

En d'autres termes, en utilisant le RNIS, il est possible de profiter de la rapidité des connexions numériques (plus de 128 Kbps) à un coût sensiblement inférieur. De plus, puisque le RNIS est un service commuté, vous pouvez diminuer les coûts en ne l'utilisant que lorsque c'est nécessaire.

 Le RNIS n'est pas aussi normalisé que les liaisons numériques T1. Il n'est pas rare qu'un modem qui fonctionne correctement avec un opérateur donné ne fonctionne plus avec un autre. Renseignez-vous auprès de votre opérateur téléphonique local, afin de vérifier que votre équipement est conforme.

D'un point de vue matériel, les équipements RNIS ne sont pas les mêmes que ceux des liaisons numériques dédiées. Au lieu d'être connecté par Ethernet, les équipements RNIS sont souvent connectés au *port série* de l'ordinateur — comme les modems analogiques. Les équipements RNIS sont souvent des modems bande de base auxquels est intégrée une électronique de routage. C'est pour cette raisons qu'ils ressemblent à des modems analogiques, d'où leurs noms de *modems RNIS*.

Les connexions RNIS utilisent généralement PPP au lieu du relais de trame plus rapide utilisé par les liaisons T1. Cependant, le bref délai d'établissement de la communication, la vitesse, le coût et la facilité d'utilisation font de RNIS le type de connexion idéale pour les petits réseaux.

La traduction de protocole

Vous avez encore d'autres façons de relier votre réseau à l'Internet. Si vous ne voulez pas utiliser TCP/IP sur votre réseau interne — et c'est possible, parce que cela simplifie la mise en place du réseau — et que vos utilisateurs réclament un accès à l'Internet, il vous reste une solution : la traduction de protocole.

La *traduction de protocole* est un outil qui, correctement utilisé, peut faciliter la vie d'un administrateur. Cependant, cc n'est pas la panacée. Si vous avez prévu de mettre en place un site Web ou un intranet (un réseau interne qui utilise les protocoles de l'Internet), la traduction de protocole ne fera pas l'affaire. Il vous faudra mettre en œuvre TCP/IP sur votre réseau interne.

Par contre, si vous devez simplement procurer un accès Internet à vos utilisateurs, la traduction de protocole est faite pour vous. Par exemple, vous pouvez utiliser IPX à l'intérieur de votre réseau et le traduire en IP. De plus, la traduction de protocole est assez sûre ; puisqu'il n'y a sur le réseau qu'une seule machine exécutant TCP/IP, toutes les requêtes IP semblent provenir de cette machine (sur ce plan, la traduction de protocole agit un peu comme le ferait un serveur proxy). De plus, si un intrus *parvenait* sur le disque du traducteur de protocole, tout ce qu'il y trouverait serait une liste d'adresses IPX, ce qui aurait toutes les chances de le décourager.

Microsoft et Novell offrent tous deux des serveurs proxy et des traducteurs de protocole avec leurs produits phares. Les deux sont faciles à configurer et à utiliser.

Partie IV

Systèmes d'exploitation de réseaux

Chapitre 14

Les réseaux égal à égal de Microsoft

Microsoft a joué depuis le début des années 90 un rôle majeur dans la vulgarisation du réseau auprès des utilisateurs de logiciels Windows. Les versions de Windows 95/98 et de Windows NT pour Workgroups sont désormais aussi rapides que fiables.

Le réseau égal à égal (ou encore réseau *point à point* ou *poste à poste*) de Windows est imparfait, et souffre d'un manque de sécurité et d'un partage de ressources confus, ce qui est typique de ce type de réseau. Cependant, dans le cas d'un petit réseau, c'est une solution économique et appropriée.

Nous traiterons ici des sujets suivants :

- les différents programmes compatibles avec le réseau sous Microsoft Windows ;

- choix du protocole pour Windows

- configuration du réseau sur chacun des systèmes : NetBEUI et TCP/IP.

Les systèmes d'exploitation égal à égal de Microsoft

Lorsque Microsoft a introduit Windows for Workgroups au début des années 90, le produit devait satisfaire deux marchés, celui des grandes entreprises, qui avaient découvert que le fonctionnement en environnement réseau de Windows 3.x laissait à désirer et celui, émergeant, des petits réseaux, les petites applications, et même les premiers réseaux domestiques d'utilisateurs impatients de partager des fichiers et des imprimantes.

La compagnie a vendu une grande quantité de copies de Windows for Workgroups. Ce fut pourtant un échec. Les utilisateurs se sont plaint des imperfections du multitâche, qui reposaient sur un MS-DOS monotâche, et d'une interface non intuitive pour atteindre les ressources du réseau. Enfin, les utilisateurs du réseau étaient mécontents de l'exécution de plusieurs protocoles sur Windows for Workgroups qui conduisait à coup sûr au désastre — le système dépensait tellement de mémoire dans le processus du réseau qu'il n'en restait quasiment plus pour les applications. Chaque protocole contribuait un peu à l'instabilité du système dans de nombreux cas.

Tout le monde n'était pas déçu par les imperfections de Windows for Workgroups. Le seul protocole inclus avec Windows for Workgroups était NetBEUI, ainsi les fournisseurs pouvaient proposer différents protocoles variés (principalement TCP/IP) aux utilisateurs pour qui le protocole NetBEUI limité à un seul segment de réseau n'était pas une option viable. Bien que cela ait représenté une dépense supplémentaire pour les réseaux des grandes entreprises basés sur TCP/IP, dans le long terme, le compromis s'est révélé payant pour les utilisateurs de PC.

Durant cette période, des firmes telles que FTP Software, Hummingbird, Sun, et d'autres firent leur entrée sur ce marché, ce qui infléchit l'attitude des grandes entreprises face aux ordinateurs personnels : parce qu'ils avaient TCP/IP et se connectaient aux ressources existantes de l'entreprise, ils allaient y être tolérés — à défaut d'être honorés (pour plus d'information sur ces deux protocoles, voir Chapitre 3).

Bien que Windows for Workgroups ait ses limites, il a créé un précédent : tous les futurs systèmes d'exploitation de Microsoft allaient fonctionner en réseau. Dans un monde pauvre en systèmes d'exploitation connectés, ce fut à la fois une révélation et une révolution.

Windows 95

Windows for Workgroups a été remplacé fin 1995 par Windows 95 (puis aujourd'hui par Windows 98), première tentative 32 bits de Microsoft destinée au grand public. Les composants réseau de Windows 95 étaient beaucoup plus complets que ceux de Windows for Workgroups. Windows 95 incluait NetBEUI, le protocole monosegment non routable utilisé par Microsoft pour les très petits réseaux, un protocole compatible IPX à utiliser avec les réseaux NetWare de Novell, et une gestion succincte mais efficace de la pile IP. Selon le souhait des utilisateurs de simplifier l'accès réseau à distance, Microsoft a inclus un client d'accès à distance simple à configurer, mais puissant (voir Chapitre 7). Windows 95 fut largement reconnu par les constructeurs de PC qui le commercialisèrent sur leurs nouveaux ordinateurs. Parce qu'il était relativement récent et non éprouvé, il a fallu plus de temps pour conquérir les grandes entreprises américaines. Selon l'auteur, Windows 95, loin d'être parfait, représente une importante amélioration par rapport à Windows for Workgroups.

Windows NT

En 1993, entre le lancement de Windows for Workgroups et Windows 95, Microsoft avait lancé son système d'exploitation d'entreprise 32 bits, Windows NT, avec étonnamment peu de fanfare. Cela s'explique ; Windows NT 3.1, version initiale de NT, n'était pas formidable. Lourd et lent, il exécutait plutôt mal les applications 16 bits (qui constituaient à ce moment-là la majeure partie du marché sous Windows). Pire encore, le fonctionnement en réseau était imparfait — il existait peu de logiciels pour l'adapter à d'autres ordinateurs.

Près d'un an et demi après le lancement de Windows NT 3.1, Microsoft a lancé Windows NT 3.5. Ce n'était pas qu'une simple mise à jour ; c'était une refonte complète du produit, doté d'une panoplie d'options conviviales préconfigurées pour le réseau. Microsoft avait aussi, dans l'intervalle, affirmé sa stratégie réseau et séparé NT en deux systèmes d'exploitation : *Windows NT Server,* capable de gérer des *domaines* ou groupes logiques d'ordinateurs, d'une manière similaire aux serveurs NetWare ou Unix, et *Windows NT Workstation,* non moins doté de connectivité que son homologue orienté serveur, mais capable de fonctionner en *groupes de travail* (workgroups), terme utilisé par Microsoft pour le partage de ressources égal à égal.

Windows NT Workstation a continué d'évoluer jusqu'à aujourd'hui, où la version 4.0 partage une interface commune avec Windows 95, tout en étant beaucoup plus stable. Windows NT Workstation 4.0 peut maintenant se connecter à une panoplie de réseaux, tout comme Windows 95/98, et offre une stabilité accrue parce que chaque application (y compris une bonne partie des couches réseau) s'exécute dans des *espaces mémoire distincts* ce qui garantit dans l'idéal qu'aucune application ne puisse chevaucher la mémoire d'une autre (ni celle du système d'exploitation).

Windows NT (versions 3.5x et 4.x) dispose *d'espaces mémoire distincts* ; il est possible d'exécuter des applications 16 bits (c'est-à-dire d'anciennes applications Windows), chacune dans un espace de mémoire séparé. Lorsqu'une application commet une erreur, elle ne peut théoriquement pas planter les autres applications.

En configuration égal à égal, chaque membre de ce groupe de systèmes d'exploitation peut se connecter à un autre, si les paramètres sont corrects. La section suivante nous familiarise avec les concepts du réseau égal à égal sous Windows.

Concepts du réseau égal à égal sous Windows

Le réseau sous Windows est on ne peut plus simple. Il y a trois concepts de base à comprendre : le partage, l'arbitrage, et les groupes de travail.

Partage

Le premier concept majeur chez Microsoft est le *partage*. On partage disque et imprimante pour en offrir l'accès à d'autres utilisateurs, en définissant des conditions : qui est autorisé à accéder aux ressources et à quel moment.

C'est une simplification pratique du partage de ressources. En contrepartie, c'est un système arbitraire qui demande pas mal de maintenance.

Partage arbitraire

Le partage *arbitraire* est le second concept de Microsoft. N'importe quel utilisateur autorisé peut accéder à un disque entier ou à un dossier partagé, et l'assigner à un lecteur sur son propre ordinateur. Cependant, chaque station doit décider de se connecter à vos ressources, et elle peut le faire de manière indépendante, à sa façon, sans aucune homogénéité, attribuant aux ressources des équivalents différents sur chaque poste. Lorsque plusieurs ordinateurs travaillent en groupe, et si on n'utilise pas un certain degré de standardisation dans l'affectation des ressources, cela peut devenir ingérable (voir Figure 14.1).

De même, on aboutit généralement à une grande confusion avec les imprimantes.

Groupes de travail

Windows for Workgroups n'a pas reçu ce nom par hasard, mais conformément à l'unité atomique d'organisation du monde du réseau selon les premiers critères de Microsoft. En terminologie Windows, un groupe de travail est un groupe d'ordinateurs qui partagent un nom de groupe commun. Plusieurs groupes de travail peuvent coexister sur un même réseau.

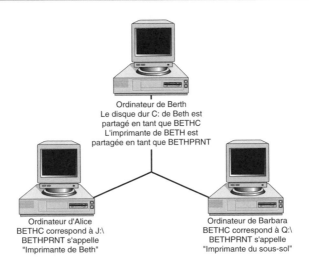

Ordinateur de Berth
Le disque dur C: de Beth est
partagé en tant que BETHC
L'imprimante de BETH est
partagée en tant que BETHPRNT

Ordinateur d'Alice
BETHC correspond à J:\
BETHPRNT s'appelle
"Imprimante de Beth"

Ordinateur de Barbara
BETHC correspond à Q:\
BETHPRNT s'appelle
"Imprimante du sous-sol"

Figure 14.1 : L'ordinateur de Beth partage les ressources BETHC et BETHPRNT, mais Alice appelle BETHC J:\ et Barbara l'appelle Q:\. De même, l'imprimante BETHPRNT est renommée.

Par exemple, si l'on dispose d'une équipe de ventes et d'une équipe technique, on peut diviser le réseau en deux : le premier, Ventes, regrouperait la première équipe, et le second, Tech, rassemblerait la seconde. Un utilisateur du premier groupe peut toujours se connecter à une ressource d'un utilisateur du deuxième groupe, mais la plupart du temps il travaillera au sein de son propre groupe. Cela apporte une segmentation logique du réseau et permet de mieux l'administrer.

Malgré leur simplicité apparente, les groupes de travail troublent de nombreux utilisateurs. Voici pourtant une règle simple : *tout ordinateur d'un réseau devant se connecter à un autre à l'aide de relations égal à égal doit appartenir au même groupe de travail.* Ainsi, ils se voient facilement (à moins qu'il y ait un autre problème).

La Figure 14.2 montre un groupe de travail tel qu'il apparaît dans la fenêtre Voisinage réseau sous Windows 95 et Windows NT. Les noms d'ordinateurs très différents appartiennent pourtant au même groupe de travail.

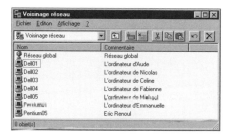

Figure 14.2 : L'écran Voisinage réseau d'un réseau Windows 95, montrant un groupe de travail.

Sélection de protocole pour réseau Windows égal à égal

Il est tentant de suggérer qu'un simple réseau Windows égal à égal utilise TCP/IP comme protocole par défaut. Cependant, c'est à la fois trop simpliste et trop optimiste. Pour un petit réseau non relié à l'Internet, il n'y aucune raison d'utiliser TCP/IP, qui est plutôt lourd et nécessite pas mal de configuration. Cela suppose une certaine compréhension de sujets habituellement laissés aux fanatiques de l'informatique qui s'y consacrent jour et nuit : *adressage IP, masques de sous-réseau, passerelles par défaut,* et ainsi de suite. On comprend que la flexibilité du protocole TCP/IP se paie par une dose de complexité. TCP/IP est extraordinairement versatile, et la courbe de complexité peut devenir exponentielle. Pour la plupart des petits réseaux, ou pour un premier réseau, lorsqu'on n'est pas passionné par la technique, cela peut devenir un peu trop compliqué.

NetBEUI de Microsoft simplifie au mieux le réseau. Si chaque station utilise ce protocole, si elle est bien connectée physiquement au réseau, si elle est membre du même groupe de travail et utilise un nom différent (interdiction d'user du même nom sur deux ordinateurs), tout doit fonctionner. A la différence de TCP/IP, NetBEUI n'identifie pas les machines par un numéro, mais par un nom : c'est beaucoup plus clair.

Mais malheureusement, NetBEUI n'est pas évolutif. Vous pouvez vous en servir pour un réseau unique, sur un seul site, mais pas pour créer un réseau étendu. Et parce que l'Internet utilise TCP/IP plutôt que NetBEUI, vous ne pouvez vous y connecter. La Figure 14.3 illustre la connectivité et les limites de NetBEUI.

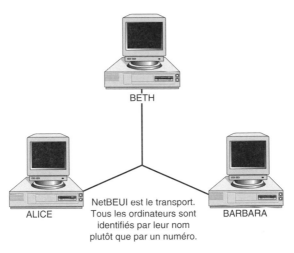

BETH

ALICE

NetBEUI est le transport.
Tous les ordinateurs sont
identifiés par leur nom
plutôt que par un numéro.

BARBARA

Figure 14.3 : Un groupe de travail reposant sur NetBEUI n'a aucune adresse IP. C'est simple, mais on ne peut pas le connecter à l'Internet.

L'extensibilité est la capacité d'un réseau à s'étendre. Cela n'est pas quantifiable, et il n'existe pas de standard pour la comparaison. C'est donc un critère relatif. Par exemple, un réseau de 10 utilisateurs qui doit s'étendre à 100 utilisateurs fonctionnera-t-il avec la même architecture ? Si c'est oui, le réseau est évolutif.

Le prochain chapitre décrit la configuration des protocoles et des partages de ressources sous Windows NT Server 4.0.

Chapitre 15

Windows NT Server de Microsoft

Maintenant que vous avez eu un avant-goût du réseau égal à égal, il est grand temps de passer à l'étape suivante : le réseau client/serveur. Puisque nous venons de voir les réseaux égal à égal de Microsoft, la logique veut que nous nous intéressions maintenant à Windows NT Server, le système d'exploitation réseau client/serveur de Microsoft.

Au cours de ce chapitre, nous aborderons les points suivants :

- Windows NT Server ;

- les concepts de Windows NT Server ;

- comment fournir des ressources partagées aux utilisateurs de NT Server ;

- comment configurer le réseau pour des types de clients multiples.

Un aperçu de Windows NT Server

Lorsque Microsoft publia la version 3.5 de Windows NT, il renomma son produit NTAS (*NT Advanced Server*) en Windows NT Server. Certaines personnes ont annoncé que la différence entre NT Workstation et NT Server résidait en deux clés de la base de registres (la base de données de configuration de Windows NT). Elles ont en partie raison. Cependant, Windows NT Workstation est avant tout destiné aux stations de travail puissantes. Par contre, NT Server est livré avec de nombreux utilitaires qui permettent d'administrer un réseau beaucoup mieux que ne le ferait NT Workstation. De plus, NT Workstation a une limite légale de 10 connexions simultanées — bien que certaines personnes disent que Microsoft n'est pas fair-play d'avoir imposé cette limite, celle-ci est clairement indiquée dans l'accord de licence de NT Workstation.

NT Server est un système d'exploitation robuste et facile à administrer. Il emploie la même interface que NT Workstation 4.0 et Windows 95/98. Il est facile à installer et à utiliser grâce à son interface graphique. Cependant, NT Server est encore relativement récent. Il n'a été mis sur le marché qu'en 1993, et Microsoft n'y a pas encore inclus son annuaire distribué (c'est prévu dans la version Windows 2000). Il n'est pas *encore* aussi stable que certains UNIX qui disposent d'une plus grande antériorité. Le mot clé est *encore,* car Microsoft a une grande réputation d'agressivité commerciale et gageons, qu'une fois encore, ça sera le cas avec NT Server.

NT Server peut utiliser la même diversité de protocoles réseau que NT Workstation. La différence fondamentale entre NT Workstation et NT Server réside dans le fait que ce dernier ne fonctionne pas en mode groupe de travail (workgroup). Au lieu de cela, il fonctionne en mode de domaine. Plus tard au cours de ce chapitre, nous verrons en quoi les domaines diffèrent des groupes de travail, de même que d'autres concepts de Windows NT.

Les pages qui suivent décriront brièvement certains concepts de Windows NT. Nous évoquerons successivement les domaines, la sécurité, les rôles et les applications du serveur.

Les systèmes de fichiers de Windows NT

Microsoft commença à bâtir Windows NT en partant d'une feuille blanche. Ce qui explique que NT dispose de beaucoup d'options, parmi lesquelles trois systèmes de fichiers indépendants. Windows NT peut utiliser de un à trois systèmes de fichiers (la façon d'organiser les données sur le disque dur local), ce qui permet une grande souplesse. Puisque le choix du système de fichiers fait partie du programme d'installation, vous devez en savoir un peu plus sur ces systèmes de fichiers :

- **Fat** (*File Allocation Table*). FAT est un héritage de MS-DOS et de Windows 95. Il supporte des noms de fichiers respectant un gabarit particulier de huit caractères ou moins, suivis d'un point et d'une extension de trois caractères (tels que README.TXT).

- **HPFS** (*High Performance File System*). NT 3.5x supporte également le format HPFS OS/2 d'IBM. HPFS supporte les noms longs de fichiers. Cependant, le support de HPFS a été retiré de Windows NT 4.0.

- **NTFS** (*NT File System*). Dans le but de tirer avantage des fonctionnalités supplémentaires de HPFS, Microsoft a conçu son propre système de fichiers pour NT et l'a appelé NT File System. NTFS supporte les noms longs de fichiers (jusqu'à 254 caractères) et peut fonctionner en réseau avec Windows 95/98, OS/2, UNIX/NFS, et AppleShare pour Macintosh. NT est vraiment conçu pour fonctionner avec n'importe quoi.

Les bases des réseaux NT

NT de Microsoft — en fait, tous les produits réseau de Microsoft — communique en utilisant SMB (*Server Message Block*), un protocole permettant d'utiliser des ressources distantes. SMB fait partie de la structure de NetBEUI (*NetBIOS Extended User Interface*), le dernier-né de la famille NetBIOS, de loin le plus performant. Net-BEUI inclut aussi NBF (*NetBIOS Frames*), le protocole permettant aux trames NetBIOS d'être envoyées sur le réseau. SMB est le protocole fondamental de NT Server, au même titre que NCP (*NetWare*

Core Protocol) est le cœur de NetWare — vous ne trouverez pas beaucoup de littérature concernant ces deux protocoles (l'attention se concentre surtout sur des protocoles tels que IPX, NetBEUI et TCP/IP), cependant ils existent...

Les concepts de Windows NT Server

Windows NT est un système d'exploitation remarquablement robuste et doté d'un grand nombre de fonctionnalités. Il est facile à prendre en main et à administrer. Grâce à ses utilitaires graphiques, même les néophytes peuvent l'assimiler rapidement. Néanmoins, une présentation de certains concepts de base de NT permettra encore d'accélérer le processus d'apprentissage.

Pour comprendre les bases de NT, vous avez besoin d'assimiler quelques concepts. En premier lieu, la différence entre les *groupes de travail* (l'épine dorsale de la stratégie des réseaux égal à égal de Microsoft) et les *domaines* (l'épine dorsale de la stratégie des réseaux client/serveur de Microsoft). La compréhension de ces différences vous aidera à comprendre quelles sont les méthodes de Microsoft pour structurer un réseau centralisé.

Ensuite, nous examinerons le fonctionnement de la sécurité de NT. Il ne suffit pas de savoir qu'il *existe* une telle sécurité, mais savoir comment elle fonctionne vous aidera à comprendre (et peut-être à dépanner) le schéma global de sécurité de NT.

Dès que vous aurez compris comment fonctionne la sécurité, nous vous dirons comment s'organise le partage de ressources sur NT Server. Le partage de ressources est une suite logique de la discussion concernant la sécurité de la connexion car, dès lors qu'un utilisateur se connecte à un serveur NT, vous devez vous assurer qu'il dispose d'un accès correct à ses ressources, et rien qu'à ses ressources.

Après avoir parcouru ces trois items, nous verrons quels sont les différents rôles d'un serveur NT. Chaque NT Server peut fonctionner avec d'autres systèmes NT Server, afin d'assurer une certaine redondance. Savoir comment tout cela fonctionne simplifie le processus d'administration du réseau en vue du maximum de vitesse et de fiabilité.

Après avoir étudié tous ces items, vous verrez comment vous pouvez utiliser votre serveur NT (pour autre chose que le partage de fichiers ou d'imprimantes). Ainsi, nous étudierons en détail les applications BackOffice de Microsoft, intégrées au serveur.

Les différences entre les groupes de travail et les domaines

Contrairement à Windows NT Workstation, évoqué dans le chapitre précédent, Windows NT Server ne peut pas participer à des groupes de travail. A la place, NT Server fonctionne au travers de *domaines* qui, eux-mêmes, fonctionnent au travers de relations d'approbation avec d'autres serveurs. Si le terme de *relation d'approbation* ne signifie rien pour vous, ne vous inquiétez pas ; nous l'aborderons dans la section suivante.

 Un *domaine* est un groupe d'ordinateurs dont la connexion au réseau est authentifiée par un serveur NT. Essentiellement, un domaine décharge les stations de travail de la fonction d'authentification et la centralise au niveau du serveur.

Comparez le concept d'un domaine à celui d'un groupe de travail tel que nous l'avons vu au Chapitre 14, dans lequel chaque ordinateur prend en charge sa propre sécurité. Le modèle de domaine offre des avantages significatifs :

- une sécurité centralisée ;

- un accès normalisé aux ressources ;

- des ajouts, des déplacements et des modifications plus faciles grâce à la centralisation des ressources.

Lorsqu'un client Windows for Workgroups, Windows 95/98 ou Windows NT se connecte à un serveur Windows NT, le serveur authentifie la connexion du client ; c'est-à-dire qu'il vérifie que le client est bien celui qu'il prétend être. Si la connexion est authentifiée, le serveur peut soit autoriser l'utilisateur à accéder aux ressources du domaine, soit lancer un *script de connexion*. Cette possibilité signifie que les paramètres de sécurité de chaque utilisateur sont stockés sur le serveur plutôt que d'être dispersés sur toutes les stations de travail du réseau.

Le *script de connexion* est un fichier texte stocké sur le serveur, constitué d'une liste de commandes. Lorsqu'un utilisateur se connecte, le serveur lit le fichier texte, exécute les commandes qui y sont indiquées et, souvent, ajoute des unités réseau et des imprimantes spécifiques à cet utilisateur. Des scripts de connexion peuvent comporter des lignes qui ne font rien d'autre que de signaler à l'utilisateur qu'il est connecté. Ils peuvent aussi inclure des commandes telles que des *net use* établissant des connexions réseau vers d'autres ordinateurs.

Les domaines de Windows NT sont des organisations autonomes d'ordinateurs. Bien que la limite théorique d'un domaine soit de 40 000 utilisateurs, la plupart des organisations ne confieront pas autant d'utilisateurs à un seul domaine. A la place, ils utiliseront une méthode plus économique qui mettra en œuvre les *relations d'approbation* permettant de relier plusieurs domaines. La section suivante évoquera les relations d'approbation.

Bien que les serveurs Windows NT contrôlent des domaines, ne les confondez pas avec les domaines DNS de l'Internet. Les domaines de Windows NT sont des organisations hiérarchiques d'ordinateurs qui permettent à plusieurs systèmes de communiquer de façon sécurisée.

Un domaine DNS de l'Internet associe un nom de domaine à une adresse IP, lui-même attribué par une autorité centrale de nommage (Network Solutions de Herndon, VA). Les serveurs de DNS fonctionnent avec des noms de domaines — un serveur de DNS reçoit une requête destinée à un nom de ressource particulier (par exemple, www.microsoft.com) et répond avec l'adresse IP associée à ce nom. Par exemple, www.microsoft.com = 207.58.156.16.

Les domaines sont éclatés en sept domaines top niveau (TLD, *Top Level Domains*). Un TLD est de la forme .com, .edu, .mil, .gov, et ainsi de suite à la fin d'un nom de domaine. Ensuite, il existe des domaines spécifiques tels que microsoft.com, intel.com, apple.com. Tout ce qui est au-delà correspond à une machine spécifique. Les utilisateurs disposant de comptes e-mail dans un domaine spécifique sont parfois décrits par leurs comptes dans ce domaine (par exemple, erica@chowz.jnet.com).

Les relations d'approbation entre domaines NT Server

Qu'est-ce qu'une relation d'approbation ? Pour les domaines NT, une relation d'approbation est un lien entre deux domaines de Windows NT Server. Les relations d'approbation concernent l'administration, l'accès et la sécurité entre les deux domaines.

Il est important de savoir que les relations d'approbation fonctionnent entre deux domaines, et deux domaines seulement. Il n'existe pas d'administration centralisée de domaine à domaine comme c'est le cas avec NDS de Novell, décrit dans le prochain chapitre, qui *centralise* l'administration de réseaux.

En d'autres termes, si le domaine A approuve le domaine B et que le domaine B approuve le domaine C, le domaine A n'approuve pas nécessairement le domaine C. Cela signifie que à mesure qu'un réseau s'agrandit, le nombre de relations d'approbation croît de façon exponentielle. Pour un réseau comportant deux domaines, il peut y avoir une relation d'approbation, six par trois domaines et seize pour quatre domaines.

Heureusement, Microsoft s'est rendu compte que son modèle de relation d'approbation n'était pas aussi extensible que celui de concurrents tels que NDS de Novell, le standard ouvert LDAP (*Lightweight Directory Access Protocol*), un autre protocole TCP/IP et NFS (*Network File System*) de Sun Microsystems. Pour y remédier, Microsoft a annoncé que sa prochaine version de Windows NT (version 2000) inclura Active Directory, un outil d'administration de réseau conçu pour concurrencer NDS de Novell.

Les relations d'approbation, telles qu'elles s'appliquent aux domaines, ne fonctionnent que dans une direction. Cela signifie que si votre domaine Ventes approuve votre domaine Technique, votre domaine Technique n'approuvera pas nécessairement le domaine Ventes. De même, les relations d'approbation existent entre deux domaines et seulement deux à un instant donné. Si Ventes approuve Technique et que Technique approuve Comptabilité, cela ne signifie pas que Ventes approuve Comptabilité. A moins qu'il n'y ait une relation d'approbation *explicite* entre deux ordinateurs, il n'y a pas de relations d'approbation implicites.

Pour que les relations d'approbation soient gérables, Microsoft propose quatre relations d'approbation de base : un domaine unique, un domaine maître, des domaines maîtres multiples et des approbations multiples.

Le modèle de domaine unique

Le modèle de domaine unique est assez simple. Il est valable jusqu'à 10 000 utilisateurs et permet une gestion totalement centralisée de tous les comptes utilisateur et système. Les *groupes locaux*, ou les groupes qui disposent de certains droits et privilèges, sont définis une fois pour toutes pour l'intégralité du domaine. Puisque tout, dans ce modèle, fait référence à un domaine unique, il n'y a pas de relations d'approbation avec les autres domaines à gérer. Ce modèle est simple et convient à 99 % des petits réseaux.

Le modèle de domaine maître

Si vous souhaitez segmenter logiquement votre organisation (par exemple, pour des raisons de sécurité), le modèle de domaine maître est ce qu'il vous faut (voir Figure 15.1). Dans le modèle de domaine maître, il y a plusieurs domaines, tous approuvant le même domaine maître. Cependant, le domaine maître n'approuve aucun des autres domaines. Cela, comme avec le modèle de domaine unique, préserve l'administration centralisée, mais assure également la segmentation de la sécurité et, mieux encore, assure l'extensibilité.

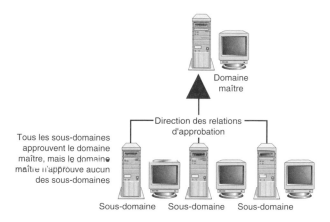

Domaine
maître

Direction des relations
d'approbation

Tous les sous-domaines
approuvent le domaine
maître, mais le domaine
maître n'approuve aucun
des sous-domaines

Sous-domaine   Sous-domaine   Sous-domaine

Figure 15.1 : Un modèle de domaine maître.

Le modèle des domaines maîtres multiples

Pour les organisations réellement importantes, Microsoft recommande le modèle des domaines maîtres multiples (voir Figure 15.2). Dans ce modèle, il y a plusieurs domaines maîtres s'approuvant les uns les autres. Cependant, aucun des domaines maîtres n'approuve aucun de leurs sous-domaines. Les sous-domaines restent hiérarchiquement au-dessous des domaines maîtres. Dans le modèle des domaines maîtres multiples, l'administration se décentralise — chaque domaine maître est responsable de l'administration des sous-domaines qui lui sont immédiatement rattachés. Il n'existe aucun outil de gestion de domaine global à l'entreprise.

Le modèle d'approbations multiples

Le dernier et le moins recommandé par Microsoft est le modèle d'approbations multiples (voir Figure 15.3). Dans ce modèle, tous les domaines approuvent tous les autres domaines afin de tisser une toile de relations d'approbation. Ce modèle devient rapidement ingérable dès qu'il s'étend, car il établit essentiellement des relations d'approbation de égal à égal entre les domaines. De plus, l'administration est complètement décentralisée, ce qui contredit la philosophie de hiérarchie des domaines.

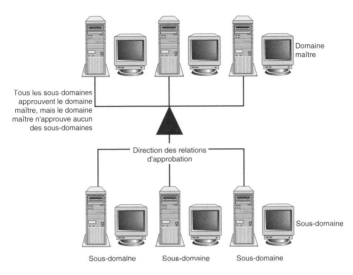

Figure 15.2 : Un modèle des domaines maîtres multiples.

Une autre raison pour laquelle le modèle d'approbations multiples n'est pas recommandé est son manque de sécurité. Tout irait bien si vous pouviez faire confiance tout le temps à tous les utilisateurs et contrôler sérieusement l'accès au réseau, mais il est difficile à sécuriser vis-à-vis de l'extérieur.

L'authentification des utilisateurs

Les domaines existent pour une bonne raison : s'assurer que tous les utilisateurs ont accès à leurs ressources, de façon fiable. Mais les utilisateurs sont très diversifiés, allant de l'utilisateur du réseau local disposant d'assez peu de droits jusqu'à l'administrateur qui dispose de tous les droits sur presque toutes les ressources du réseau. Chaque utilisateur doit disposer d'un accès approprié à son travail quotidien. Comment les utilisateurs peuvent-ils être gérés efficacement ?

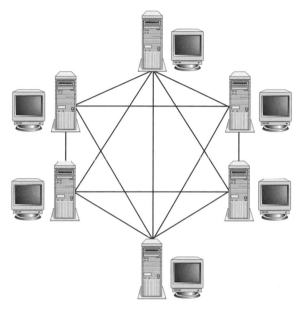

Figure 15.3 : Remarquez à quel point le modèle d'approbations multiples ressemble au réseau égal à égal. Chaque serveur de domaine est connecté à tous les autres domaines sans aucune hiérarchisation.

Windows NT répond à cette question par l'utilisation de groupes d'utilisateurs. Il existe deux types de groupes d'utilisateurs : les groupes locaux qui peuvent contenir les informations de sécurité des utilisateurs issues de domaines et de serveurs multiples, mais qui ne peuvent accéder qu'aux ressources situées à l'intérieur des frontières de leur domaine, et les groupes globaux à qui il est possible d'assigner des droits dans le domaine local ou dans tout domaine approuvant.

Un groupe d'utilisateurs est un ensemble d'utilisateurs d'un domaine qui sont regroupés afin d'en faciliter l'administration. Les groupes sont créés par le Gestionnaire des utilisateurs pour les domaines. Les utilisateurs peuvent disposer de privilèges et de ressources spécifiques qui leur sont rendus disponibles par leur appartenance à un groupe d'utilisateurs. Par exemple, le groupe d'utilisateurs Comptabilité pourra avoir accès aux fichiers et aux applications comptables. Les utilisateurs ne faisant pas partie du groupe Comptabilité ne pourront pas avoir accès à ces ressources.

Ainsi, tout est pour le mieux dans le meilleur des mondes. En plaçant un utilisateur soit dans un groupe local, soit dans un groupe global qui dispose de droits prédéfinis, le processus consistant à vérifier que les droits d'un utilisateur pourront être rapidement configurés est assuré. Maintenant, comment fait NT Server pour contrôler que l'identificateur de l'utilisateur est correct lorsque celui-ci doit accéder à ses ressources réseau ?

C'est en fait assez simple. Lorsque vous vous connectez à un ordinateur sous Windows (quel que soit le type), vous vous connectez d'abord sur l'ordinateur local. Lorsque vous voulez accéder aux ressources réseau (un répertoire partagé sur un serveur, par exemple), vous êtes authentifié par un contrôleur de domaine avant de pouvoir utiliser cette ressource spécifique.

Les rôles de NT Server

Pour que les utilisateurs se connectent à un domaine, ils ont besoin de s'authentifier sur quelque chose. Les serveurs NT remplissent ce rôle en fonctionnant en tant que contrôleur de domaine primaire (PDC, *Primary Domain Controller*) ou contrôleur de domaine de secours (BDC, *Backup Domain Controller*), chacun d'eux pouvant authentifier un utilisateur dans un domaine de ressources.

Un contrôleur de domaine primaire est un ordinateur exécutant NT Server et un logiciel appelé *service Netlogon*. Le service Netlogon est un logiciel de sécurité réseau qui permet à l'utilisateur de se connecter au domaine local NT une fois pour toutes et d'accéder à toutes les ressources du domaine auxquelles il a accès.

Un contrôleur de domaine de secours ressemble à un contrôleur de domaine primaire, excepté le fait qu'il n'authentifie pas les utilisateurs qui se connectent au domaine. Au lieu de cela, les informations de l'utilisateur et de la sécurité associées sont dupliquées automatiquement du contrôleur de domaine primaire au contrôleur de domaine de secours. Dans le cas où le contrôleur de domaine primaire tombe en panne, un contrôleur de domaine de secours pourrait être *promu* contrôleur de domaine primaire et prendre en charge la sécurité du réseau.

Les contrôleurs de domaine primaires gèrent les relations d'approbation pour toutes les communications interdomaines. C'est pourquoi il est extrêmement important, si vous avez un serveur NT qui participe à des relations d'approbation avec d'autres domaines, de le sécuriser avec un BDC. Si le PDC tombe en panne, le BDC gardera la trace de la sécurité de votre domaine local et des relations d'approbation.

Le partage

Dans Windows NT, le partage de ressources est accompli de la même façon que dans les autres versions de Windows. La différence avec Windows NT, c'est qu'il y a beaucoup d'autres options de sécurité. Les trois paramètres de partage de base de Windows sont Aucun accès, Accès complet et Accès selon mot de passe. Windows NT Server étend ces trois paramètres à Aucun accès, Lire, Modifier et Contrôle total, lorsque vous partagez un disque dans *Poste de travail* ou l'Explorateur de Windows NT.

Vous pourriez penser que la permission Aucun accès est la même partout. En fait, ce n'est pas le cas. Seul un administrateur du domaine peut ôter la permission Aucun accès, et seulement si cette permission n'a pas été imposée sur l'administrateur du domaine ou toute autre personne.

Lire signifie un accès en lecture seule. Contrôle total est un accès en lecture-écriture, avec la capacité de modifier les permissions d'accès du fichier sur n'importe quelle ressource de l'ordinateur.

Les permissions d'un partage autorisent à spécifier un nombre d'accès maximal à cette ressource partagée. Si vous utilisez NTFS en tant que système de fichiers du serveur, vous pouvez également spécifier des permissions par fichier et par répertoire. Contrairement aux permissions de partage, les permissions de fichiers et de répertoires représentent l'accès maximal possible auquel est autorisé un utilisateur — ce qui signifie qu'un administrateur peut accidentellement verrouiller son propre accès à un répertoire.

En plus des quatre permissions de base définies au travers des partages, de nombreux autres droits peuvent être définis avec le Gestionnaire des utilisateurs pour le domaine.

En utilisant la sécurité au niveau des partages, la sécurité au niveau des fichiers et des répertoires, et les stratégies des utilisateurs, il est possible de sécuriser NT très finement. Le partage ne consiste pas simplement à accéder à des ressources ; le partage de fichiers fait également partie d'une politique sécuritaire globale.

Les applications de NT Server

Bien qu'ils soient présentés comme des solutions universelles à tous vos problèmes, les systèmes d'exploitation de réseau (NOS) ne font rien d'autre que de partager des fichiers et des imprimantes. Bien que cela soit déjà appréciable, vous aurez besoin au *minimum* d'un service de messagerie, d'une base de données et de services de gestion de réseau. Dans bien des cas, pour mettre en place toutes ces applications, il vous faudra plusieurs serveurs.

Pour anticiper le marché, Microsoft a développé une suite logicielle appelée BackOffice qui fournit la plupart des fonctions d'administration requises par un réseau. Elle comprend les éléments suivants :

- **Exchange Server.** Serveur de messagerie et de groupware qui gère la messagerie Internet.

- **SQL Server.** Système de gestion de base de données tout à fait robuste.

- **SMS** (*Systems Management Server*). Suite logicielle de gestion de réseau qui permet aux administrateurs d'installer des logiciels et de fournir un support distant aux utilisateurs.

- **SNA Server** (*Systems Network Architecture Server*). Serveur qui permet à Windows NT de se connecter à des minis et à des mainframes IBM.

- **IIS** (*Internet Information Server*). Serveur qui transforme un serveur NT en serveur Internet ou intranet pour les services Web, FTP et Gopher.

En plus des services livrés avec BackOffice, NT Server dispose d'un ensemble complet d'outils TCP/IP. Windows NT Server peut, en version standard et sans logiciels de tierces parties, être un serveur de DNS (*Domain Name Serveur*) pour l'Internet, un serveur DHCP (*Dynamic Host Configuration Protocol*) qui assigne des adresses IP aux stations de travail clientes, ou un serveur d'accès distant PPP au travers des services RAS (*Remote Access Services*), les services d'accès distants de NT.

Si, par contre, vous ne devez mettre en place qu'un serveur de fichiers et d'imprimantes, Windows NT peut le faire dès l'installation terminée.

Est-il possible de lancer tous ces services sur un ordinateur ? Absolument, mais assurez-vous que la machine sera la plus puissante possible en termes de CPU et de mémoire. Aujourd'hui, cela signifie un processeur Pentium Pro ou Pentium II d'une vitesse d'au moins 200 MHz, avec 128 Mo de mémoire et 4 Go d'espace disque.

La stratégie de Microsoft concernant BackOffice consiste à offrir à l'utilisateur le plus de choses possibles à un coût relativement bas. Le coût, qui varie légèrement d'un revendeur à l'autre, est sensiblement inférieur à celui de serveurs achetés séparément.

Les autres clients réseau de Windows NT Server

Les concepteurs de Windows NT ont très vite compris que Windows NT ne serait pas le seul système d'exploitation de réseau du monde, qu'ils le veuillent ou non. Avant NT, il y avait déjà NetWare, Banyan VINES, LAN Manager d'IBM, les réseaux TCP/IP, et quelques autres. Pour répondre au marché, les concepteurs de NT décidèrent d'en faire un système sur étagère le plus adapté au réseau que possible. Bien que cela soit un avantage pour les utilisateurs, ce fut surtout un coup de marketing génial : la connectivité de Windows NT Server permit à Microsoft d'entrer dans des segments de marché auxquels il n'avait pas accès jusqu'alors — le marché des minis (AS/400 d'IBM et petits mainframes) et des environnements complètement non Microsoft.

Avec SNA Server de Microsoft, Windows NT Server est capable de gérer les données de mainframes. De plus, certaines tierces parties ont développé des logiciels qui permettent à NT Server (ou, dans certains cas, NT Workstation) de se connecter au système de fichiers NFS de Sun Microsystems, une façon très commode de *monter* (connecter) des disques distants.

Un ordinateur partageant ses propres ressources disque ne représente que le début du processus de partage de fichiers. Dès lors qu'un espace disque est disponible pour d'autres ordinateurs, ceux-ci doivent être capables de *monter* le disque ou de le faire apparaître comme s'il s'agissait d'un autre disque local. Pour un PC, cela signifie que si vous vous connectez au disque d'un serveur, vous disposez d'un nouveau disque f:\ ou h:\, ou toute autre lettre que vous lui auriez assigné.

Pour que le processus de montage fonctionne, le serveur et le client doivent utiliser un logiciel qui leur permet de communiquer. Dans les réseaux de type Windows, la capacité de monter des disques distants situés sur des machines Windows est intégrée aux clients réseau de Microsoft. Pour les clients Windows 95/98 et NT, la capacité de monter des disques NetWare est assurée par le client NetWare de Microsoft pour Windows 95/98 et NT.

Cependant, si vous devez être capable de monter des disques au travers d'un WAN, il est probable que vous aurez à le faire sur des systèmes variés, dont certains n'utilisent pas Windows. Dans ce cas, la solution consiste à installer un serveur ou un client NFS sur les ordinateurs qui devront partager ou accéder aux ressources. NFS, développé par Sun Microsystems, est le standard *de facto* dès lors qu'il s'agit de monter des disques distants. Il est considéré comme faisant partie de la série des protocoles TCP/IP et a été largement reconnu par les utilisateurs des réseaux TCP/IP.

NFS est disponible sur pratiquement n'importe quelle plate-forme, de DOS/Windows 3.x à Windows NT en passant par OS/2 et, bien sûr, UNIX. NFS est complexe à installer, mais assure des connexions très fiables.

Samba constitue une autre possibilité. C'est un logiciel conçu pour que les machines UNIX puissent se connecter à des réseaux Microsoft en utilisant le protocole SMB faisant partie de NetBEUI. Samba est remarquablement efficace ; il permet aux disques de machines UNIX d'être partagés sur des réseaux Microsoft, et aux machines UNIX de se connecter à des disques partagés par des réseaux Microsoft. De plus, Samba est un logiciel gratuit (freeware) disponible sur l'Internet. Il est souvent inclus sur les CD de Linux (un clone d'UNIX), et il est disponible sur presque toutes les plates-formes UNIX.

Voici une liste des clients supportés tels quels par un Windows NT Server de base :

- MS-DOS ;

- Windows for Workgroups 3.x ;

- Windows 95/98 ;

- Windows NT Workstation ;

- clients Macintosh.

Chapitre 16

NetWare de Novell

NetWare de Novell était, il n'y a pas si longtemps, le système d'exploitation de réseaux PC le plus répandu. Les premières versions de NetWare paraissent au début des années 80, au moment où les entreprises commencent à s'équiper de réseaux de PC. Contrairement au produit PC-NET de Microsoft, NetWare était sécurisé, fiable et assez performant. Il était bâti sur un protocole routable (IPX) qui était beaucoup moins complexe à configurer que IP et il permettait de mettre en place des réseaux de PC multisites. Combiné au service d'annuaire NDS, un annuaire global des utilisateurs, des ordinateurs et des imprimantes, NetWare est devenu le standard des réseaux de PC.

Au cours de ce chapitre, nous aborderons les sujets suivants :

- les concepts de NetWare ;

- comment NetWare partage ses ressources avec les utilisateurs ;

- comment configurer le réseau pour des types de client multiples.

Les avantages des réseaux NetWare

Sur le marché depuis assez longtemps, NetWare dispose de beaucoup d'atouts. Dans bien des cas, son seul rival est UNIX, qui est le grand-père de tous les systèmes d'exploitation de réseaux. Bien que NetWare puisse être difficile à installer, à configurer et à optimiser, il dispose de quelques fonctionnalités très intéressantes :

- les performances et l'extensibilité ;

- les noms longs de fichiers ;

- l'organisation hiérarchique intégrée ;

- la fiabilité.

Les performances et l'extensibilité

Le noyau de NetWare est étonnamment efficace. Il conserve en mémoire la liste de tous les fichiers qui sont stockés sur le disque et peut ainsi y accéder très rapidement. Sur un petit réseau, la vitesse à laquelle un serveur peut accéder aux fichiers ne constitue pas un problème majeur, car le serveur n'est pas soumis à une charge importante. Cependant, NetWare continue à bénéficier de bonnes performances lorsque le nombre d'utilisateurs augmente.

La presse informatique continue à tester les produits NetWare et Intranetware. Dans bon nombre de tests, NetWare demeure le serveur de fichiers et d'imprimantes le plus performant du monde PC. Il est également très extensible et peut gérer plus d'utilisateurs que presque tous les autres systèmes d'exploitation de réseaux.

Les noms longs de fichiers

De même que OS/2, Windows 95/98, Windows NT et Macintosh, NetWare supporte également les noms longs de fichiers. Pour pouvoir utiliser des noms longs, des logiciels spécifiques (appelés OS2.NAM, LONG.NAM ou MAC.NAM) doivent être chargés en mémoire pour supporter *l'espace de nommage,* une zone spéciale du disque permettant de stocker les noms longs de fichiers de plus de 31 caractères.

Cela est plus important qu'on ne le croie. Même si certains systèmes d'exploitation peuvent sauvegarder des noms de fichiers de 255 caractères, 31 caractères suffisent à la description des fichiers. Par exemple, le nom de fichier `Chapitre 13 fichiers de JimC.doc` est plus facile à comprendre que `CH13FLJC.DOC`. De plus, le nom long de fichier a plus de chance d'être unique et il y a moins de risques d'écraser accidentellement le fichier `CH13FLJC.DOC` avec un autre fichier de même nom.

Organisation hiérarchique intégrée

NetWare 4.x est livré avec un système intégré de construction d'organisation et de gestion de réseaux hiérarchiques. Ce système, appelé NDS (*NetWare Directory Services*), est autant capable de gérer les besoins organisationnels d'une entreprise que ceux d'un réseau local ne comprenant qu'un seul serveur. NDS est assez complexe. Le détail de son fonctionnement est en dehors du sujet de ce livre. Cependant, si vous devez mettre en place un réseau multisite, NetWare 4.x et NDS sont des outils puissants.

 L'annuaire NDS (*NetWare Directory Services*) est la méthode utilisée par Novell pour hiérarchiser la structure du réseau d'entreprise. Dans un réseau NDS, un seul identifiant permet d'accéder aux ressources, quel que soit l'endroit à partir duquel se connecte l'utilisateur.

Bien que l'extensibilité de NetWare soit quasi légendaire, la configuration monoserveur a quand même ses limites. Lorsque Novell a conçu NetWare 4.x, elle réalisa que NetWare 3.x avait besoin d'évoluer vers une nouvelle version. Les efforts de Novell aboutirent au service d'annuaire NDS dans lequel chaque utilisateur, chaque ordinateur, chaque imprimante, chaque serveur, chaque site devient un objet gérable. C'était une bonne solution pour contenir la concurrence d'UNIX et de Windows NT. De ce fait, Novell a développé des versions UNIX, Windows NT et même, pour le système OS/390, des mainframes IBM. Si NDS devenait un standard de fait, Novell contrôlerait le marché des annuaires distribués.

Fiabilité

NetWare est sur le marché depuis le début des années 80 et, à ce titre, c'est l'un des systèmes les plus testés. Même NetWare 4.x, une réécriture totale de NetWare mise sur le marché au milieu des années 90, était très stable dès la première version. Les versions postérieures (actuellement la 4.11) ont encore gagné en stabilité.

Il n'est pas rare de rencontrer des serveurs NetWare correctement configurés qui fonctionnent pendant plusieurs mois sans redémarrage. NetWare est un système à tolérance d'erreur élevée, souvent capable de traiter un problème sans avoir besoin de redémarrer.

Parmi les éditeurs de systèmes d'exploitation de réseaux, Novell est sans doute celui qui met le plus souvent à jour son logiciel serveur. De fréquents correctifs sont disponibles sur le site Web de Novell, **www.novell.com**.

Les inconvénients des réseaux NetWare

D'une certaine façon, Novell a été victime de son propre succès. L'éditeur a concentré tous ses efforts pour faire de NetWare le meilleur serveur de fichiers et d'imprimantes, au détriment des services applicatifs et de la simplicité d'administration.

Voici une liste des points faibles de NetWare :

- il est coûteux à administrer ;

- il offre peu de support pour les services applicatifs ;

- il est difficile à administrer.

Coûteux à administrer

Grâce au succès de NetWare sur le marché des systèmes d'exploitation de réseaux pour PC, Novell s'est concentré sur le marché des grandes entreprises au détriment des clients de plus petite taille qui ne pouvaient pas accéder au support technique de Novell à des prix décents. Depuis 1989, au lieu de s'adresser directement à Novell en cas de problèmes, les clients, quelle que soit leur taille, devaient se payer les services d'un CNE (*Certified NetWare Engineer*). Les CNE sont des professionnels entraînés à la configuration, à la conception et au dépannage de NetWare. Cependant, le coût de tels services est assez dissuasif.

Peu de support des services applicatifs

A l'origine, NetWare a été conçu en tant que serveur de fichiers et d'impression. Cependant, depuis lors, les fonctionnalités des serveurs se sont beaucoup étendues. Au début des réseaux, le partage des fichiers et des imprimantes était suffisant. Mais, avec l'accroissement de la puissance des ordinateurs personnels, les serveurs ont commencé à exécuter des applications qui étaient, jusqu'alors, le privilège des mini ordinateurs et des mainframes. Parmi ces services, on peut citer les bases de données et l'administration de réseau. Malgré les efforts de Novell pour pénétrer le marché des serveurs d'applications, il est maintenant largement distancé par UNIX et Windows NT.

Difficile à administrer

De plus, NetWare est assez difficile à administrer, particulièrement pour les débutants. Contrairement à Windows NT qui dispose d'une interface graphique, NetWare ne dispose que d'une console en mode texte. Bien que l'interface ne soit pas absolument indispensable, elle facilite considérablement le travail de l'administrateur.

Novell a réglé ce problème en développant Netadmin et NWAdmin, deux outils graphiques d'administration respectivement sur DOS et Windows. Ces utilitaires facilitent grandement la vie de l'administrateur, mais ils ne fonctionnent pas au niveau de la console du serveur.

Les bases de NetWare

Dans les pages suivantes, nous verrons quelques concepts de base qui permettent de comprendre le fonctionnement de NetWare :

- NetWare 3.x par rapport à NetWare 4.x ;

- la sécurité du logon d'un utilisateur ;

- avec qui NetWare peut interopérer.

Les différences entre NetWare 3.x et 4.x

NetWare 3.x — particulièrement NetWare 3.11 — était un grand système d'exploitation de réseau. Il était fiable, relativement simple à administrer et très performant. Malheureusement, l'ajout de serveurs était pénible, car chaque serveur devait être administré séparément. C'est pour cette raison que l'introduction de NetWare 4.x et de NDS, qui permettaient une centralisation de l'administration, fut accueillie à bras ouverts par les pauvres administrateurs réseau NetWare.

Il y avait des différences fondamentales entre NetWare 3.x et 4.x et elles s'étendaient bien au-delà des interfaces d'administration. Les sections suivantes décrivent les différences entre NetWare 3.x et 4.x :

- les services d'annuaires NDS (*NetWare Directory Services*) par rapport à la base de comptes (*Bindery*) ;

- l'utilisation et la récupération de la mémoire ;

- un meilleur support de l'entreprise ;

- des capacités multitâches ;

- un logon unique.

Les services NDS par rapport à la base de comptes

Chaque système d'exploitation de réseau a besoin d'un moyen de tracer ses utilisateurs, ses ressources et sa configuration. Dans NetWare, le mécanisme accomplissant ces tâches est soit la base de comptes (*Bindery*) dans les versions 3.x et antérieures, soit les services d'annuaires NDS (*NetWare Directory Services*) dans NetWare 4.x.

La base de comptes est essentiellement une *base de données* contenant les identifiants et les mots de passe des utilisateurs, des informations concernant les ressources physiques de l'ordinateur telles que l'espace disque, les différents périphériques tels que les contrôleurs disque et les cartes réseau et des informations concernant la configuration de la machine.

Une *base de données* est un fichier ou un ensemble de fichiers dans lequel les données sont structurées de façon logique. Par exemple, l'annuaire téléphonique est une base de données papier, les noms étant dans une colonne et les numéros de téléphone dans une autre colonne.

Contrairement à la base de comptes de NetWare 3.x's, NetWare 4.x utilise les services d'annuaires NDS. NDS constitue une amélioration considérable par rapport à la base de comptes, dans la mesure où elle permet une centralisation de l'administration et simplifie l'installation.

La NDS est une base de données relationnelle contenant les mêmes informations que la base de comptes de NetWare 3.x's. Cependant, contrairement à la base de comptes, NDS donne la possibilité de répliquer un répertoire de ressources d'un serveur à un autre et une méthode d'organisation hiérarchisée des réseaux.

NDS fonctionne en organisant certaines informations sous la forme d'une *structure arborescente*. En structurant ainsi toutes les parties du réseau, NDS permet d'organiser votre réseau local de la même façon qu'elle organiserait le réseau d'une multinationale. C'est le service d'annuaire le plus extensible qui soit et Novell, en dépit de ses difficultés financières et commerciales, devrait la diffuser rapidement pour d'autres systèmes d'exploitation tels que Solaris de Sun et Windows NT de Microsoft.

L'utilisation et la récupération de la mémoire

NetWare 4.x peut gérer automatiquement plus de 16 Mo, sans configuration préalable, tandis que NetWare 3.x était toujours à la recherche d'un peu de mémoire. S'affranchissant de la contrainte de configuration des 16 Mo de mémoire, NetWare 4.x est beaucoup plus facile à installer. Lorsque que SERVER.EXE de NetWare 4.x se charge, il effectue un test rapide du matériel et évalue la mémoire disponible. La configuration et la gestion de la mémoire sont par conséquent beaucoup plus simples avec NetWare 4.x qu'avec NetWare 3.x, et plus accessibles à un néophyte.

L'autre différence entre NetWare 3.x et 4.x réside dans la gestion de la mémoire qui, avec NetWare 4.x, est libérée correctement. Lorsqu'une application utilise de la mémoire, le système d'exploitation lui alloue une certaine quantité de mémoire que l'application doit restituer dès qu'elle n'est plus active. Parfois, certaines applications — ou pire, le système d'exploitation — ne libèrent pas correctement la mémoire. Au fil du temps, la mémoire non libérée s'accumule, le système d'exploitation se plante et doit être redémarré. C'est le cas de NetWare 3.x. Heureusement, NetWare 4.x n'a pas ce problème et le système est plus stable.

Un meilleur support de l'entreprise

Imaginez que toutes vos données soient stockées sur un ordinateur. Maintenant, imaginez ce qui se passerait si cet ordinateur tombait en panne — pas très agréable, n'est-ce-pas ? Les grandes entreprises pensent la même chose de leurs données — la différence, c'est le prix des données et, plus encore, le coût d'une perte d'exploitation.

Avant NetWare 4.x, les données d'un réseau Novell étaient stockées sur un serveur et sur un serveur seulement — à moins que l'administrateur arrête toutes les bases de données, déconnecte tous les utilisateurs et copie manuellement toutes les données d'une machine à une autre. En revanche, avec NetWare 4.x, les données peuvent être *répliquées* en temps réel d'une machine à une autre. Si l'un des serveurs tombe en panne, l'autre prend la relève et continue à servir les utilisateurs.

Des capacités multitâches

L'une des plus grandes différences entre NetWare 3.x et NetWare 4.x réside dans son implémentation du multitâche. Comme nous l'avons déjà vu, le multitâche est la capacité d'un ordinateur à accomplir plusieurs tâches simultanément.

NetWare 3.x fait du multitâche et le fait plutôt bien mais, malheureusement, il n'empêche pas un programme (tel que le programme de sauvegarde) d'écraser accidentellement une partie de la mémoire utilisée par un autre programme et donc de la faire planter. Dans NetWare 4.x, le système d'exploitation permet aux programmes de s'exécuter en *mode protégé* Intel, c'est-à-dire dans des espaces mémoire séparés. Pour cette raison, NetWare 4.x est beaucoup plus stable que NetWare 3.x lorsqu'il charge en mémoire de nombreux modules NLM (*NetWare Loadable Module*).

 Un NLM (*NetWare Loadable Module*) est un programme qui peut s'exécuter directement sur un serveur NetWare. La plupart des NLM peuvent être chargés et déchargés de la mémoire. Les NLM prennent en charge une bonne partie des fonctions de NetWare, des protocoles réseau (IPX.NLM et SPX.NLM) à l'administration (MONITOR .NLM) en passant par la sauvegarde.

Un logon unique

La dernière différence entre NetWare 3.x et 4.x — ou, tout au moins, la dernière que nous évoquerons dans ce livre — est fondée sur le support de l'entreprise, à savoir sa capacité de logon unique. Quel que soit l'endroit du réseau à partir duquel vous vous connectez, vous avez accès aux mêmes ressources. Il s'agit d'une extension directe des services d'annuaires NDS qui fut considérée comme une avancée majeure au moment où elle fut introduite.

Avec le logon unique de NetWare 4.x, un administrateur peut se connecter de chez lui, de son bureau ou de n'importe quel endroit et administrer le réseau. De même, un utilisateur peut accéder à ses ressources, quelle que soit sa localisation géographique.

Comment fonctionne NetWare ?

Contrairement à DOS, OS/2 ou Windows NT, qui utilisent respectivement les systèmes de fichiers FAT, HPFS ou NTFS, Novell utilise un système de fichiers propriétaires (*NetWare File System*). Bien que le système de fichiers de NetWare gère des partitions assez larges, les noms longs de fichiers et un grand nombre d'attributs de fichiers, ce qui peut paraître banal aujourd'hui, ce ne fut pas toujours le cas.

Lorsque NetWare a été introduit pour la première fois, MS-DOS en était à la version 3.3. DOS 3.3 n'était pas un mauvais système d'exploitation, mais il souffrait de quelques limitations. Parmi les plus notables, sa limitation à 32 Mo des partitions. Même au milieu des années 80, lorsqu'un disque dur de 100 Mo coûtait quelques dizaines de milliers de francs, cette limitation était des plus frustrantes et NetWare permettait déjà de la dépasser. Pour les administrateurs, cette perspective était intéressante puisqu'elle leur permettait de gérer les réseaux de PC comme ils le faisaient pour les mini-ordinateurs ou les mainframes. En fait, au cours des années 80, la centralisation du réseau était souvent synonyme de *stations sans disque* (un PC sans disque dur qui démarre sur une copie d'un système d'exploitation stocké sur le serveur NetWare).

 Les *stations sans disque* utilisent les bons offices d'une puce spéciale appelée *PROM de boot* (*Programmable Read-Only Memory*) insérée dans un connecteur de la carte réseau. La PROM de boot permet à un ordinateur de se connecter sur un serveur et de télécharger une copie d'un système d'exploitation tel que le DOS. Notez que ce système est repris par les NC (Network Computer) de Oracle et les NetPC de Microsoft.

Qu'est-ce que tout cela a à voir avec le démarrage des serveurs NetWare ? En fait, les partitions NetWare ne sont pas *bootables* — c'est-à-dire que l'ordinateur ne peut pas reconnaître le format du disque et trouver les fichiers dont il a besoin pour démarrer. Ainsi, NetWare a besoin d'une partition DOS pour stocker les fichiers de démarrage.

Lorsqu'un serveur NetWare démarre, il commence par booter sur une petite partition DOS (souvent inférieure ou égale à 100 Mo) sur laquelle sont stockés les fichiers de démarrage (CONFIG.SYS et AUTOEXEC.BAT) et qui dispose d'un répertoire NWSERVER dans lequel se trouvent les fichiers nécessaires au démarrage du serveur.

L'interopérabilité de NetWare

NetWare est une sorte de standard en matière de réseau pour PC. Pratiquement tous les systèmes d'exploitation peuvent dialoguer avec NetWare d'une façon ou d'une autre. Malgré les fortunes diverses de Novell, personne ne peut l'accuser d'avoir négligé les utilitaires de connectivité.

NetWare peut interopérer avec tous les systèmes d'exploitation, du vieux DOS monotâche jusqu'aux versions les plus sophistiquées d'UNIX. Pour un utilisateur, cela signifie que les données sont accessibles depuis n'importe quelle plate-forme. Si un utilisateur de MacIntosh sauvegarde un fichier sur un serveur NetWare, ce fichier pourra être partagé par des utilisateurs DOS, Windows 95/98 ou autre système qui dispose d'un système de fichiers compatible.

DOS/Windows 3.x/Windows for Workgroups 3.11

Un des meilleurs composants de NetWare est son client DOS. Lorsque Novell développa NetWare, il devait trouver une façon de créer une interface commode pour l'utilisateur. Les données stockées sur les disques NetWare devaient apparaître sous la forme de lettres d'unités différentes, comme si elles étaient stockées sur le disque local. Pourtant ces lettres d'unités doivent être différentes de C ou D.

Bien sûr, au début, la seule façon dont un utilisateur pouvait interagir avec le système était la ligne de commande de DOS. Pour cette raison, Novell développa un programme spécial appelé *shell* qui faisait apparaître les ressources réseau comme des ressources locales.

 Le *shell* est une interface utilisateur interactive avec un système d'exploitation réseau ou non. Le shell capture les commandes de l'utilisateur (au travers de la ligne de commande — l'invite du DOS, par exemple ou une interface graphique telle que Windows) et les passe au système d'exploitation réseau ou non.

Le shell de NetWare présenté dans le paragraphe précédent est l'interface entre le DOS et NetWare. En utilisant le shell de NetWare, il est possible d'accéder aux ressources NetWare.

D'un point de vue utilisateur, le shell est idéal — l'utilisateur n'a pas besoin de se souvenir si ses ressources sont locales ou situées sur \\THESERVER\CDRIVE ou quelque chose de ce style. Au lieu de cela, tout ce qu'il a besoin de savoir, c'est que ses fichiers sont stockés sur l'unité H (ou sur toute autre lettre *correspondant* à la ressource réseau \\THESERVER\CDRIVE).

Pour pouvoir charger les shell de NetWare sous DOS, vous devez installer le client DOS pour NetWare. Il est livré sur le CD-ROM de NetWare, mais il peut également être téléchargé sur le site Internet **http://support.novell.com**. Vous avez simplement besoin de connaître le type de carte réseau et le type de trames que vous allez utiliser — bien entendu, il faut que le type de trames soit le même sur le client et le serveur.

 NetWare est capable d'émettre différents *types de trames*. NetWare 2.x et 3.x utilisaient les types de trames Ethernet 802.3. Lorsque NetWare 4.x a été mis sur le marché, il utilisait, par défaut, le type de trames Ethernet 802.2 qui est plus répandu.

Windows 95/98

Contrairement à DOS, Windows 95/98 n'a pas besoin d'utiliser un shell client Novell. Microsoft, reconnaissant ainsi la popularité de NetWare, a inclus un client NetWare dans Windows 95/98. Il est facile à paramétrer et fonctionne très bien. Contrairement à beaucoup d'autres clients NetWare, le client NetWare pour Windows 95/98 fonctionne avec les services d'annuaire NDS et il peut exécuter les scripts de connexion de NetWare. Cela fait de Windows 95/98 un excellent client NetWare.

Parallèlement, Novell a développé son propre client pour Windows 95/98. Pour la plupart des utilisateurs, il n'est pas très différent de celui de Microsoft. Cependant, pour les administrateurs, le client NetWare pour Windows 95/98 de Novell peut être indispensable pour pouvoir utiliser NWAdmin, l'utilitaire d'administration des serveurs NetWare 4.x.

Si vous voulez installer le client NetWare, ouvrez le Panneau de configuration, choisissez l'icône Réseau, cliquez sur le bouton Ajouter et choisissez Protocoles. Choisissez le protocole compatible IPX/SPX de Microsoft et recommencez l'opération en ajoutant le Client pour les réseaux NetWare. Dès lors que le protocole et le client NetWare sont installés, redémarrez et vous pourrez vous connecter au serveur NetWare.

Windows NT Workstation

Au cours du chapitre précédent, nous avons vu que Windows NT Server dispose d'une fonctionnalité — lè *service de passerelle pour NetWare* — qui permet à des clients qui n'exécutent pas IPX de se connecter à un serveur NetWare.

NT Workstation, la version station de travail de Windows NT, dispose d'un utilitaire équivalent appelé *service client pour NetWare* qui permet aux stations Windows NT de se connecter en tant que clients à des réseaux NetWare.

Depuis la version 4, le support des clients et des services d'annuaires de NetWare est supporté nativement par Windows NT. Ainsi, il est possible d'intégrer des systèmes Windows NT à l'architecture des services d'annuaires de NDS. En décembre 1997, Novell a sorti NDS pour Windows NT, de telle façon que les Windows NT puissent être contrôlés par NDS, au même titre que le serait un serveur NetWare. NDS pour Windows NT nécessite que le client NetWare pour NT de Novell soit installé sur le système Windows NT jouant le rôle de serveur NDS, mais cela fait partie du processus d'installation — relativement simple et très rapide.

OS/2

OS/2, le système d'exploitation client d'IBM dialogue très bien avec NetWare. De plus, chaque application peut s'exécuter dans sa propre session réseau, ce qui signifie que vous pouvez utiliser simultanément plusieurs logons. Cette fonctionnalité peut s'avérer très utile pour un administrateur système.

Bien que le paramétrage permettant à OS/2 d'interagir avec d'autres systèmes d'exploitation soit complexe, cette complexité peut valoir le coût — comme nous venons de le dire, vous pouvez disposer de plusieurs sessions de connexion complètement séparées sur le même serveur NetWare, à partir du même ordinateur exécutant OS/2.

Si vous envisagez d'utiliser OS/2 en tant que système d'exploitation, vous aurez besoin de logiciels réseau. Si vous utilisez OS/2 Warp, vous pouvez récupérer ces logiciels à partir de **www.ibm.com** ou **www.novell.com**.

Choix du protocole

NetWare souffre des affres de la traduction de protocole. Lorsque vous utilisez NetWare, deux protocoles sont à votre disposition, l'un (IPX) est natif et l'autre est une traduction (NetWare/IP). Lorsque Novell développa le protocole IPX, il le fit de telle façon que la traduction de IPX en TCP/IP soit relativement facile. Ainsi, NetWare n'utilise pas nativement TCP/IP, bien qu'il *soit capable* d'utiliser TCP/IP (en fait, il le fait assez bien). Cependant, beaucoup d'applications ont besoin que SPX fasse partie de la série de protocoles IPX et, par conséquent, ne fonctionnent pas si NetWare n'utilise que TCP/IP. En fait, pour servir certaines applications, NetWare *encapsule* les paquets IPX dans les paquets TCP/IP

 L'encapsulation de paquets consiste à placer une lettre dans une enveloppe, à la fermer, à écrire l'adresse du destinataire sur l'enveloppe, puis à placer cette enveloppe dans une autre enveloppe adressée dans une autre langue. Comme vous vous en doutez, cette méthode n'est pas très performante, mais c'est parfois la seule qui permette de faire dialoguer des réseaux hétérogènes.

Etant donné que TCP/IP est difficile à faire cohabiter avec NetWare (même si la langue maternelle de son produit Intranetware n'est pas IP), il apparaît qu'à moins que vous n'ayez un besoin impérieux d'utiliser IP sur votre réseau, vous serez bien inspiré de ne pas l'utiliser et de le remplacer par IPX. Puisque la traduction IPX-IP est relativement simple (Novell inclut un traducteur IPX-IP dans son produit Intranetware et il existe de nombreux traducteurs de protocoles chez MCS, Cisco et d'autres), il est possible d'ajouter une connexion Internet à votre réseau, sans avoir besoin d'installer un client IP sur chaque station. Si vous n'hébergez pas de site Web, IPX et la traduction IPX-IP sont un choix judicieux. Au-delà d'une certaine simplicité d'installation, cette configuration vous permet de parvenir à un degré de sécurité assez important. La plupart des crackers utilisant IP pourront atteindre le système qui effectue de la traduction de protocoles mais, puisqu'ils n'auront *pas* forcément une bonne connaissance d'IPX, ils ne pénétreront pas facilement sur le réseau local NetWare.

Les clients NetWare et NDS

L'introduction sur le marché de NetWare 4 — en particulier, l'utilisation des services d'annuaires NDS — désorienta bon nombre d'administrateurs qui s'étaient habitués à NetWare 3.x. D'autant que, juste après la sortie de NetWare 4, il était difficile de trouver des clients fonctionnant avec NDS. Le Tableau 16.1 présente une liste de ces clients compatibles NDS.

Tableau 16.1 : Clients compatibles NDS

Système d'exploitation	Editeur	Client	Compatible NDS ?
MS-DOS/Windows 3.x	Novell	Client VLM (inclus dans NetWare 4)	Oui
	Novell	Client IPX/NETX	Non (nécessite le positionnement de la variable d'environnement SET BINDERY CONTEXT=%NetWare Context Variable% dans l'AUTOEXEC.NCF pour être capable de voir le serveur)
Windows 95	Microsoft	Protocole/client pour réseaux NetWare compatible IPX/SPX	Non (cependant, les versions récentes devraient supporter NDS)
	Novell	Client32 pour Windows 95	Oui

Tableau 16.1 : Clients compatibles NDS *(suite)*

Système d'exploitation	Editeur	Client	Compatible NDS ?
Windows NT 3.51	Microsoft		Non (nécessite le positionnement de la variable d'environnement SET BINDERY CONTEXT=%NetWare Context Variable% dans l'AUTOEXEC.NCF pour être capable de voir le serveur)
	Novell	Client32 pour Windows NT (inclus avec NWAdmin)	Oui
Windows NT 4.0	Microsoft	Services protocole/client NWLink IPX/SPX compatibles NetWare	Oui
	Novell	Client32 pour Windows NT (inclus avec NWAdmin)	

Chapitre 17

UNIX

Avec l'accroissement des réseaux, il semble qu'UNIX soit partout. Si vous regardez la télévision ou si vous parcourez la presse informatique, vous le trouverez partout :

- Sun Microsystems annonce à la télévision que son UNIX est le serveur Internet le plus performant.

- Linux, un clone gratuit de UNIX est le système le plus répandu parmi les amateurs de systèmes d'exploitation.

- Les stations graphiques haut de gamme de Silicon Graphics permettent de réaliser des effets spéciaux pour le cinéma sur des systèmes UNIX.

- Les applications vitales d'un grand nombre de banques et d'institutions fonctionnent sur des systèmes UNIX.

Tous ces exemples, parmi d'autres, constituent une consécration d'UNIX en tant que serveur de fichiers, d'impression et d'applications pour l'entreprise. UNIX est largement considéré par les directions informatiques de bon nombre d'entreprises (grandes et petites), comme le *nec plus ultra* des systèmes d'exploitation de réseaux. Et aucune entreprise de haute technologie n'envisagerait de mettre autre chose qu'une station de travail UNIX sur le bureau de ses ingénieurs.

Même pour les utilisateurs avertis, y compris chez les habitués des réseaux, UNIX reste entouré de mystère et de suspicion. L'attitude la plus courante envers UNIX, quelles que soient ses performances, son efficacité et ses capacités, consiste à le considérer comme trop complexe pour le commun des mortels. Pour cette raison, il est rarement utilisé dans les petits réseaux, ce qui est dommage, car il est réellement très puissant et son prix est raisonnable. Il est même parfois gratuit (Linux, FreeBSD).

Faut-il en conclure qu'UNIX n'est pas complexe ? Certainement pas, il l'est ! Cependant, en dépit des difficultés d'apprentissage de ses commandes ésotériques et des différences entre son interface graphique et celui des systèmes Microsoft ou Apple, UNIX vaut le détour. Un système UNIX bien configuré peut faire des choses qu'aucun autre système ne pourrait faire. Dès son installation, UNIX se met à parler TCP/IP, puisque les réseaux TCP/IP sont nés sur et pour des machines UNIX. UNIX est capable de dialoguer avec NetWare et avec Windows NT. De plus, c'est un système multiutilisateur disposant de services de sécurité et de routage.

Ce chapitre vous présentera les points suivants :

- l'histoire d'UNIX ;
- certains concepts de base d'UNIX.

L'histoire d'UNIX

UNIX commença en fait comme une plaisanterie — ou, du moins, comme une mystification.

A la fin des années 60, les laboratoires de Bell AT&T commencèrent à travailler sur un *système d'exploitation multiutilisateur,* c'est-à-dire un système d'exploitation qui pouvait supporter plus d'une session utilisateur à la fois, appelé *Multics.* Les programmeurs se moquèrent de Multics ; il était encombrant, lent, difficile à manier et issu d'un cahier des charges technocratique.

Afin de se moquer de l'équipe de développement de Multics, plusieurs programmeurs des laboratoires de Bell AT&T entreprirent de construire un système d'exploitation léger, rapide et multiutilisateur qui sera extensible et ils encourageaient les utilisateurs à le modifier en fonction de leurs besoins. Ils réussirent leur pari et, pour enfoncer le clou vis-à-vis de l'équipe Multics, ils appelèrent leur système d'exploitation *UNIX*. UNIX signifiant *un seul,* par rapport à Multics qui voulait dire plusieurs.

La crise de croissance

A l'origine, UNIX était considéré comme le paradis des *hackers* (dans ce livre, nous utilisons le terme de hacker pour désigner un individu très astucieux ou un bon programmeur — une personne qui s'introduit illégalement sur le système informatique de quelqu'un est un *cracker*). Personne ne pensait vraiment qu'il s'agissait d'un logiciel d'entreprise. Après tout, il était léger, très modulaire — il était possible d'ajouter des modules au fil de l'eau — et il n'avait pas été écrit selon les habitudes des entreprises. Mais il était intéressant parce que léger et peu cher. Les universités et certaines entreprises de haute technologie prirent le train en marche, tout simplement parce que UNIX pouvait fonctionner sur des machines moins puissantes que les systèmes d'exploitation traditionnels tels que VM d'IBM ou VMS de Digital. UNIX convenait aux personnes et institutions peu fortunées qui pouvaient ainsi profiter de la puissance des mainframes aux prix de micro-ordinateurs.

La renommée mondiale

Au cours des premières années, AT&T diffusa des copies très bon marché d'UNIX. Au début, il ne fonctionnait que sur certaines machines et, en dépit de ses grandes capacités, il était condamné à l'oubli. Au milieu des années soixante-dix, un évènement sauva UNIX ; il fut intégralement réécrit en langage C. C est un langage de programmation très *portable* — c'est-à-dire qu'un code écrit en langage C peut être facilement *porté* sur d'autres machines. Le but de tout cela était de pouvoir exécuter UNIX sur le plus de machines possible. Chaque distribution d'UNIX incluait son *code source* qui pouvait être *recompilé,* c'est-à-dire traduit en langage machine correspondant sur pratiquement n'importe quelle plate-forme.

 Le *langage de programmation C, ou "C"* est un langage de haut niveau développé par Brian Kernighan et Dennis Ritchie des laboratoires de Bell. Le langage C permet aux développeurs d'écrire du code pouvant être *recompilé* pour fonctionner sur d'autres plates-formes. La programmation en C est plus considérée comme un art que comme une science.

C a la réputation d'être très complexe, mais ce n'est pas tout à fait exact. Si vous prenez le temps d'en étudier les base et de vous assurer que la syntaxe du code est correcte, il vous permettra d'écrire des programmes compacts, performants qui font exactement ce que vous voulez qu'ils fassent.

Au cours des dernières années, C a été supplanté par C++, une version plus récente et rationalisée de C qui dispose de fonctionnalités objets.

 Un *compilateur* est un programme qui prend du *code source* (du texte ascii, tel que vous pouvez le voir dans Windows avec Bloc-notes ou le programme Edit de DOS) et le traduit en langage machine.

Les compilateurs sont synonymes d'UNIX. Presque tous les systèmes UNIX sont livrés avec au moins un compilateur C. Beaucoup de versions d'UNIX disposent maintenant d'un compilateur C++.

Les compilateurs existent pour la plupart des langages ; le C++ est simplement le plus répandu.

 Le *code source* est un ensemble de fichiers texte écrits par les programmeurs, qui sont traduits en langage machine par le compilateur.

Voici le code source C d'un programme très simple :

```
#include <stdio.h>
main()
{
printf ("Hello, World\n");
}
```

Ce code source C, lorsqu'il passe au travers d'un compilateur C et qu'il est exécuté, affiche simplement les mots Hello, World. C'est généralement le premier programme qu'étudie un programmeur C.

Le grand schisme

Au milieu des années 70, un autre événement important se produisit dans l'histoire d'UNIX. Ken Thompson, un des premiers programmeurs, prit une année sabbatique à l'université de Californie à Berkeley, où il rencontra Bill Joy, un étudiant de troisième cycle. Joy était fasciné par UNIX et il écrivit un éditeur de programmes (un programme permettant d'éditer du texte) appelé *vi*, qui est encore l'un des éditeurs les plus utilisés sur les systèmes UNIX. Peu de temps après, en début 1978, Joy avait créé le premier UNIX non AT&T, qui fut appelé BSD (*Berkeley Software Distribution*).

Aujourd'hui, toutes les variantes d'UNIX sont issues de l'un de ces deux UNIX. Même les clones d'UNIX comme *Linux*, le système d'exploitation freeware de Linus Torvald, adhèrent forcément aux standards des UNIX AT&T et BSD.

Plusieurs années après, BSD diffusa un *portage* du protocole TCP/IP. Cet événement est considérable, car TCP/IP était le langage de l'ARPAnet, le précurseur de l'Internet. Depuis lors, TCP/IP et ses utilitaires sont devenus des standards des systèmes UNIX.

Le *portage* est le processus consistant à recompiler le code source C d'un programme de telle sorte qu'il puisse s'exécuter sur des machines différentes. Par exemple, vous pouvez porter le programme "Hello, World" sur un Macintosh en le recompilant avec le compilateur C du Macintosh, puis sur un PC avec un compilateur C pour PC.

Au fil des ans, AT&T et BSD divergèrent au niveau de la *syntaxe des commandes en ligne*. Cependant, au cours des cinq ou six dernières années, les variantes d'UNIX commencèrent à utiliser une syntaxe commune. Il n'est plus très facile de distinguer si elle est dérivée de AT&T ou de BSD. Le rapprochement des "tribus" UNIX a été conduit par deux facteurs : les utilisateurs souhaitaient ne disposer que d'une syntaxe commune d'un UNIX à l'autre et Microsoft qui partait à l'assaut avec Windows NT, son système d'exploitation porte-drapeau, ne pouvait plus être ignoré.

UNIX sous les attaques

En dépit du fait que Windows NT a largement contribué à diminuer les revenus des éditeurs de systèmes UNIX, c'est peut-être la meilleure chose qui pouvait se produire dans le Landerneau UNIX. Jamais, depuis que AT&T commença à vendre UNIX aux éditeurs commerciaux, le marché d'UNIX n'avait été aussi ouvert. UNIX cessait d'être *compatible binaire* (ce qui signifie que les applications qui s'exécutent sur une variante d'UNIX ne fonctionnent plus sur une autre). Les développeurs de tierces parties écrivirent de petits logiciels spécifiquement pour des systèmes UNIX parce que, pour être tant soit peu rentable, une application devait être portée sur dix ou quinze des systèmes UNIX les plus répandus. Malheureusement, cela contribua à conserver à UNIX une image de système d'exploitation non destiné à l'utilisateur de base, ce qui l'éloigna encore plus des marchés grand public et entreprise.

Heureusement, la menace constituée par Windows NT — qui malgré ses défauts (son manque de maturité et d'extensibilité) reste le système d'un seul éditeur et, par conséquent, le centre d'intérêt de bon nombre de développeurs — a contraint les éditeurs d'UNIX à faire ce que tous les forums sur les systèmes ouverts n'avaient pas été capables de faire depuis dix ans : convenir qu'une plate-forme UNIX commune était indispensable à sa survie. Ainsi, les éditeurs d'UNIX commencèrent à se rallier à un standard commun — ce qui est ironique puisque le terme d'*interopérabilité,* c'est-à-dire la capacité d'un système informatique à dialoguer avec d'autres, évoque plus UNIX qu'aucun autre système. UNIX peut interopérer avec tout système exécutant TCP/IP et c'est le cas de pratiquement tous les systèmes. Ainsi, la convergence des éditeurs d'UNIX est bien tardive.

Les malheurs d'UNIX

La communauté des éditeurs d'UNIX n'est pas la seule responsable de son échec commercial. Au début des années 90, AT&T décida de ne plus participer au commerce des logiciels UNIX et vendit la marque déposée et les droits de licence à Novell (le même Novell qui fit NetWare). Novell prévoyait de positionner sa variante d'UNIX (appelée UNIXWare) en tant que grand frère de NetWare et de l'utiliser pour certaines applications stratégiques. Malheureusement, Novell a fait l'acquisition de WordPerfect, du tableur Quattro Pro de Borland et de quelques autres produits en même temps que celle de UNIX Systems Laboratories. Au creux de la vague qui suit parfois une acquisition majeure, le fondateur de Novell, Ray Noorda, fut remercié. Son successeur, Robert Frankenberg, vendit les applications bureautiques à Corel Corporation et les droits d'UNIX à SCO (Santa Cruz Operation), la société qui a créé SCO OpenServer et OpenDesktop, deux des UNIX Intel les plus répandus.

Pendant que les droits d'UNIX se baladaient d'un éditeur à un autre, beaucoup de clients potentiels commencèrent à considérer UNIX comme une solution d'entreprise peu sécurisante (au moins commercialement) et optèrent pour des systèmes d'exploitation "plus sûrs" — principalement Windows NT.

NT a conquis beaucoup de parts du marché UNIX d'entreprise. En fait, en 1997, Microsoft a vendu plus de Windows NT que tous les UNIX confondus.

Le futur d'UNIX : encore un terrain solide

L'ascension de Windows NT ne signifie pas qu'UNIX soit mort. UNIX est beaucoup plus extensible, plus fiable et plus testé sur le terrain que n'importe quelle version de NT. Après tout, NT n'existe que depuis le début des années 90 — UNIX depuis 1969. UNIX peut gérer des espaces disque très importants et il est *significativement*

plus performant que tous les autres systèmes d'exploitation de sa catégorie. Il est facilement modifiable et dispose d'une panoplie d'outils tels que les *langages de scripts* — perl, tcl/tk et *scripts shell* — qui permettent aux utilisateurs d'écrire de petits programmes capables d'automatiser des tâches quotidiennes et de créer des raccourcis clavier. Son interface utilisateur graphique, X Windows, est capable de prendre en charge une architecture distribuée conforme aux besoins de l'entreprise.

Les *langages de scripts* sont des langage de programmation limités inclus dans certains systèmes d'exploitation. Avec UNIX, il est possible de créer des *scripts shell,* de petits programmes généralement composés de lignes de commandes. Par exemple, vous pouvez lister le contenu d'un répertoire, puis de copier ce contenu dans un fichier avec un script shell d'une seule ligne. Tout ce que vous devez faire, c'est de créer un nouveau fichier texte avec un éditeur (semblable au Bloc-notes de Windows) et de saisir la ligne suivante : `line:`.

- `ls - 1 > cat > dirlist.txt`

Après avoir saisi cette line, vous sauvegardez le fichier en tant de dl (par exemple) et le rendez exécutable en utilisant la commande chmod. Puis, chaque fois que vous voulez écrire le contenu d'un répertoire dans ce fichier, tapez simplement `dl`.

Dans MS-DOS et Windows, le langage de scripts est appelée Langage de Commande en Batch et les fichiers sont appelés fichiers batchs.

Le Perl (*Practical Extraction and Reporting Language*) est un autre type de langage de scripts. Le langage Perl est souvent utilisé pour récupérer les données saisies dans les pages Web.

Les utilisations courantes d'UNIX sont diverses. En entrée de gamme, Linux — un freeware, conçu en tant que version compatible Intel d'UNIX — est utilisé comme serveur de fichiers et d'impression performant, fiable et très bon marché. A l'échelon supérieur, il est utilisé sur des stations de travail — normalement, des SPARC exécutant SunOS ou Solaris ou des machines INDY de Silicon Graphics. Ces machines ne sont pas utilisées en tant que serveurs, mais en tant que stations de travail de développement ou de conception. Elles font aussi très bien du graphisme — des stations de travail de Silicon Graphics ont été utilisées pour créer les images de synthèse de *Terminator 2*. Au sommet, on trouve des serveurs multiprocesseurs dans les systèmes bancaires (entre autres). Ces serveurs UNIX, qui peuvent supporter des centaines ou des milliers d'utilisateurs simultanés, ont seize processeurs ou plus et plusieurs Go de RAM. Les espaces disque de ces monstres sont impressionnants — certains systèmes gèrent un téraoctet d'espace disque. Ce sont presque des mainframes —, mais au lieu d'exécuter des systèmes d'exploitation propriétaires, ils utilisent UNIX.

Au cours de ses trente années d'existence, UNIX a acquis une vertigineuse gamme de services et de capacités. Il peut fonctionner sur pratiquement n'importe quel processeur et s'étendre à des systèmes bancaires stratégiques — ou s'intégrer dans un microcontrôleur de machine outil. Sa faculté d'adaptation lui permet d'exister à presque tous les niveaux de l'entreprise, et sa flexibilité, d'accomplir pratiquement toutes les tâches. C'est le système d'exploitation préféré d'un grand nombre de serveurs Internet, puisque l'Internet a grandi sur UNIX.

Le choix d'UNIX pour un réseau local — ou même un premier réseau — n'est pas nécessairement un mauvais choix. Le logiciel avec lequel il est possible de mettre en place un petit réseau local est très bon marché (Linux, le clone freeware d'UNIX est disponible en téléchargement sur le Web ou sur un CD-ROM pour 100 F. FreeBSD, la version gratuite de BSD, est disponible de la même façon) et représente une bonne introduction aux systèmes UNIX. Bien qu'UNIX ne soit pas hostile à l'utilisateur de base, il n'est pas simple ; vous aurez besoin d'un livre consacré à UNIX, Linux ou FreeBSD pour faire fonctionner le serveur. Si vous l'utilisez, vous aurez progressé dans l'étude d'un système performant, fiable et moins sujet aux problèmes créés par les utilisateurs que tous les autres systèmes d'exploitation décrits dans ce livre.

Les spécifications

Pour répondre à la question qui est sur toutes les lèvres depuis le début de ce chapitre, UNIX est un système d'exploitation multitâche préemptif qui peut supporter plusieurs utilisateurs au travers de deux méthodes : les terminaux passifs où tout le traitement est effectué sur le serveur UNIX (l'utilisateur ne voit que l'écran de son ordinateur) et les réseaux TCP/IP sur Ethernet, FDDI, Token Ring ou toute autre topologie de réseau.

Les sections suivantes décrivent les types d'accès aux systèmes UNIX : les terminaux et les connexions réseau. C'est un travail difficile, mais ça vaut le coup. Lorsque vous aurez fini de lire ces sections, vous comprendrez comment UNIX interagit avec les utilisateurs.

Les terminaux

UNIX supporte certaines interactions de l'utilisateur au moyen de *terminaux*. Un terminal est un système passif qui n'a aucune capacité de traitement hormis celle d'afficher sur l'écran ce qu'on lui envoie.

UNIX dialogue avec les terminaux au travers de programmes dont les dernières lettres sont *tty*, ce qui signifie *type terminal*. Au fil des ans, beaucoup de constructeurs ont fabriqué des terminaux passifs pouvant fonctionner avec des systèmes UNIX ; le plus connu est celui de Digital Equipment Corporation, qui fut appelé VT100.

Lorsqu'un terminal se connecte à un système UNIX, il est souvent connecté à un port série (port *COM* sur les PC), et non pas sur une connexion réseau. Normalement, dans ce scénario, le système UNIX effectue tout le traitement et le terminal ne fait qu'afficher les données sur l'écran et transmet au serveur les frappes du clavier et les déplacements de la souris.

Les terminaux passifs sont principalement utilisés pour les applications dans lesquelles un système transactionnel important doit être accessible à beaucoup d'utilisateurs — les anciens systèmes de réservation aérienne sont de bons exemples d'utilisation de terminaux.

Puisque les terminaux sont principalement utilisés pour afficher des données, ils ne disposent pas de disque dur et le seul périphérique utilisé est bien souvent une imprimante.

Ensuite, on trouve les *terminaux X,* ainsi appelés parce qu'ils utilisent le système X Window. Les terminaux X sont des terminaux graphiques qui disposent d'un peu de mémoire RAM, d'un écran haute résolution et d'une souris. Les terminaux X sont intéressants dans certains environnements parce qu'ils disposent d'une capacité de traitement graphique. Pendant longtemps, les terminaux X ont été utilisés dans les environnements de conception parce qu'ils offraient de bonnes performances (par rapport aux standards de la fin des années 80) aux applications de CAD et étaient plus économiques qu'une station de travail sur chaque bureau.

Contrairement aux terminaux passifs qui sont souvent connectés au système UNIX par un câble série, les terminaux X utilisent une connexion Ethernet.

La symbiose entre les réseaux et UNIX

Au début des années 90, on assista à une explosion des réseaux et tout le monde voulait y participer. Ethernet, jusqu'alors réservé aux systèmes UNIX d'entreprise, fut soudainement partout — et tout le monde voulait être capable de dialoguer en TCP/IP avec les systèmes UNIX existants. Les utilisateurs voulaient pouvoir accéder à leurs applications au travers d'un réseau, parce que c'était plus rapide et plus fiable. Pour ce faire, on vit apparaître un nouveau type de logiciels pour PC : les *émulateurs de terminaux.* Les émulateurs de terminaux permettaient aux utilisateurs de PC de se connecter à des systèmes UNIX en utilisant le réseau Ethernet. «a fonctionnait, mais ce n'était pas suffisant ; c'était lent et les fonctionnalités étaient limitées.

Au fil du temps, les éditeurs prenaient conscience que les serveurs du monde PC faisaient plus qu'exécuter des applications spécifiques. Les serveurs étaient utilisés comme serveurs de fichiers, d'impression, de communication, etc. Les utilisateurs de PC voulaient profiter des mêmes connexions client/serveur aux systèmes

UNIX que celles dont ils disposaient sur les serveurs NetWare. Cependant, à l'origine, il n'y avait aucun moyen de *monter* un disque UNIX sur un système PC — c'est-à-dire qu'il n'y avait aucun moyen pour un PC de voir un système UNIX sous la forme d'une lettre d'unité réseau supplémentaire.

Les systèmes de fichiers distants : NFS

Réalisant que le marché recherchait une solution permettant aux PC de voir les disques de serveur UNIX, Sun Microsystems créa un nouveau protocole TCP/IP, appelé NFS (*Network File System*). NFS permettait aux utilisateurs distants de voir les disques UNIX comme s'il s'agissait de leur système de fichier local — que le disque soit vu comme une autre lettre d'unité (comme dans Windows) ou sous la forme d'un autre répertoire du système de fichiers local (comme dans UNIX). Dans NFS, un PC voit le disque dur d'un serveur UNIX comme une autre unité réseau.

NFS est très pratique dès qu'il s'agit de partager des ressources UNIX avec des PC. PC-NFS de Sun, une implémentation de NFS sur les PC, a connu un succès foudroyant dès le départ. Elle permettait aux systèmes UNIX de fonctionner avec un grand nombre de machines, comme si le système UNIX était local. Elle pouvait fonctionner autant sur un réseau local que sur un WAN, ce qui réglait bien des problèmes.

D'autres systèmes de fichiers distants : AFS, DFS et Samba

Cependant, NFS ne correspondait pas parfois tout à fait aux souhaits des utilisateurs. Il existe deux autres systèmes de fichiers distants : AFS (*Andrew File System*) et DFS (*Distributed File System*), offrant quelques fonctionnalités légèrement différentes de celles de NFS. Mais, nous ne rentrerons pas dans l'étude de ces différences qui serait quelque peu ésotérique.

Cependant, les machines Windows étaient encore exclues de la plupart des systèmes de fichiers distants, à l'exception du PC-NFS de Sun. Afin de remédier à cette situation, un nouveau produit appelé *Samba* fut écrit par un développeur australien au début des années 90. Samba est une implémentation UNIX du protocole SMB

(*Server Message Block*) de Microsoft, que nous avons évoqué au Chapitre 3 "Comment les ordinateurs partagent-ils des données".

Samba permet à UNIX de partager ses ressources comme le ferait une machine Windows. Il est facile à utiliser, distribué gratuitement sur l'Internet et compilé sur un grand nombre de versions d'UNIX.

Le système de fichiers d'UNIX

Le système de fichiers d'UNIX, dont nous n'avons pas encore parlé, ressemble au système de fichiers de DOS, à cela près que DOS voit chaque partition comme avec une lettre différente tandis que, sous UNIX, tout est situé dans un seul disque virtuel appelé *partition* — il est vu sous la forme d'une arborescence.

La racine d'un système UNIX est / ; tout part de là. Comparez cela à la convention de Microsoft dans laquelle chaque disque dur physique ou logique correspond à une lettre différente — C, D et ainsi de suite.

Contrairement à l'organisation du disque dur vue par Microsoft, UNIX ressemble à un modèle de propreté (voir Tableau 17.1). Il est composé d'un ensemble de répertoires bien organisés, généralement avec des droits et des privilèges d'accès bien définis, ce qui rend la navigation sur un système UNIX inconnu assez simple pour quelqu'un qui connaît bien UNIX.

Tableau 17.1: L'organisation d'un système de fichiers UNIX

/	La racine du système de fichiers. Seul l'administrateur (appelé aussi utilisateur root) peut s'y connecter.
/dev	Ici sont stockés les devices. Par exemple, pour ouvrir une unité de disquette sur UNIX, vous ne tapez pas a:, mais /dev/fd0. De même, votre modem est /dev/modem, vos ports série sont /dev/tty0, /dev/tty1 et ainsi de suite.
/bin	Ici sont stockés les binaires exécutables. Les variables d'environnement des utilisateurs sont stockées dans /bin/sh (les variables d'environnement indiquent à l'ordinateur comment prendre en charge une session utilisateur particulière — s'il faut lancer un shell en ligne de commande ou l'interface graphique X Window ou encore lancer une application spécifique lorsque l'utilisateur se connecte).

Tableau 17.1: L'organisation d'un système de fichiers UNIX *(suite)*

/etc	Les mots de passe sont stockés sous forme encryptée dans /etc/password.
/pub	Répertoire des données publiques.

Noms longs de fichiers, noms sensibles à la casse des caractères et commutateurs

Contrairement à DOS, UNIX gère les noms longs de fichiers, en général de trente-deux caractères. Pour ceux qui n'aiment pas être contraints à interpréter les noms de fichier tronqués au format 8.3 de DOS, UNIX offre le support des noms longs, et cela dès l'origine — les autres systèmes d'exploitation ne commencent à le faire que maintenant.

En plus des noms longs, UNIX est sensible à la casse des caractères et aux commutateurs. Par exemple, le fichier `Marks_Legal_files_1997` n'est *pas* le même que le fichier `marks_legal_files_1997`. UNIX ne trouvera pas le premier nom de fichier si vous saisissez le second. Cela est à la fois bien et pas bien. La bonne chose, c'est que le nommage de fichiers d'UNIX est rigoureux et garantit l'unicité de nom de fichier. Cependant, ce peut être extrêmement frustrant si vous ne le savez pas. Les utilisateurs novices oublient qu'UNIX est sensible à la casse des caractères et sont exaspérés, quand ils saisissent un nom de fichier en minuscules, de ne pas le trouver lorsque celui-ci est une combinaison de minuscules et de majuscules.

Entrée standard, sortie standard et tubes

Dans la plupart des systèmes d'exploitation, vous disposez de capacités de programmation vous permettant de filtrer le contenu d'un fichier. Cependant, dans UNIX, ce n'est pas le cas. UNIX est avant tout un *noyau,* le cœur même d'un système d'exploitation, un ensemble de petits programmes modulaires exécutant des fonctions très spécifiques. En utilisant l'entrée standard (le clavier ou un fichier), la sortie standard (l'écran) et les tubes (*pipes*) représentés par le caractère I, il est possible de passer des données d'un programme à un autre et d'accomplir des tâches complexes à partir de la ligne de commande.

Il est possible d'écrire des *scripts shell* extrêmement complexes (semblables aux fichiers *batchs* de DOS) qui effectuent des tâches très complexes en utilisant les commandes UNIX et les tubes. Par exemple, si vous voulez créer un petit programme qui listera vos fichiers et vos répertoires à l'écran, puis dans un fichier, le fichier texte de ce programme ressemblera à :

```
ls -l > directory.txt
```

Cet exemple est extrêmement simple et n'est pas représentatif de la complexité de l'entrée standard, de la sortie standard et des tubes. Pour apprendre ces aspects d'UNIX, vous devez étudier la syntaxe des lignes de commandes d'UNIX, ce qui n'est pas le propos de ce livre. Cependant, sachez simplement qu'il est possible d'automatiser des tâches, ce qui ouvre bien des perspectives.

Les interfaces graphiques

UNIX a démarré avec une seule interface en ligne de commande. Pour effectuer du multitâche, les utilisateurs devaient démarrer un programme en arrière-plan au moyen de certains commutateurs de la ligne de commande, tandis qu'un autre utilisateur travaillait en avant-plan avec un autre programme. Cette approche fonctionnait tant que l'utilisateur était un informaticien rompu à toutes les commandes permettant de passer d'un programme à l'autre. Cependant, la grande majorité des utilisateurs trouvaient cette approche fastidieuse. La complexité des commandes incombait aux utilisateurs qui réclamaient une façon plus simple de lancer plusieurs programmes.

L'introduction de X Window était destinée à remédier à cette situation. Dans une session X Window, les données sont affichées dans une fenêtre redimensionnable. Si vous disposez d'un PC sous Windows ou d'un Macintosh, vous avez déjà vu de telles fenêtres.

A l'origine, X était un environnement en mode texte. Il ressemblait au DOS avec des lignes et des flèches de direction. Cependant, avec l'introduction d'ordinateurs et de cartes vidéo plus puissants, X prit un aspect familier aux utilisateurs de Mac ou de Windows : des menus en 3D, des fontes proportionnelles et des fenêtres redimensionnables. Actuellement, X ne se charge pas de l'interface graphique. Les programmeurs écrivirent des programmes appelés *gestionnaires de fenêtres* (windows managers) qui prennent en charge l'apparence graphique des écrans. Les gestionnaires de fenêtres les plus courants sont Motif, Open Look et CDE.

Choix des protocoles

Le choix des protocoles réseau d'UNIX est assez simple. Bien qu'UNIX puisse utiliser le protocole SMB pour interagir avec Windows, et IPX pour interagir avec NetWare, son protocole originel est TCP/IP car il a été écrit sur et pour UNIX.

Partie V

Introduction à l'administration réseau

Chapitre 18

L'administrateur réseau

Qu'est-ce qu'un administrateur réseau ?

D'un point de vue strictement fonctionnel, c'est une personne responsable de la bonne santé et du bon fonctionnement d'un réseau. Elle doit être capable d'installer et de configurer les matériels et les logiciels qui composent l'infrastructure du réseau.

Dans une grande entreprise, c'est en général la description qui est faite d'un administrateur réseau. Cependant, la majorité des administrateurs réseau travaillent dans de petites et moyennes entreprises ; ils y portent de multiples casquettes. Il n'est pas rare qu'un administrateur réseau soit responsable de tous les aspects techniques — qu'ils soient d'ordre informatique ou non. Bien trop souvent, des personnes sont devenues "les administrateurs par défaut", simplement parce qu'elles ont manifesté de l'intérêt pour la technique en général et l'informatique en particulier.

Ce chapitre permet aux administrateurs réseau de connaître les tâches essentielles qui leur incombent. Cependant, sachez que, même si vous ne souhaitez pas devenir administrateur réseau, la maintenance d'un réseau est indispensable à sa survie.

L'administration d'un réseau n'est pas une tâche homogène. C'est plutôt un patchwork qui combine plusieurs fonctions :

- architecte ;

- archiviste ;

- dépanneur ;

- professeur.

Cependant, cette liste n'est pas exhaustive. L'administration d'un réseau a la capacité étonnante de générer des travaux inattendus — c'est le signe du développement naturel d'un environnement de travail dynamique, même si cela ne vous enchante pas. Aussi, ne prenez pas ce livre comme un répertoire de toutes les tâches nécessaires à la bonne administration d'un réseau. Considérez plutôt ces informations comme une base de réflexion. En fonction de votre environnement, vous trouverez que votre travail est suffisamment varié pour vous éviter l'ennui.

Voici ce que nous étudierons dans ce chapitre :

- l'importance de conserver les fichiers de jounalisation du système ;

- le stockage sécurisé des données ;

- comment faire une maintenance correcte du système ?

- les pratiques de conception ;

- la création et la gestion des comptes utilisateur ;

- les conventions de nommage des ressources du réseau ;

- la distribution des fonctionnalités et la redondance ;

- la conception sécuritaire ;

- la récupération de catastrophes.

La planification et l'installation d'un réseau

Puisque vous êtes parvenu à cette partie du livre, vous savez déjà, sans aucun doute, ce qu'est un réseau. C'est déjà bien, mais il vous faudra encore comprendre comment tous ces éléments sont imbriqués avant de planifier et d'installer un réseau. La planification et l'installation nécessitent des compétences qui ne sont pas seulement techniques, mais surtout organisationnelles.

Cette section décrit comment planifier une installation réseau et comment mener à bien une implémentation de réseau. Vous trouverez également quelques notes qui vous aideront lors des inévitables problèmes rencontrés au cours de l'installation.

En tant qu'administrateur réseau, vous disposez de peu de moyens en matière d'agencement de l'espace ; c'est là le travail des architectes. Si l'espace, tel qu'il est conçu, ne convient pas, n'hésitez pas à le dire, mais n'espérez pas qu'on vous donne carte blanche. Votre travail commence vraiment lorsque vous spécifiez, par exemple, le nombre de câbles réseau pour chaque emplacement (local technique, bureau).

Comme nous l'avons dit dans les chapitres précédents, les tâches principales dévolues à l'administrateur réseau restent les mêmes : planification, conception, implémentation et réglage. Les tâches spécifiques que vous aurez à accomplir lors de la conception et de l'installation du réseau sont celles que nous avons déjà vues dans ce livre :

- **Connaître les bases des réseaux.** Ce sujet a été traité dans les premiers chapitres (topologies, protocoles, nomenclature, etc.).

- **Connaître la conception de votre réseau.** Si vous avez conçu votre réseau, vous comprendrez comment les équipements interagissent logiquement et physiquement. Cela est très utile lorsqu'on résout les problèmes d'administration, car le concepteur identifiera rapidement les pannes potentielles.

- **Comprendre comment interagissent les différents éléments.** Cette connaissance est issue de la conception du réseau : comprendre comment les données circulent à l'intérieur de celui-ci. Cette compréhension accélérera le dépannage logiciel du réseau.

- **S'arranger pour que tous les éléments fonctionnent ensemble.** C'est le moment où les trois points précédents se conjuguent sous la forme d'une épreuve parfois terrifiante !

Vu sous cet angle, la planification et la construction de réseaux paraissent assez simples et, de fait, elles le sont. Au cours de la planification du réseau, le rôle de l'administrateur réseau consiste à s'assurer que celui-ci *fonctionnera*. Pendant la construction du réseau et après, son travail consiste à s'assurer que le réseau *fonctionne*.

La check-list de planification

Voici une check-list de toutes les choses auxquelles un planificateur de réseau devra penser. Il s'agit d'une liste générique. Assurez-vous de bien tenir compte de votre environnement avant d'ajouter ou de soustraire des paramètres qui vous concernent.

- **Conception du réseau logique.** Référez-vous au Chapitre 10.

- **Conception du réseau physique.** Référez-vous au Chapitre 10.

- **Protocoles à utiliser.** Référez-vous au Chapitre 3.

- **Câblage du réseau.** En fonction des plans de câblage, décidez comment vous relierez le point A au point B, tout en respectant les normes incendie et les normes de la catégorie 5. Référez-vous au Chapitre 5.

- **Logiciels et licences.** Référez-vous au Chapitre 5.

- **Compatibilité des matériels et des logiciels.** Souvenez-vous de planifier l'interopérabilité et de la tester. Référez-vous au Chapitre 9.

- **Alimentation électrique.** Ce n'est pas un problème pour des réseaux ne comprenant que quelques ordinateurs, mais si vous avez prévu de placer beaucoup d'ordinateurs en un seul endroit, il vaut mieux vérifier que votre installation électrique le supportera. De même, si ces machines sont situées dans un local technique, assurez-vous que celui-ci est bien ventilé, ou mieux, climatisé.

Prévoir la consommation électrique est assez simple. Au dos de chaque appareil est indiquée la consommation de courant (en milliampères). Tant que la somme de ces intensités ne dépasse pas l'ampérage de la prise, tout va très bien. Sinon, vous en serez quitte pour réenclencher le disjoncteur toutes les dix minutes.

Il existe, bien sûr, bien d'autres choses à vérifier dès lors que vous planifiez des réseaux. Elles dépendent des circonstances et de chaque environnement. Les sujets que nous abordons ici sont ceux auxquels seront confrontés tous les planificateurs de réseau.

La check-list d'installation

Au cours de l'installation, vous devrez vous assurer que tout se passe conformément à vos prévisions. Manifestement, si vous êtes prêt pour l'installation, c'est que vous avez déjà fait tout ce qui est indiqué à la section précédente. Cependant, voici une check-list spécifique pour l'installation :

- Avez-vous fait un plan de l'installation ? En d'autres termes, avez-vous une liste des tâches à accomplir ? En voici une :

  - installer les serveurs et une alimentation électrique protégée dans un local fermé à clé ;

  - installer les répéteurs dans un répartiteur de brassage fermé à clé ;

  - connecter les répéteurs au panneau de brassage et les serveurs aux prises murales ;

  - mettre les serveurs sous tension ;

  - essayer de se connecter au serveur à l'aide d'une station de travail déjà configurée ;

  - installer les stations de travail et tester leur connexion au réseau ;

  - connecter le réseau interne aux équipements de réseaux externes (WAN, Internet, etc.).

- Etes-vous certain que le câble a été installé avec sa terminaison et (c'est le plus important) testé ? La plupart des installateurs de câblage professionnels fournissent une liste des câbles installés et le résultat des tests de câblage. Les câbles sont testés au moyen d'un appareil appelé *testeur de câble*, qui mesure la vitesse de propagation et la longueur totale des câbles. Cet équipement est efficace, mais cher (30 000 F ou plus). Il est important que vos câbles soient installés et testés correctement avant d'y brancher quoi que ce soit.

- Avez-vous suffisamment de cordons de brassage (si vous installez un réseau 10BASE-T, Token Ring ou FDDI) ? Correspondent-ils au bon type de câblage ?

- Pouvez-vous identifier quels ports du panneau de brassage vont vers quelles prises murales des bureaux ? Sinon, essayez de les identifier. Il est facile d'identifier ces ports avant d'y connecter des appareils parce que vous n'aurez pas à suivre le parcours des câbles.

- Lorsque vous installez des ordinateurs, installez-vous le serveur en premier afin de vérifier que les autres ordinateurs peuvent s'y connecter au travers du câblage ? Il est important de s'assurer en priorité que le serveur fonctionne, sinon le dépannage sera deux fois plus difficile. Une autre astuce consiste à relier une station de travail au réseau au moyen d'un câble croisé (si vous utilisez du 10BASE-T). Si vous pouvez vous connecter, il y a toutes les chances pour que le serveur fonctionne correctement.

- Si vous disposez d'accès externe par des lignes téléphoniques numériques (une connexion WAN ou Internet), vous êtes-vous assuré que l'opérateur téléphonique et le fournisseur d'accès à l'Internet ont bien réceptionné le modem bande de base et le routeur ? Si c'est le cas, vous pourrez tester votre connexion Internet à mesure que les machines sont installées sur le réseau.

- Lorsque vous installez votre réseau, avez-vous sécurisé les ordinateurs ? Les serveurs doivent être placés dans des locaux fermés à clé, de même que le câblage. L'idéal consisterait à fixer les ordinateurs et les périphériques avec des câbles cadenassés, afin d'empêcher les vols.

Administration d'un réseau

Un réseau, comme toute autre chose, ne fonctionne pas seul ; il a besoin de maintenance. Un réseau nécessite un administrateur pour gérer les utilisateurs, les problèmes de sécurité, les sauvegardes et bien d'autres choses encore.

Au sens large, la plus grande partie de l'administration de réseau peut se résumer aux tâches suivantes, qui seront détaillées aux prochaines sections :

- les journaux :

  - les journaux générés par la machine ;

  - les journaux générés par l'homme ;

- la maintenance ;

- la conception et l'expansion ;

- la création et la maintenance des comptes utilisateur ;

- la distribution des tâches ;

- la planification des sauvegardes ;

- la sécurité.

Bien sur, cette liste n'est pas exhaustive. Elle présente les tâches de base à la charge de l'administrateur réseau. Une fois que vous les avez assimilées, il est probable que votre réseau fonctionnera tranquillement et qu'il bénéficiera de la confiance des utilisateurs.

Gardez les journaux

Qu'est-ce qu'un fichier de *journalisation* (*log*) ? Un journal est un enregistrement de tous les événements du système.

L'importance des fichiers de journalisation ne doit pas être sous-estimée. Voici un exemple du monde réel : si vous subissez une panne du système tous les vendredis à 2 h du matin, vous pouvez consulter votre journal système pour déterminer les événements qui précèdent cette défaillance. Les journaux sont très utiles pour vous aider à identifier la cause de la panne. Croyez-le ou non, consulter le journal est parfois plus utile que de rester devant la machine en attendant la panne.

Par exemple, la cause de la panne du système pourrait être votre logiciel de sauvegarde, qui démarre tous les jours à 2 h du matin, mais qui, pour une raison inconnue, provoque une défaillance le vendredi. Pourquoi ? Peut-être que votre système effectue une défragmentation du disque tous les vendredis matin, qui interfère avec la sauvegarde. Ce *pourrait* être la cause de la panne.

Les fichiers journaux limitent aussi les effets pervers de la négligence. Si vous disposez d'une journalisation complète de tous les événements système et de toutes les modifications récentes du système, vous limitez d'autant la responsabilité de votre organisation — vous pouvez toujours dire que vous savez ce qui se passe.

Il y a aussi d'autres raisons de conserver une trace des connexions. Si vous essayez de sécuriser votre réseau, conserver tous les journaux est une nécessité. Si vous gardez une trace des connexions, vous pouvez déterminer qui a accédé au système et quand. En observant ce type de journal, vous pourrez déterminer qui a accédé illégalement à votre système.

Dans tous les cas de figure, la journalisation est importante et fait partie de l'administration de réseau. Comme le journal de bord d'un bateau, les journaux de votre ordinateur enregistrent toutes les interactions de la machine avec son environnement.

Généralement, il y a deux types de journaux : les journaux électroniques (générés par la machine) et le papier (généré par l'homme).

Les journaux générés par la machine

Les journaux électroniques sont des fichiers texte qui résident sur votre serveur. Généralement, ils sont générés par le système d'exploitation ou par l'application et, dans la plupart des cas, ils ne sont accessibles que par l'administrateur. Si vous utilisez une machine NT Server, NT Workstation ou NetWare, le système d'exploitation génère ces fichiers pour vous, à la volée. Pour les autres systèmes d'exploitation, il y a moins d'options de journalisation, mais cela correspond à un besoin moindre de journalisation.

Les fichiers de journalisation du système ont plusieurs raisons d'être. La première, et sûrement la plus courante, est le dépannage. Si votre système garde une trace de toutes les erreurs, des programmes en cours d'exécution ou d'autres événements qui se produisent sur une machine particulière, vous disposez d'un bon point de départ pour résoudre les problèmes dès qu'ils apparaissent. Si vous pouvez ouvrir un fichier journal — avec le Bloc-notes de Windows ou l'éditeur EDIT de DOS — vous pourrez voir ce qui se passe.

Très souvent, les journaux du système peuvent fournir un niveau de détail qui va jusqu'aux adresses mémoire. De tels détails peuvent vous paraître superflus au premier abord ; la lecture en est ésotérique, sauf si votre langue maternelle est l'hexadécimal. Cependant, de telles données peuvent s'avérer utiles. Prenez le temps de comparer la mémoire et les enregistrements relatifs à la panne dans les fichiers de journaux. Même si vous ne savez pas les interpréter, ils fourniront un bon point de départ aux experts qui dépanneront votre réseau.

Les fichiers de journalisation électroniques ne sont pas limités au traçage des événements du système. Le Moniteur de Performances de Windows NT et les utilitaires CONLOG et MONITOR de NetWare peuvent aussi capturer des paquets réseau et vous aider à déterminer les causes d'interruptions de services. Lorsqu'un ordinateur est paramétré pour lire tous les paquets circulant sur le réseau, le processus s'appelle *capture des paquets*. Un *fichier de capture* (le nom du fichier texte résultant de la capture des paquets) peut révéler certaines anomalies du réseau, depuis la mauvaise configuration jusqu'au trafic excessif et bien d'autres paramètres. Au contraire des fichiers de journalisation, ceux-ci sont relativement dynamiques (c'est-à-dire qu'ils éliminent les parties plus anciennes au fur et à mesure de l'arrivée des paquets, permettant ainsi aux fichiers de capture d'avoir des tailles quasi constantes). Les fichiers de capture représentent le comportement du réseau à un instant donné.

Les journaux générés par l'homme

Les journaux électroniques vous permettent de tracer ce qui s'est passé dans un système d'un point de vue logiciel. En tant qu'administrateur, vous souhaitez aussi garder une trace des ajouts, déplacements et modifications du système. Cette journalisation peut se faire sur papier (il est facile de conserver une trace papier des événements de la journée), mais il est aussi facile de conserver ces traces dans une base de données ou dans des gestionnaires d'informations personnelles (PIM)— ce qui permet des recherches et des tris plus faciles. Je conserve mon fichier de journalisation dans Ecco Pro de NetManage (voir Figure 18.1). Cependant, tout PIM disposant de capacités d'organisation fera l'affaire.

 Puisque vos fichiers de journalisation contiennent des informations propriétaires et d'autres données concernant votre environnement, l'accès doit en être fortement protégé par mot de passe — si possible à plusieurs niveaux. De plus, plus d'une seule personne devra avoir accès aux fichiers de journalisation. Ainsi, en cas d'accident ou d'indisponibilité, quelqu'un d'autre pourra continuer à utiliser les journaux pour gérer le système (ou fournir des informations système à un intervenant extérieur qualifié).

Notez les subdivisions du journal représentées en Figure 18.1. Le fichier est divisé avec les rubriques suivantes :

- **Tâches quotidiennes.** Cette section énumère les différentes tâches que l'administrateur du système doit effectuer au cours de la journée.

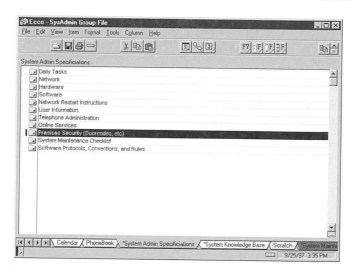

Figure 18.1 : Un fichier journal généré par Ecco Pro, avec des sous-divisions permettant des recherches.

- **Réseau.** Cette section répertorie toutes les caractéristiques du réseau, de l'allocation des adresses TCP/IP au diagramme de la segmentation du réseau.

- **Matériel.** Cette section énumère en détail les composants de tous les ordinateurs, commutateurs, répéteurs, routeurs, imprimantes réseau, imprimantes parallèles et tous les périphériques que l'on peut trouver sur un réseau. Ce sont principalement des numéros de série et des références matérielles.

- **Logiciel.** Cette section répertorie les logiciels achetés pour le réseau, les numéros de licences, des informations concernant l'installation des logiciels et l'emplacement des disquettes ou des CD-ROM d'installation.

- **Instructions de redémarrage du réseau.** Même si vous êtes administrateur et que le fichier contenant ces informations soit sécurisé par un mot de passe, assurez-vous que quelqu'un d'autre (un autre administrateur ou un représentant légal de l'entreprise) a le mot de passe permettant de déverrouiller le fichier. Ainsi, ces instructions resteront disponibles si le réseau tombe en panne (coupure de courant, catastrophe naturelle, etc.) et que l'administrateur ne soit pas disponible. Cette section du fichier décrit généralement comment redémarrer le réseau si l'administrateur n'est pas à proximité.

- **Informations concernant les utilisateurs.** Cette section est une liste exhaustive des ressources auxquelles chaque utilisateur a accès, ainsi que tous les mots de passe des utilisateurs. Dans cette section apparaissent également tous les groupes de sécurité de NetWare et de NT Server auxquels appartient chaque utilisateur, ainsi que tous les accès à des fichiers spécifiques et la liste de toutes les imprimantes auxquelles a accès chaque utilisateur. Conservez cette liste à jour. Le fait de savoir à quelles ressources vos utilisateurs ont accès est très important, car cela évite qu'un utilisateur accède par inadvertance à des informations sensibles. La liste, à jour, des mots de passe est importante aussi, car elle permet aux administrateurs d'avoir accès aux fichiers des utilisateurs lorsque cela se révèle indispensable.

- **Administration du téléphone.** Bien trop souvent, dans les petites entreprises, les administrateurs réseau ont la responsabilité des télécommunications. Si vous gardez une trace de la configuration du système téléphonique, vous pourrez parfois le dépanner.

- **Services en ligne.** Bien souvent, les petites entreprises ont plusieurs comptes de services en ligne, certains étant partagés entre plusieurs utilisateurs. Il est intéressant aussi de conserver les listes de mots de passe, de numéros de téléphone et d'autres données. Cela évite que ces informations soient perdues. Cette liste peut également comprendre, par exemple, des choses telles que le nom et la configuration de votre fournisseur d'accès à l'Internet.

- **Prémisses de la sécurité.** Les ordinateurs sont, comme les automobiles, la cible des voleurs, parce qu'ils sont faciles à démonter et à écouler. Ainsi, s'il s'agit d'une petite entreprise, il y a de fortes chances pour que vous soyez aussi responsable de la sécurité d'accès aux locaux. Assurez-vous que les portes sont fermées à clé, en particulier celles des locaux informatiques.

- **Check-list de la maintenance du système.** Aucun système ne fonctionne totalement sans maintenance. Cependant, il est quasi impossible de planifier une maintenance tant qu'on ne sait pas quelles sont les tâches à accomplir. Cette section sera en fait une check-list de toutes ces opérations, allant au-delà de la maintenance matérielle. Nous étudierons tout cela au Chapitre 19.

- **Protocoles logiciels, conventions et règles.** Cette section définit comment le système devra se comporter. Elle définit les standards du réseau, les conventions de base utilisées et des règles telles que la longueur minimale des mots de passe, leur durée de vie maximale, les accès des utilisateurs, etc.

Une des choses les plus intéressantes avec les fichiers journaux générés par les machines, c'est qu'ils comprennent les dates et les heures de tous les événements du réseau. Cela est plus important qu'il n'y paraît. Ainsi, si vous avez résolu un problème un an auparavant mais que vous ne souvenez plus comment, vous pouvez en trouver la trace dans vos journaux, ce qui vous permettra de faire face plus rapidement aux problèmes.

Le stockage des données

Lorsque vous construisez un réseau, et particulièrement un réseau client/serveur, il faut habituer vos utilisateurs à travailler en local et à sauvegarder leurs données sur le serveur. Cela améliore la sécurité des données grâce à une sauvegarde centralisée. En revanche, il est préférable d'installer les applications les plus utilisées sur les disques des stations de travail, afin de diminuer la charge du réseau. Cette règle devra être absolument respectée. Même les fichiers les plus sensibles peuvent être stockés sur le serveur si la sécurité de celui-ci est correctement configurée.

La sécurité d'un serveur a connu un regain d'intérêt avec l'omniprésence de l'Internet. Il semble que, chaque semaine, de nouvelles failles de sécurité soient découvertes. Un novice pourrait en déduire que la sécurité n'existe pas en matière de réseau.

Cependant, ce n'est pas le cas. Lorsqu'ils sont correctement configurés, que les derniers correctifs (*patchs*) sont appliqués et qu'ils sont en lieu sûr, les données stockées sur un serveur ne sont pas tellement vulnérables. Ce qui ne veut pas dire qu'elles ne peuvent pas être *craquées.* Aucune sécurité n'est parfaite ; c'est simplement une question de temps et de moyens. Cependant, la plupart des systèmes ne sont pas la proie d'attaques constantes de type *brute force cracking* (procédé permettant de "casser" des mots de passe en utilisant toutes les combinaisons possibles — cette méthode demande, en général, du temps ou/et des ordinateurs très puissants).

Si un serveur est connecté à l'Internet, les données situées sur ce serveur sont un peu plus vulnérables, mais si elles se trouvent sur un serveur de réseau local bien sécurisé et isolé du monde extérieur, vous pouvez dormir tranquille. La sensibilité des fichiers est parfois un argument qui atteste de l'ignorance des problèmes réels de sécurité.

La maintenance d'un réseau

La plupart des systèmes d'exploitation récents sont livrés avec des utilitaires de diagnostics. DOS et Windows 95/98 sont fournis avec l'utilitaire ScanDisk, que vous pouvez lancer chaque fois que le système démarre. UNIX, Windows NT et NetWare disposent de nombreux tests automatiques.

Si votre système d'exploitation le permet, des programmes de tierces parties tels que Norton Utilities de Symantec peuvent être très utiles. Ces logiciels offrent des fonctionnalités supplémentaires comme la *défragmentation* d'un disque (c'est-à-dire l'organisation des fichiers de façon que les blocs de données soient contigus).

Enfin, planifiez une maintenance (voir Figure 18.2). Rien n'est pire qu'un système qui tombe en panne faute d'une maintenance sérieuse. Rappelez-vous qu'un réseau défaillant n'est pas crédible auprès des utilisateurs.

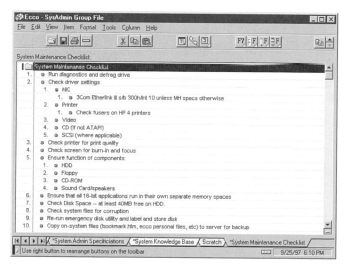

Figure 18.2 : Une check-list de maintenance typique.

Conception et expansion

Au Chapitre 9, nous avons parlé des règles de l'art en matière de conception. Cependant, dès lors que vous avez mis en place votre réseau et que vous commencez à l'administrer, vous devez garder à l'esprit quelques remarques. C'est l'objet des sections suivantes.

Ne choisissez jamais la solution de facilité

Bien trop souvent, les bricolages permettant d'étendre un réseau sont effectués sans objectif à long terme : ces solutions apparaissent alors comme des voies sans issue et sont finalement plus onéreuses pour obtenir le même résultat.

Ne vous imaginez pas que le réseau pourra supporter plus d'utilisateurs que ce qui est prévu par l'architecture. Il est tentant de croire qu'en empilant indéfiniment des répéteurs 10BASE-T, vous pourrez en augmenter la capacité. Malheureusement, ce n'est pas le cas ; au-delà de 48 à 64 ports, un domaine de collision n'est plus viable. Il faut alors envisager l'achat de commutateurs, afin de segmenter le réseau. S'il faut en tirer une leçon, la voici : même si vous avez conçu votre réseau en vous fixant des objectifs à long terme, vous ne pouvez pas tout prévoir. Votre seule garantie est de choisir des standards ouverts et évolutifs.

Pensez toujours à l'interopérabilité et aux compatibilités rétrogrades. Avant d'acheter un équipement, quel qu'il soit, assurez-vous toujours qu'il sera compatible avec vos équipements existants ou ceux d'un autre constructeur.

La création et la maintenance des comptes utilisateur

Les comptes utilisateur sont le tissu vivant de votre réseau. A ce titre, le minimum consiste à s'assurer qu'ils accèdent bien aux ressources dont ils ont besoin et seulement à elles. La deuxième chose, de loin la plus difficile, est de leur faire prendre en charge la responsabilité de leur compte. Cette prise de conscience passe par la gestion des mots de passe. La plupart du temps, les utilisateurs souhaitent pouvoir se connecter avec le même mot de passe et ne pas en changer. Bien sur, il faut les en dissuader en leur expliquant qu'il est tentant pour un cracker de pénétrer un réseau sur lequel les mots de passe ne sont pas modifiés régulièrement.

Idéalement, les mots de passe devraient être changés tous les quinze jours. Dans la pratique, si vos utilisateurs changent leurs mots de passe tous les mois, vous êtes un administrateur comblé (à moins de travailler dans une agence gouvernementale ou un autre environnement fortement sécurisé).

Les conventions de nommage

Dans tout réseau, il est recommandé de désigner des ressources par des noms, tout simplement parce qu'ils sont plus faciles à retenir que les chiffres. Si, par exemple, le nom de votre entreprise est Acme, vous pouvez appeler vos serveurs de fichiers Acme1, Acme2, etc. De même, il est souhaitable de normaliser le format des identifiants d'utilisateurs et des noms de stations. Par exemple, si un utilisateur s'appelle Joe Smith, son identifiant sera jsmith, son adresse Internet **jsmith@acme.com** et sa station de travail scra connue du réseau en tant que JSMITH1.

De façon générale, il est préférable d'attribuer des noms explicites aux différentes ressources du réseau. Par exemple, une porte coupe-feu s'appellera *passerelle, firewall* ou *gateway*, plutôt que *serveur1*. De cette façon, lors d'un parcours du réseau (voir Figure 18.3), vous identifierez vos ressources plus facilement.

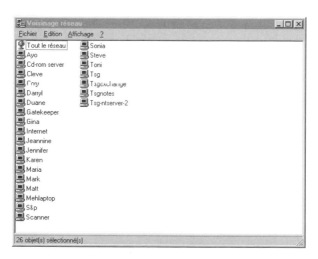

Figure 18.3 : La fenêtre Voisinage réseau de Windows NT présentant les noms des ordinateurs d'un petit groupe de travail.

La distribution des tâches

Il existe un vieux dicton qui recommande de ne pas mettre tous ses œufs dans le même panier. De même, il ne faut pas attribuer à une seule machine l'entière responsabilité de la vie d'une entreprise.

Des règles pratiques de distribution

Si vous le pouvez, distribuez les tâches entre plusieurs ordinateurs et faites-le dès le départ. Les budgets diminuant et les charges de travail augmentant, certains responsables en sont amenés à demander aux administrateurs de se contenter des machines existantes. Cette pratique est catastrophique, car elle signifie que ces machines seront surchargées et tomberont en panne plus fréquemment, ce qui, d'une manière ou d'une autre, coûtera bien plus cher en pertes d'exploitation que l'achat de nouveaux matériels.

Si le budget est vraiment restreint, il vaut mieux acheter plusieurs serveurs moins performants en répartissant la charge, plutôt qu'un serveur haut de gamme. Il ne faut pas oublier que les micro-ordinateurs qui équipent nos réseaux n'ont ni le même prix ni la même fiabilité que leurs ancêtres, les mainframes.

La redondance des systèmes

Dans les environnements plus importants, les tâches distribuées prennent une forme différente ; elles sont synonymes de redondance. En guise de règle, on peut affirmer que plus on est dépendant d'un serveur, plus celui-ci doit être redondant. Si votre serveur stocke toutes vos données et que vous ne puissiez pas vous permettre de les perdre, utilisez des copies miroirs de vos disques : ajoutez un second disque dur, identique au premier, sur lequel seront recopiées toutes les données du premier disque. De ce fait, si l'un des disques tombe en panne, vos données resteront accessibles sur le deuxième disque et tout ce que vous aurez à faire, c'est de remplacer le disque hors service et de redéclencher une copie miroir.

Pour les systèmes qui se doivent d'être sécurisés, il existe des alimentations électriques secourues, des cartes mères redondantes et même des serveurs redondants (systèmes de cluster Standby Server de Vinca et Cluster Server de Microsoft). Si l'un des serveurs tombe en panne, l'autre prend immédiatement la relève. Bien évidemment, la redondance a un coût, mais c'est le prix à payer pour éviter les catastrophes.

De plus, sur les plus gros systèmes (particulièrement ceux qui fonctionnent sur UNIX), les systèmes X Windows sont appréciés. X Windows est le nom du système avec lequel les ordinateurs haut de gamme partagent leur puissance de traitement en utilisant un standard appelé *RPC* (*Remote Procedure Call*). Dans les systèmes qui utilisent les RPC, l'utilisateur ne sait pas sur quel ordinateur une application donnée est exécutée ; tout ce qu'il voit, c'est l'interface graphique. X Windows peut être utilisé pour afficher des données de façon transparente, cinq ou dix ordinateurs effectuent chacun une partie du traitement.

 Les *RPC* (*Remote Procedure Call*) assurent des communications entre processus s'exécutant sur des machines différentes d'un réseau client/serveur. Les RPC sont parfois utilisés pour répartir la charge de travail en fonction des besoins. Par exemple, un serveur peut traiter des requêtes sur une base de données, pendant que d'autres requêtes sont générées sur la machine cliente.

La planification des sauvegardes

Il est tentant de penser que vous ne subirez jamais de panne de réseau ou de perte de données mais, à mesure que votre réseau s'accroît en taille et en complexité, cette hypothèse a très peu de chances de se réaliser. Il est plus facile de supposer que, tôt ou tard, vous aurez une panne et de vous y préparer sereinement.

Les bases des sauvegardes

Un grand nombre de néophytes évitent les sauvegardes parce qu'ils s'imaginent que c'est compliqué. En fait, il est assez facile de faire des sauvegardes — il suffit de se poser les questions suivantes :

- Quel est le volume des données à sauvegarder ?

- A quelle fréquence voulez-vous faire des sauvegardes ?

- Quel type de média voulez-vous utiliser pour sauvegarder et restaurer vos données ?

- Quel schéma de sauvegarde allez-vous adopter ?

Les deux premières questions déterminent la réponse à la troisième, et la quatrième est prédéterminée. Supposez que vous disposiez d'un serveur ayant un espace disque de 4 Go. Vous souhaitez en sauvegarder l'intégralité du contenu ainsi que les modifications, car il est vital pour vous. Ainsi, vous êtes pratiquement obligé d'utiliser des bandes magnétiques, car les disques amovibles de grandes capacités (Jaz Dive de Iomega) sont limités à 1 Go.

Les formats de bandes magnétiques les plus courants sont le *DAT* (*Digital Audio Tape*) ou le *DLT* (*Digital Linear Tape*). Les DAT peuvent supporter plus de 8 Go par bande si vous activez la compression des données et les DLT vous permettent de stocker plus de 20 Go par bande. Les DLT sont aussi beaucoup plus chers que les DAT.

Le schéma grand-père-père-fils

Dès lors que vous avez déterminé le type de média que vous allez utiliser, vous devez trouver une méthode qui vous assure que vous sauvegardez bien toutes les données dont vous avez besoin. Le schéma de sauvegarde le plus simple est le schéma grand-père-père-fils. En fait, ce schéma assure une rotation correcte des bandes permettant de ne pas perdre de données.

Comment fonctionne-t-il ? En premier lieu, nommez quatre bandes *Lundi, Mardi, Mercredi* et *Jeudi*. Puis quatre autres que vous appellerez *Vendredi 1, Vendredi 2, Vendredi 3* et *Vendredi 4*. Vous venez de créer votre parc de bandes de roulement. Les bandes restantes (12 ou plus) sont appelées *Vendredi 5*. Les bandes Vendredi 5 seront vos bandes d'archivage ; vous ne les utiliserez qu'une seule fois, à la fin d'un cycle complet et vous les archiverez. Cette approche garantit que, toutes les cinq semaines, vous aurez une bande d'archivage.

Ensuite, vous devez configurer votre logiciel de sauvegarde. La méthode de sauvegarde la plus simple est la *sauvegarde différentielle*. Dans les sauvegardes différentielles, la bande du Vendredi est la sauvegarde totale et chaque bande successive (de lundi à jeudi) sauvegardera toutes les modifications depuis la dernière sauvegarde totale du Vendredi. Avec les sauvegardes différentielles, vous n'avez besoin que de deux bandes pour restaurer un serveur défectueux : la dernière sauvegarde totale du Vendredi et la bande journalière la plus récente.

Dès que votre logiciel de sauvegarde est configuré pour faire des sauvegardes différentielles, vous devez commencer la rotation des bandes. Voici comment faire :

NOM DE LA BANDE	LUNDI	MARDI	MERCREDI	JEUDI	VENDREDI
Première semaine	*Lundi*	*Mardi*	*Mercredi*	*Jeudi*	*Vendredi 1*
Deuxième semaine	*Lundi*	*Mardi*	*Mercredi*	*Jeudi*	*Vendredi 2*
Troisième semaine	*Lundi*	*Mardi*	*Mercredi*	*Jeudi*	*Vendredi 3*
Quatrième semaine	*Lundi*	*Mardi*	*Mercredi*	*Jeudi*	*Vendredi 4*
Cinquième semaine	*Lundi*	*Mardi*	*Mercredi*	*Jeudi*	*Vendredi 5*

Chaque bande appelée Vendredi 5 est le grand-père, les bandes des Vendredis 1 à 4 sont les pères et les bandes de Lundi à Vendredi sont les fils. Comme vous le constatez, c'est assez simple. Il suffit d'un peu d'organisation et de beaucoup de rigueur.

 Il est vivement conseillé de stocker les bandes d'archivage (Vendredi 5) à un autre endroit. Ainsi, en cas de catastrophes (incendie, inondation ou autres), vous êtes assuré de reconstituer vos données. Au pire, vous aurez perdu cinq semaines.

La conception sécuritaire

En fait, la sécurité d'un réseau est en elle-même un paradoxe. Les réseaux sont conçus pour échanger des informations — c'est leur raison d'être, et on leur demande d'être sûrs. Pour y parvenir, commencez par les tâches suivantes :

- Vous devez concevoir votre réseau, dès le début, dans une optique sécuritaire. Pour ce faire, commencez par la sécurité physique du matériel. En effet, aucun des systèmes d'exploitation auxquels nous faisons référence dans ce livre n'est sécurisé contre les accès physiques à la machine. Il suffit de redémarrer un serveur sur une disquette ou un CD-ROM pour avoir accès au contenu de son disque. Aussi, assurez-vous que les serveurs et les équipements réseau soient sous clé. Quant à la sécurité logicielle, il faut commencer par s'assurer qu'aucun mot de passe par défaut ou trop facilement devinable ne soit resté actif. Un administrateur réseau doit être un peu paranoïaque. Ce n'est pas naturel, mais vital.

- Mettez en place des journaux de sécurité, afin de traquer les intrusions éventuelles.

- Si vous êtes connecté à l'Internet, mettez en place une porte coupe-feu.

- Assurez-vous que les utilisateurs changent leurs mots de passe régulièrement et qu'ils ne les écrivent pas sur un post-it collé sous leur clavier.

- Auditez les copies de fichiers au niveau du serveur, ainsi que les copies sur supports amovibles (disquettes, disques Iomega, etc.).

- Auditez le serveur Web et vérifiez qu'aucun utilisateur n'y place de fichiers qui compromettraient la sécurité de votre système.

- Conservez un inventaire du parc matériel et logiciel dont vous disposez. Complétez-le avec des numéros de série.

La récupération de catastrophes

Si vous n'avez pas encore envisagé ce cas de figure, vous n'êtes pas le seul. Un nombre incroyable de réseaux ne dispose d'aucun plan de récupération de catastrophes. C'est la garantie quasi absolue de rencontrer de gros problèmes.

Comment vous préparer à un désastre ? Chaque situation est différente, mais vous pouvez commencer à vous poser les questions suivantes :

- Disposez-vous de sauvegardes récentes en dehors du site ?

- Avez-vous seulement une sauvegarde en dehors du site ?

- Avez-vous un serveur de secours ?

- Votre entreprise dispose-t-elle d'autres locaux ?

- En savez-vous assez pour installer un serveur vous-même ?

- Si vous êtes dépendant de lignes téléphoniques, avez-vous prévu de les faire transférer rapidement à un autre endroit ?

Chapitre 19

Croissance et mises à jour du réseau

Même le meilleur réseau du monde est perpétuellement changeant. Au moment même où vous pensez que votre réseau est terminé, vous devez installer un correctif sur toutes les machines du réseau ou c'est un serveur qui doit subir une maintenance. Par nature, les réseaux sont en perpétuelle expansion. Ce chapitre vous donne quelques conseils pour vous permettre de maîtriser ces modifications sans que vos nerfs soient mis à rude épreuve.

Par conséquent, nous étudierons les sujets suivants :

- la planification de la croissance du réseau ;
- la veille technologique ;
- la gestion de la croissance du matériel ;
- la gestion des licences logicielles ;
- les logiciels d'administration de réseau.

La tentation est grande, une fois le réseau mis en place, de faire relâche. Si le réseau fonctionne correctement et qu'il soit stable, tant mieux pour vous ; les administrateurs réseaux ont besoin de périodes de repos pour prendre du recul. N'espérez pas que cela durera très longtemps — même si vous ne devez pas assurer le support de l'utilisateur final (un travail à plein temps), vous aurez le loisir de prévoir la prochaine extension.

L'inévitable mise à jour

Les réseaux qui n'évoluent pas sont rapidement obsolètes. La loi de Moore, le cofondateur d'Intel, dit que la *puissance des processeurs double tous les 18 mois.* Cette loi devait se vérifier au cours des 15 dernières années et, compte tenu des derniers développements, le cycle de développement est plus proche des 9 mois. Quels que soient les ordinateurs que vous avez achetés il y a deux ans, ils sont obsolètes aujourd'hui. Les processeurs sont plus rapides, la mémoire moins chère, les disques durs, les unités de bandes, etc. vont plus vite et coûtent moins cher que lorsque vous avez construit votre réseau.

La nature ayant horreur du vide, nos éditeurs de logiciels se sont empressés de remplir les disques et d'en occuper la mémoire. Les systèmes d'exploitation deviennent de plus en plus complexes et, ce faisant, utilisent de plus en plus de puissance CPU et de mémoire. Windows 3.x et DOS 6 prenaient 30 Mo de disque, mais Windows NT a besoin d'au moins 300 Mo pour s'installer.

Le cycle de mises à jour

Etant donné que le matériel et le logiciel changent à une vitesse exponentielle, il vous faudra envisager des cycles de mise à jour. Qu'est-ce qu'un *cycle de mise à jour* ? C'est avant tout un cercle vicieux, un peu à la manière de la compétition nucléaire entre les Etats-Unis et l'URSS aux pires moments de la guerre froide. La puissance CPU, à elle seule, n'apporte pas d'avantages décisifs. Seule l'utilisation intelligente de cette puissance de calcul peut permettre à une entreprise de prospérer. Il en est de même pour les réseaux qui, mal conçus, peuvent coûter plus cher qu'ils ne rapportent.

Le cycle de mise de mise à jour peut être bénéfique, mais c'est parfois le contraire. Il ne faut, en aucun cas, qu'il devienne une fin en soi. Les mises à jour sont utiles lorsqu'elles correspondent à un besoin organisationnel. Elles peuvent se révéler dangereuses si elles ne font que suivre les modes et pallier le désenchantement des utilisateurs.

Lorsqu'une entreprise investit dans du matériel informatique, ce n'est pas pour se payer le plus beau jouet du moment. Il s'agit d'un investissement qui doit générer du RSI (retour sur investissement). Si un réseau est mal conçu, par exemple s'il comprend des ordinateurs ou des équipements réseau qui ne peuvent pas être mis à jour, non seulement il ne générera pas de RSI, mais ce sera vite un gouffre financier.

Assainir les plans de croissance

Votre intérêt est de construire un réseau qui devra subir le moins de mises à jour possible. Il conviendra de tempérer l'enthousiasme de vos utilisateurs et, plus encore, de vos responsables, car les nouvelles versions de logiciels ou de matériel ne sont parfois pas stables dès leur mise sur le marché. Il est plus sage d'attendre quelques mois avant d'installer un correctif ou de le tester sur quelques machines avant de l'installer partout.

Le coût du cycle de mises à jour

Le retour sur investissement (RSI) est difficile à calculer en matière d'informatique, pour un tas de raisons. L'utilisation d'un équipement informatique, qu'il soit matériel ou logiciel, ne peut pas être calculée de façon linéaire. Néanmoins, il existe un nombre incroyable de modèles financiers qui prétendent tous déterminer le RSI informatique et un nombre tout aussi important de vendeurs qui veulent vous démontrer que l'achat de leur produit peut vous faire gagner de l'argent.

Le Gartner Group estime que le coût annuel d'un PC avoisine 60 000 F dans certains environnements. Le bénéfice escompté de l'utilisation d'un réseau n'a rien de magique. La valeur ajoutée des réseaux d'ordinateurs tient à quelques critères :

- être un vecteur de communication ;

- créer un espace de partage de fichiers plus simple à utiliser que les fichiers papier ;

- éviter l'achat d'un logiciel en plusieurs exemplaires lorsque celui-ci peut se partager en réseau.

Planifier la croissance d'un réseau

Supposez que vous soyez l'administrateur réseau d'une entreprise qui, quelques années auparavant, a mis en place un petit groupe de travail permettant d'échanger des e-mail et des agendas. Maintenant que le réseau est en place, à vous de le gérer.

La croissance anarchique

Malheureusement, le réseau s'est étendu de façon anarchique — chaque fois que quelqu'un arrive dans l'entreprise, on vous demande d'acheter une nouvelle machine. Du point de vue de l'utilisateur, cette méthode d'achat est intéressante, mais la trop grande hétérogénéité du matériel entraîne des coûts supplémentaires : gestion d'une bibliothèque de drivers sur le serveur et paramétrage des logiciels de télédistribution.

Essayons de standardiser

Un jour, vous avez décidé de remettre à plat le réseau pour ne plus avoir à vous demander qui travaille sur quel type d'ordinateur. Ce faisant, vous avez réussi à convaincre votre directeur financier, mais le plus dur reste à faire. L'uniformisation des machines n'est pas forcément la priorité de tous vos utilisateurs. Les utilisateurs d'un réseau ne s'intéressent pas nécessairement aux mises à jour du matériel. Ils veulent simplement que le réseau fonctionne correctement.

Il vous restera à les convaincre en leur disant, par exemple, que leur machine sera plus facile à remplacer en cas de panne.

Recommandations pour les mises à jour

Le raisonnement qui sous-tend la standardisation est relativement évident. Un réseau standardisé peut apporter des services à un plus grand nombre d'utilisateurs qu'un réseau hétéroclite. Cependant, il y a certaines contraintes à prendre en considération lorsqu'on décide de standardiser l'ensemble d'un réseau.

Si vous migrez les données sur de nouveaux serveurs, voici quelques suggestions :

- Prévoyez de migrer un week-end, si c'est possible.

- Discutez avec les responsables des différents services afin de déterminer les heures favorables.

- La semaine précédant la mise à jour, effectuez une sauvegarde totale des serveurs concernés par cette mise à jour et ce toutes les nuits. Ainsi, vous disposerez de l'ancien serveur, en cas de besoin.

- Après la mise à jour, assurez-vous que les utilisateurs peuvent encore se connecter au nouveau serveur.

Si vous faites une mise à jour des stations de travail des utilisateurs, voici quelques suggestions :

- Demandez aux utilisateurs quelles données ils considèrent comme importantes. Ils peuvent avoir besoin de fichiers qui sont stockés sur leur disque : les signets de navigateurs Web ou des cookies.

- Si possible, essayez de répondre aux souhaits des utilisateurs. Ils n'en auront que plus confiance dans le réseau.

- Effectuez une sauvegarde de leurs fichiers spécifiques.

- Après la mise à jour, vérifiez que tout va bien pour eux.

Si vous faites une mise à jour d'équipements réseau (répéteurs, commutateurs), voici quelques suggestions :

- Prévoyez de le faire tard dans la nuit ou le week-end.

- Si vous envisagez de segmenter le réseau à l'aide d'un commutateur, n'oubliez pas que celui-ci devra apprendre à connaître votre réseau. Les commutateurs disposent d'une fonction d'autodécouverte (*autodiscovery*) qui leur permet d'enregistrer les adresses MAC du réseau. En général, ce processus n'est pas très long (5 à 10 minutes).

- Après cette mise à jour, assurez-vous que les ressources du réseau sont toujours accessibles. Vous utilisateurs vous en seront éternellement reconnaissants.

La veille technologique

Avant de planifier la mise à jour d'un réseau, il est capital d'avoir une bonne connaissance de l'état de l'art. La seule façon d'y parvenir consiste à se documenter le plus possible sur le sujet. Cela signifie qu'il est souhaitable de s'abonner à un ou plusieurs magazines spécialisés. Ainsi, vous connaîtrez l'état du marché et opterez pour des technologies ouvertes et pérennes. Sur l'Internet, vous trouverez aussi beaucoup d'informations concernant les réseaux (RFC, catalogues constructeurs, etc.).

Gérer la croissance matérielle

Bien qu'il soit quasi impossible de gérer un parc matériel, essayons de donner quelques conseils :

- Déterminez des standards flottants. En d'autres termes, tous les deux ans, créez une configuration standard basée sur l'ordinateur le plus puissant du moment et essayez de la garder le plus longtemps possible. A cela, deux avantages. Le premier, c'est qu'en cas de problème sur une machine, vous savez que le reste du parc est concerné. Le second, c'est que, au bout des deux ans, le prix du matériel aura fortement diminué, ce qui fera plaisir à votre directeur financier.

- Déterminez s'il faut effectuer une mise à jour complète ou partielle. Etant donné la propension des ordinateurs à fonctionner toujours plus vite, beaucoup de constructeurs proposent des mises à jour de processeurs ou de mémoire. Dans certains cas, cela pourra allonger la durée de vie de vos machines à un coût réduit.

- Faites un inventaire complet de votre parc. Si vous savez exactement ce qu'il y a dans votre ordinateur, la maintenance en sera facilitée.

- N'achetez jamais de produits propriétaires. Si vous achetez du matériel propriétaire, vous serez complètement dépendant du constructeur, ce qui signifie que toute mise à jour sera coûteuse — à supposer qu'elle soit possible.

- Faites régulièrement des audits matériels à l'aide du logiciel d'administration de réseau. Si vous devez faire votre inventaire en allant d'une machine à une autre, vous n'aurez jamais fini. En revanche, si cet inventaire est effectué par un logiciel d'administration de réseau, vous pourrez le faire à tout moment.

Gérer la croissance logicielle

Sur bien des points, les logiciels sont plus faciles à gérer que le matériel. Cela est dû au fait que les entreprises ont tendance à standardiser leurs logiciels. De plus, les implications légales, en termes de gestion des licences, sont plus fortes.

Vous pourriez envisager les stratégies suivantes :

- Utilisez des licences sites lorsque vous le pouvez, sinon achetez suffisamment de licences pour être dans la légalité. Dès que votre site comprend plus d'une vingtaine d'utilisateurs partageant la même application, vous pouvez envisager l'achat d'une licence site. Sinon, il vous faudra acquérir autant de licences que d'utilisateurs pouvant partager simultanément l'application. Les licences sites sont chères, mais moins que l'achat à l'unité d'un nombre équivalent de licences.

- Même si votre site est de petite taille, achetez vos logiciels. C'est cher, mais cela en vaut la peine. En dehors de l'aspect légal, vous aurez ainsi accès aux mises à jour et au support de l'éditeur.

- Travaillez avec les responsables de l'entreprise afin de déterminer une standardisation des logiciels. Supposez que votre entreprise utilise PowerPoint pour ses présentations de transparents et qu'un utilisateur décide d'utiliser ClarisImpact parce que c'est le seul qu'il connaisse. Quitte à paraître directif, il faudra lui faire comprendre que l'intérêt de l'entreprise passe par une standardisation des formats de documents.

- Les logiciels non autorisés ne sont pas supportés. Si votre réseau dépasse 15 ou 20 personnes, il faudra bien faire passer le message suivant : toute personne utilisant un logiciel non autorisé par l'entreprise se met hors la loi et engage sa responsabilité en cas de problèmes. De plus, ce logiciel ne sera pas supporté par l'administrateur et, en cas d'utilisation illicite (logiciel piraté), cet utilisateur sera responsable juridiquement.

- Créez une installation standard et essayez de vous y tenir le plus possible. Si vous avez la chance de disposer de machines identiques, installez toutes les applications dont vous avez besoin sur l'une de ces machines. Il existe d'excellents outils de clonage de disque dur (GHOST de Ghost Software, par exemple), qui créent un fichier image de votre disque. Vous pouvez ensuite stocker cette image sur le disque d'un serveur ou sur un CD-ROM. Ce procédé vous permettra d'installer très rapidement une machine ; à la fin de l'installation, il vous suffira de saisir les paramètres spécifiques tels que l'adresse IP, le nom sur le réseau, etc.

- Utilisez un logiciel de gestion des licences. Les utilitaires de gestion des licences vous permettront de vérifier que vous ne sortez pas des limites d'utilisation des licences. De tels outils sont souvent intégrés dans les logiciels d'administration de réseau.

Logiciels d'administration de réseau

Lorsqu'un réseau de PC dépasse une vingtaine d'utilisateurs, un seul administrateur ne peut en assurer correctement l'administration. La maintenance, l'installation de logiciels sont des tâches ingrates et trop lourdes sans l'aide d'un logiciel d'administration de réseau.

Grâce à ceux-ci, il est possible d'automatiser bon nombre de ces tâches. Au cours des dix dernières années, de nombreux éditeurs ont créé des outils qui permettent d'administrer des réseaux d'entreprises. Voici les plus connus :

- TME 10 de Tivoli ;

- OpenView de HP ;

- SunNet Manager de Sun ;

- Systems Management Server de Microsoft ;

- Norton Administrator for Networks de Symantec.

Ce sont les produits les plus courants, mais il en existe bien d'autres sur le marché. Leurs fonctions principales sont les suivantes :

- **Le contrôle de licences.** Le contrôle de licences compte le nombre d'instances simultanées d'un logiciel et vérifie que ce nombre ne dépasse les contraintes légales.

- **La gestion de configuration.** Si votre réseau comprend une vingtaine d'utilisateurs, vous n'aurez pas longtemps à attendre avant que l'un d'eux ne change sa configuration et que son PC commence à ne plus fonctionner correctement. Avec les logiciels de gestion de configuration, vous pouvez déterminer le degré de liberté de l'utilisateur en terme de configuration — ce qui signifie, entre autres, la fin des installations illicites de logiciels.

- **La télédistribution de logiciels.** Evaluez le temps qu'il faut pour installer un logiciel sur un ordinateur. Multipliez maintenant ce temps par le nombre de stations de travail du réseau, et vous vous apercevrez que c'est humainement inconcevable. Les logiciels de télédistribution vous permettent de créer un *paquet* correspondant au logiciel à installer, de le distribuer sur les stations et de les installer en *mode silencieux* (c'est un mode de fonctionnement qui permet à un logiciel de s'installer automatiquement en recherchant des informations dans un fichier de réponse). Cette installation s'effectue généralement lors de la prochaine connexion de l'utilisateur, grâce à l'exécution d'un *script de connexion.*

- **L'administration à distance.** Imaginez que vous puissiez dépanner un ordinateur sans avoir à quitter votre bureau. C'est ce que permettent les logiciels de *prise en main à distance,* qui vous permettent de travailler directement sur la station de travail de l'utilisateur. Cela vous évitera bien des déplacements, ce qui est particulièrement avantageux si votre entreprise dispose de plusieurs localisations géographiques. Ces logiciels facilitent grandement la vie de l'administrateur, à la fois pour les fonctions de télédiagnostics, mais aussi en termes de formation des utilisateurs : vous pouvez les guider à distance et ainsi les aider à utiliser correctement les logiciels installés.

- **L'automatisation des tâches.** La plupart des réseaux de PC ne disposent pas d'une automatisation des tâches. Si vous devez exécuter des tâches répétitives telles que des éditions de listings, le déclenchement des sauvegardes, vous devez le faire manuellement. Les logiciels d'administration de réseau disposent bien souvent de modules vous permettant d'automatiser ces tâches.

 Le *traitement par lots* (*batch*) est une méthode permettant d'automatiser le déclenchement de tâches. Ce terme est issu du monde des mainframes, dans lequel les tâches soumises par les utilisateurs s'exécutaient la nuit, en fonction de priorités accordées par le système d'exploitation.

364

- **Audit des accès.** Même lorsque les journaux du système sont générés automatiquement, il n'est pas toujours aisé de les analyser. Les logiciels d'administration de réseau vous faciliteront ce travail fastidieux et vous permettront de détecter une activité anormale de votre réseau. Accès illicite en dehors des heures de travail, par exemple.

Partie VI

Annexe

Glossaire des réseaux

Annexe

Glossaire des réseaux

Les glossaires évoluent, au même titre que la technologie des réseaux. Celui-ci ne prétend pas être exhaustif, mais il présente les termes les plus usités dans le monde des réseaux d'entreprise.

10BASE2. Réseau Ethernet utilisant un câble coaxial. Egalement appelé *thinnet* ou *cheapernet,* le 10BASE2 supporte des segments de réseau de plus de 185 mètres. C'est une topologie en bus qui ne supporte pas la moindre interruption du média.

10BASE5. Le réseau 10BASE5 ressemble au 10BASE2, mais utilise du coaxial de plus gros diamètre. Chaque ordinateur est relié au segment 10BASE5 au moyen d'un équipement appelé *transceiver.* C'est une topologie en bus qui ne supporte pas la moindre interruption du média.

10BASE-T. C'est une topologie Ethernet en étoile. Le 10BASE-T utilise un câble à paires torsadées non blindées (UTP) terminé par des prises RJ-45 à huit broches. Grâce à sa topologie en étoile, le 10BASE-T est beaucoup plus fiable que le 10BASE2 ou le 10BASE5.

56K. C'est une ligne téléphonique numérique qui véhicule les données à 56 Kbps.

Accès à la demande. Dès qu'un utilisateur sollicite une ressource qui ne fait pas partie du réseau local, un modem analogique ou numérique le connecte au réseau distant.

Adresse IP. Série de nombres associés à une adresse MAC de carte réseau. Ex. : 198.154.23.5

Adresse MAC. *Media Access Control Adresses*, une adresse unique sur 6 octets (48 bits) qui identifie une carte réseau. Cette adresse unique est représentée en notation hexadécimale.

Application. Il s'agit d'un programme permettant d'accomplir une tâche précise. Par exemple, Word de Microsoft est une application de traitement de texte.

ARPA (*Advanced Research Projects Agency*). L'agence gouvernementale qui fut la fondatrice de l'Internet.

ASCII (*American Standard Code for Information Exchange*). Méthode utilisée par les ordinateurs pour convertir des 1 et des 0 (les seuls codes compris par celui-ci) en lettres de l'alphabet, en chiffres ou autres caractères humainement compréhensibles.

ATM (*Asynchronous Transfer Mode*). Nouvelle topologie permettant de transmettre des informations sur un réseau. L'ATM est complexe, mais il offre beaucoup d'avantages par rapport aux topologies plus anciennes telles que Ethernet et Token Ring. De plus, ATM offre une garantie de qualité de service et une trame de taille standard (cellule). L'ATM est rarement utilisé sur des réseaux de petites tailles, à cause de son prix. Il est plus souvent utilisé dans les épines dorsales de l'Internet ou de grands WAN.

Authentification. Processus qui permet, dans la mesure du possible, de s'assurer que l'utilisateur qui se connecte est bien le bon.

Bande passante. Débit de données que peut supporter un média. Par exemple, la bande passante d'une ligne téléphonique moyenne est de 33,6 Kbps, celle d'une ligne téléphonique numérique T1 de 1,544 Mbps.

Base de données. Fichier ou un ensemble de fichiers structurant les données sous une forme hiérarchisée et établissant des relations logiques entre ces données.

Binaire. Langage informatique ne prenant en compte que deux états. C'est une numération en base 2. Par exemple, 1 vaut 1, 2 vaut 10, 3 vaut 11, et ainsi de suite.

Bit. Etat logique représenté par un 1 ou un 0. Pour l'ordinateur, un bit représente une différence de tension — par exemple, le 1 = 5 volts et le 0 = 0 volt.

Câble coaxial. Câble à deux conducteurs constitué d'un conducteur central rigide et d'une gaine extérieure tressée. C'est le type de câble utilisé pour votre antenne de télévision.

Carte d'extension. Cette définition s'applique aux ordinateurs compatibles Intel. Une carte d'extension est une carte électronique qui se branche dans un *slot* de l'ordinateur. Les cartes d'extension les plus courantes sont les cartes vidéo, les cartes réseau, les cartes son et les cartes modem.

Clé de cryptage. Série de lettres et de chiffres utilisée pour coder et décoder des messages.

Client. Ordinateur qui utilise des ressources partagées par des serveurs.

Client/serveur. Réseau dans lequel le traitement est distribué entre un serveur et un client, chacun avec des rôles spécifiques. Egalement utilisé pour décrire des réseaux qui utilisent des serveurs dédiés et par opposition à des réseaux égal à égal.

Cluster. En termes de réseau, les clusters sont des groupes de serveurs redondants.

Collision. En termes de réseau, c'est ce qui se passe lorsque deux ordinateurs essayent de transmettre simultanément sur le même segment de réseau.

Commutation. Technique dans laquelle chaque connexion entre deux ordinateurs dispose d'un canal dédié à un instant donné.

Commutation de paquets. Technique dans laquelle les données binaires sont découpées en petits paquets qui gèrent la correction d'erreurs et les informations d'adressage, afin de transmettre les données sur un média physique.

Compilateur. Programme qui transforme un code source en langage machine.

Concentrateur. Egalement appelé *hub* ou *MAU*, un concentrateur améliore la fiabilité d'un réseau en évitant que l'ensemble du réseau soit mis à mal par la défaillance d'un seul câble.

Correction d'erreur. Processus qui consiste à s'assurer que les données ont été correctement transmises sur le réseau.

CPU (*Central Processing Unit*). Microprocesseur qui permet à l'ordinateur de fonctionner (ex : Pentium d'Intel, Alpha de Digital, PowerPC de Motorola).

Cracker. Personne qui se connecte illégalement sur les systèmes informatiques.

Datagramme. *Voir* Paquets.

Débit d'entrée-sortie. Mesure du volume de données pouvant être traité par un périphérique, par exemple, le taux de transfert d'un disque ou d'une carte réseau.

DHCP (*Dynamic Host Configuration Protocol*). Partie du protocole TCP/IP qui attribue automatiquement des adresses IP.

Disque. Périphérique sur lequel les données sont stockées sous la forme de 1 et de 0, sur un média magnétique.

DLC (*Data Link Control*). Protocole utilisé par Microsoft pour connecter des imprimantes réseau.

DNS (*Domain Naming System*). Protocole qui permet de transformer un nom de machine en adresse IP, et réciproquement.

Domaine. Ensemble de machines dont l'authentification sur le réseau est assurée par un contrôleur de domaine Windows NT.

Domaine de collision. Désigne le groupe de machines qui partagent le même segment de réseau.

Driver. Module logiciel permettant de faire dialoguer un composant électronique et un système d'exploitation. Par exemple, le driver de votre carte vidéo.

Egal à égal. Réseau construit sans faire référence à un serveur central. Dans un réseau égal à égal, tous les ordinateurs peuvent être à la fois clients ou serveurs. Ces réseaux sont ingérables, mais com modes pour les petits réseaux.

E-mail. Courrier électronique.

Encapsulation. Procédé consistant à placer un paquet d'un protocole donné dans un paquet d'un autre protocole.

En-tête. La partie d'un paquet qui indique sa source et sa destination, sa somme de contrôle et d'autres informations concernant ce paquet.

Epine dorsale. Ensemble de lignes.

Espaces mémoire séparés. Dans Windows NT, il est possible d'exécuter des applications 16 bits (c'est-à-dire les anciennes applications Windows 3.x) dans leur propre espace mémoire. Cela signifie que, si l'une des applications se plante, l'ensemble du système n'en est pas affecté.

Ethernet. Topologie de réseau local basée sur la détection de collision.

FDDI (*Fiber Distributed Data Interface*). Méthode de transmission de données à l'aide de lasers et de fibres optiques.

FTP (*File Transfer Protocol*). Protocole permettant de transmettre des fichiers entre deux ordinateurs.

Gestion de configuration. Le fait de s'assurer, à partir d'un point central, que toutes les stations de travail du réseau ont bien la bonne configuration matérielle et logicielle.

Groupe d'utilisateurs. Dans les domaines de Windows NT, les utilisateurs sont regroupés afin d'en faciliter l'administration. Les groupes sont créés et administrés par le Gestionnaire des utilisateurs pour les domaine de Windows NT. Les utilisateurs qui sont membres d'un groupe disposent de ressources et de privilèges spécifiques à ce groupe.

Groupware. Application qui permet à un groupe de personnes de travailler ensemble. Les groupwares permettent d'augmenter la productivité d'un groupe de travail et de générer des économies de papier.

GUI (*Graphical User Interface*). Interface permettant aux systèmes d'exploitation de présenter les données aux utilisateurs. Windows est une GUI.

HTML (*Hypertext Markup Language*). Méthode de formatage du texte de façon qu'il puisse être affiché dans la fenêtre d'un navigateur Web. HTML utilise des marqueurs pour définir le formatage de certaines zones du texte.

HTTP (*Hypertext Transfer Protocol*). Protocole TCP/IP utilisé pour transmettre des documents Web sur l'Internet.

IDE (*Integrated Drive Electronics*). Interface permettant de connecter des disques durs à un ordinateur, sans utiliser de carte d'extension spécifique.

IMAP (*Interactive Mail Access Protocol*). Protocole TCP/IP qui permet la transmission d'e-mail entre un serveur et un client. IMAP supplante POP.

Internet (L'). Le réseau planétaire.

Interopérabilité. La capacité de deux produits de coexister en utilisant, par exemple, des protocoles ouverts comme TCP/IP.

IP (*Internet Protocol*). Protocole TCP/IP responsable de l'adressage et du routage des paquets.

IPX (*Internetworking Packet Exchange*). Partie du protocole NetWare IPX/SPX de Novell, qui est responsable de l'adressage et du routage.

Java. Langage de programmation inventé par Sun Microsystems, qui permet aux programmeurs d'écrire des logiciels qui peuvent s'exécuter sur toute plate-forme disposant d'une machine virtuelle Java.

LAN (*Local Area Network* ou réseau local). Ensemble d'ordinateurs connectés sans routeurs.

Langage de programmation C. Langage de haut niveau développé par Brian Kernighan et Dennis Ritchie, des laboratoires Bell. Le langage C permet aux programmeurs d'écrire du code pouvant être recompilé pour fonctionner sur plusieurs types d'ordinateurs.

Ligne téléphonique analogique. Ligne téléphonique qui transmet les sons de votre voix sous la forme d'ondes modulées en amplitude. Ce sont les lignes téléphoniques les plus courantes. Si vous souhaitez transmettre des données sur une ligne téléphonique analogique, vous devez utilisez un modem, afin de transformer les impulsions électroniques en sons, et réciproquement.

Ligne téléphonique numérique. Ligne téléphonique qui convertit le son de votre voix en informations numériques. Les lignes téléphoniques numériques sont plus adaptées à l'informatique que les lignes téléphoniques analogiques. Elles sont souvent utilisées pour des WAN sur lesquels les données doivent être véhiculées rapidement.

Linux. Système d'exploitation gratuit développé par Linus Torwald et un ensemble de développeurs sur Internet. C'est un clone d'UNIX permettant de se familiariser à UNIX.

MAN (*Metropolitan Area Network*). Ensemble de LAN situés dans une zone géographique relativement limitée et connectés par des lignes téléphoniques numériques.

Masque de sous-réseau. Partie d'une adresse IP qui définit le réseau, contrairement à celle qui identifie un ordinateur particulier. Par exemple, un ordinateur dont l'adresse IP est 192.168.1.5 pourra avoir un masque de sous-réseau à 255.255.255.0. La partie de l'adresse qui se lit 192.168.1 s'appelle l'adresse réseau et le ".5" est l'adresse de cette machine spécifique sur le réseau.

MAU (*Multistation Access Unit*). Terme utilisé par IBM pour désigner un concentrateur Token Ring.

Mémoire. Les composants électroniques permettant aux ordinateurs de stocker temporairement des 1 et des 0.

Modèle OSI (*Open Systems Interconnect Model*). Modèle de référence qui détaille les sept couches fonctionnelles d'un réseau. C'est le modèle idéal dès qu'il s'agit d'expliquer la théorie des réseaux.

Modem. Raccourci de modulateur-démodulateur. Périphérique permettant de convertir les signaux informatiques numériques en sons, et réciproquement.

Multitâche. Dans un système d'exploitation, il s'agit de la capacité de découper le temps CPU de façon à simuler une exécution simultanée de plusieurs tâches.

NDS (*NetWare Directory Services*). C'est le service d'annuaire propriétaire de Novell.

NetBEUI (*NetBIOS Extended User Interface*). Extension de NetBIOS qui inclut la capacité de tramer des paquets (NetBEUI ou NBF) parmi d'autres extensions fonctionnelles. NetBEUI est l'implémentation la plus courante de NetBIOS.

NetBIOS (*Network Basic I/O System*). Protocole réseau non routable, créé par IBM pour les réseaux locaux de PC.

376

NetWare. Le système d'exploitation de réseau de Novell. Il est performant mais difficile à administrer.

NFS (*Network File System*). Standard utilisé par Sun Microsystems pour permettre d'utiliser des disques distants comme s'il s'agissait de disques locaux.

NIC (*Network Interface Card* ou carte d'interface réseau). Les cartes réseau sont généralement Ethernet, Token Ring, FDDI ou ATM.

NLM (*NetWare Loadable Module*). Programme qui s'exécute nativement sur des serveurs NetWare. La plupart des NLM peuvent être chargés et déchargés à la volée. Ils contrôlent un grand nombre de fonctions de NetWare, des protocoles (`IPX.NLM` et `SPX .NLM`) à la sauvegarde et à l'administration (`MONITOR.NLM`).

NOS (*Network Operating System*). Système d'exploitation de réseau qui permet à un ordinateur d'effectuer des tâches réseau, telles que l'authentification des utilisateurs, le partage de fichiers et d'imprimantes. Windows NT, UNIX et NetWare sont des NOS.

Notation hexadécimale. Notation en base 16. En notation hexadécimale, vous comptez de 0 à 15 de cette façon : 0, 1, 2, 3, 4, 5, 6, 7, 8, 9, A, B, C, D, E.

Octet. Huit bits s'appellent aussi un octet. Un octet vaut un caractère. Par exemple, la lettre *e* se représente avec un octet. Un octet peut représenter 256 nombres (0 à 255).

Octet. Mot de 8 bits.

OSPF (*Open Shortest Path First*). Protocole de routage qui utilise un algorithme d'états de liens.

Paquet. Egalement appelé datagramme. Les paquets contiennent des en-têtes (qui gèrent l'adressage), la correction d'erreurs, les sommes de contrôle et (éventuellement) des données à transmettre sur le réseau.

Passerelle. Terme générique qui désigne une machine qui sert de relais entre deux systèmes différents. Les passerelles peuvent transmettre du courrier, traduire des protocoles, retransmettre des paquets.

Plug and Play. Cartes pour lesquelles le paramétrage des adresses d'entrée-sortie et des IRQ est logiciel.

POP (*Post Office Protocol*). Standard de TCP/IP permettant à un client de récupérer le courrier sur un serveur.

Portage. Processus consistant à recompiler des sources sur des plates-formes différentes.

Porte coupe-feu. Machine qui contrôle l'accès à l'Internet et filtre les paquets en fonction d'une politique sécuritaire.

PPP (*Point-to-Point Protocol*). Protocole TCP/IP utilisé pour connecter des ordinateurs à des lignes téléphoniques commutées.

Protocole. Langage informatique permettant à deux ordinateurs d'échanger des données sur un réseau.

Protocoles de passerelle. Série de protocoles TCP/IP qui permet de déterminer la meilleure route à emprunter pour un paquet.

RAID (*Redundant Array of Inexpensive Disks*). Méthode assurant une sécurité physique des données en dupliquant celles-ci sur d'autres unités de disques.

Relais de trames. Méthode de repaquettisation des données leur permettant d'être véhiculées sur les réseaux à relais de trames des opérateurs de télécommunications.

Répéteur. Périphérique qui isole et régénère les signaux d'un réseau.

RIP (*Routing Information Protocol*). Protocole de routage qui compte le nombre de sauts entre une source et une destination. Avec RIP, si un paquet est routé plus de 16 fois, il est rejeté.

RMON (*Remote MONitoring*). Protocole TCP/IP permettant de gérer un réseau et de capturer des informations. RMON est bien plus efficace que son aîné, SNMP.

Routeur. Equipement matériel ou logiciel qui route les paquets vers leur destination. Les routeurs doivent disposer d'au moins deux interfaces reliées à des réseaux différents.

RPC (*Remote Procedure Call*). Méthode utilisée par les réseaux client/serveur, permettant des communications interprocessus entre plusieurs ordinateurs. Les RPC sont parfois utilisés pour distribuer des tâches entre plusieurs machines.

Script de connexion. Fichier texte stocké sur le serveur, qui contient une série de commandes qui sont exécutées lors de la connexion de l'utilisateur. Généralement, ils permettent de personnaliser les ressources disques et imprimantes de l'utilisateur.

Script shell. Dans UNIX, c'est un fichier texte contenant une série de commandes.

SCSI (*Small Computer Serial Interface*). Il s'agit d'une interface permettant de connecter des périphériques à un ordinateur. Les unités SCSI peuvent être des disques durs, des CD-ROM, des scanners, etc.

Segment logique. Configuration de réseau dans laquelle un seul segment de réseau est simulé par l'utilisation de concentrateurs.

Serveur. Ordinateur qui partage des ressources (fichiers, imprimantes ou applications).

Serveur proxy. Serveur qui cache les adresses IP internes vis-à-vis de l'Internet.

Services d'annuaires. Ensemble d'outils qui permettent aux administrateurs réseau de fournir aux utilisateurs un ensemble de ressources, quel que soit l'endroit d'où ils se connectent. Ils sont surtout utiles dans le cas de réseaux multisites.

Shell. Interface utilisateur interactive des systèmes d'exploitation. Le shell interprète les commandes et les transmet au système d'exploitation. Par exemple, le prompt du DOS.

SLIP (*Serial Line Internet Protocol*). Ancien standard de TCP/IP, permettant de relier un ordinateur à une ligne téléphonique. Il est remplacé par PPP.

Slot de carte d'extension. Endroit où est enfichée une carte d'extension. Les slots de cartes d'extension sont de différents types : ISA, EISA et VESA (maintenant dépassés) et PCI.

SMTP (*Simple Mail Transmission Protocol*). Standard TCP/IP pour le transport du courrier du client vers le serveur.

SNMP (*Simple Network Management Protocol*). Partie de TCP/IP qui permet d'administrer un réseau et de collecter des informations.

Somme de contrôle. Partie de *l'en-tête d'un paquet* qui permet de s'assurer que celui-ci n'a pas été endommagé lors de sa transmission sur le réseau. Une somme de contrôle est un nombre calculé à la volée en fonction de la taille du paquet. Si la somme de contrôle n'est pas correcte, la machine réceptrice rejette le paquet et demande à la machine émettrice de le transmettre de nouveau.

Sous-réseau. Façon de diviser des réseaux TCP/IP en parties plus petites. Les sous-réseaux sont reliés par des routeurs.

Standards ouverts. Matériels et les logiciels qui ne sont pas la propriété d'un seul constructeur. TCP/IP et Ethernet sont des standards ouverts.

Système d'exploitation. Le logiciel qui permet une interaction entre l'utilisateur et la machine. Windows 95/98, Windows NT, OS/2 et UNIX sont des systèmes d'exploitation.

T1. Ligne téléphonique numérique qui transmet des données à la vitesse de 1,544 Mbps.

Tables de routage. Bases de données stockées dans la mémoire des routeurs.

TCP (*Transmission Control Protocol*)**.** Partie de TCP/IP qui s'assure que les paquets arrive en bon état jusqu'à leur destination.

TCP/IP (*Transmission Control Protocol/Internet Protocol*). Terme désignant une série de protocoles sur lesquels est basé l'Internet. TCP/IP est un standard ouvert.

Texte crypté. C'est le texte d'un message codé. Le texte crypté n'est pas lisible, à moins de le décrypter en un message en clair.

Tolérance de faute ou redondance. Capacité d'un système informatique à s'affranchir des pannes matérielles et logicielles. Consiste souvent à doubler les équipements et parfois les serveurs.

Topologie de bus. Topologie de réseau dans laquelle tous les ordinateurs sont reliés en série par un câble. Les réseaux utilisant cette topologie ne sont pas très fiables car, si un seul segment du câble est interrompu, tout le réseau est en panne.

Topologie en étoile. Topologie réseau dans laquelle toutes les connexions passent par un périphérique central appelé concentrateur. Les réseaux 10BASE-T, Token Ring, FDDI et ATM utilisent une topologie en étoile.

Traducteur de protocoles. Equipement matériel ou logiciel qui permet de traduire des protocoles réseau. Par exemple, un traducteur de protocoles NetWare IPX vers TCP/IP permettra à des machines ne disposant pas de TCP/IP de se connecter à l'Internet.

Traitement par lots. Mode de fonctionnement, classique sur les mainframes, qui permet à l'ordinateur de différer les tâches qui lui sont soumises. Ces traitements s'effectuent souvent la nuit.

Type de trame. Type de paquet. NetWare 2.x et 3.x utilisent des trames Ethernet 802.3. NetWare 4.x utilise des trames Ethernet 802.2, plus courantes.

UDP (*User Datagram Protocol*). Partie de TCP/IP qui prend en charge la délivrance "non fiable" de paquets. En d'autres termes, UDP gère la délivrance de paquets sur des liens qui ne sont pas toujours disponibles.

UNIX. Système d'exploitation développé dans les laboratoires de Bell à la fin des années soixante. C'est le meilleur système d'exploitation pour des applications stratégiques parce qu'il est le résultat de trente ans de travail. Les éditeurs d'UNIX les plus connus sont Sun Microsystems et SCO (*Santa Cruz Operation*).

UTP (*Unshielded twisted-pair wire*). Câble à paires torsadées non blindées, utilisé pour le câblage des réseaux Ethernet et Token Ring.

VLAN (*Virtual Local Area Network*). Réseau qui apparaît à ses utilisateurs en tant que petit LAN mais qui, en fait, est une construction logique. Les utilisateurs peuvent être locaux ou répartis sur plusieurs sites.

VPN (*Virtual Private Network*). Un réseau privé virtuel est un réseau reposant sur des lignes téléphoniques d'opérateurs de télécommunications, dédiées à l'interconnexion de certains sites clients. Elles sont utilisées pour bâtir des WAN autour de l'Internet.

WAN (*Wide Area Network*). Réseau composé d'au moins deux LAN interconnectés par des lignes téléphoniques (le plus souvent numériques).

Windows 95 et 98. Systèmes d'exploitation client de Microsoft.

Windows NT. Le système d'exploitation de Microsoft destiné aux entreprises. Il est complètement préemptif et fiable.

Winsock. Ensemble de fichiers, dont le principal, winsock.dll, contient l'implémentation de TCP/IP pour Windows.

WWW (*World Wide Web*). Ce sont les ressources auxquelles on peut accéder sur l'Internet en utilisant HTTP.

Index

Achevé d'imprimer le 13 juillet 1999
sur les presses de l'imprimerie «La Source d'Or»
63200 Marsat
Dépôt légal : 3ème trimestre 1999
Imprimeur n° 8118